2019年度上海市哲学社会科学
“十三五”规划青年课题研究成果

ECUPL 1952-2022

指纹证据技术的引入、发展和分歧（1904—1949）

胡裕岭 著

法律出版社
LAW PRESS·CHINA
北京

图书在版编目(CIP)数据

指纹证据技术的引入、发展和分歧：1904—1949 / 胡裕岭著. -- 北京：法律出版社，2022
(华东政法大学70周年校庆文丛)
ISBN 978-7-5197-7058-7

Ⅰ. ①指… Ⅱ. ①胡… Ⅲ. ①指纹鉴定-研究 Ⅳ. ①D918.91

中国版本图书馆CIP数据核字(2022)第158524号

华东政法大学70周年校庆文丛

指纹证据技术的引入、发展和分歧(1904—1949)
ZHIWEN ZHENGJU JISHU DE YINRU、FAZHAN HE FENQI (1904—1949)

胡裕岭 著

责任编辑 王 珊
装帧设计 贾丹丹

出版发行 法律出版社
编辑统筹 学术·对外出版分社
责任校对 晁明慧
责任印制 陶 松
经　　销 新华书店

开本 A5
印张 9.75　　字数 225千
版本 2022年11月第1版
印次 2022年11月第1次印刷
印刷 北京虎彩文化传播有限公司

地址：北京市丰台区莲花池西里7号(100073)
网址：www.lawpress.com.cn
投稿邮箱：info@lawpress.com.cn
举报盗版邮箱：jbwq@lawpress.com.cn

销售电话：010-83938349
客服电话：010-83938350
咨询电话：010-63939796

书号：ISBN 978-7-5197-7058-7
定价：59.00元

凡购买本社图书，如有印装错误，我社负责退换。电话：010-83938349

华东政法大学70周年校庆文丛
编 委 会

以心血和智慧服务法治中国建设

——华东政法大学70周年校庆文丛总序

华东政法大学成立70周年了！70年来，我国社会主义法治建设取得一系列伟大成就；华政70年，缘法而行、尚法而为，秉承着“笃行致知，明德崇法”的校训精神，与共和国法治同频共振、与改革开放辉煌同行，用心血和智慧服务共和国法治建设。

执政兴国，离不开法治支撑；社会发展，离不开法治护航。习近平总书记强调，没有正确的法治理论引领，就不可能有正确的法治实践。高校作为法治人才培养的第一阵地，要充分利用学科齐全、人才密集的优势，加强法治及其相关领域基础性问题的研究，对复杂现实进行深入分析、作出科学总结，提炼规律性认识，为完善中国特色社会主义法治体系、建设社会主义法治国家提供理论支撑。

厚积薄发七十载，华政坚定承担起培养法治人才、创新学术价值、服务经济社会发展的重要职责,为构建具有中国特色的法学学科体系、学术体系、话语体系,推进国家治理体系和治理能力现代化提供学理支撑、智力支持和人才保障。砥砺前行新时代,华政坚定扎根中国大地,发挥学科专业独特优势,向世界讲好"中国之治"背后的法治故事,推进中国特色法治文明与世界优秀法治文明成果交流互鉴。

"宛如初升的太阳,闪耀着绮丽的光芒"——1952 年 11 月 15 日,华东政法学院成立之日,魏文伯院长深情赋诗,"在这美好的园地上,让我们做一个善良的园工,勤劳地耕作培养,用美满的收获来酬答人民的期望"。1956 年 6 月,以"创造性地提出我们的政治和法律科学上的成就"为创刊词,第一本法学专业理论性刊物——《华东政法学报》创刊,并以独到的思想观点和理论功力,成为当时中国法学研究领域最重要的刊物之一。1957 年 2 月,更名为《法学》,坚持"解放思想、不断进步"的治学宗旨,紧贴时代发展脉搏、跟踪社会发展前沿、及时回应热点难点问题,不断提升法学研究在我国政治体制改革中的贡献度,发表了一大批高水平的作品,对我国立法、执法和司法实践形成了重要理论支持,在学术界乃至全社会产生了巨大影响。

1978 年 12 月,党的十一届三中全会确定了社会主义法制建设基本方针,法学教育、法学研究重新启航。1979 年 3 月,华东政法学院复校。华政人勇立改革开放的潮头,积极投身到社会主义法制建设的伟大实践中。围绕"八二"宪法制定修订、土地出租问题等积极建言献策;为确立社会主义市场经济体制、加入世界贸易组织(WTO)等提供重要理论支撑;第一位走入中南海讲课的法学家,第一位 WTO 争端解决机构专家组中国成员,联合国预防犯罪和控制犯罪委员会委员等,都闪耀着华政人的身影。

进入新世纪,在老一辈华政学人奠定的深厚基础上,新一代华政人砥砺深耕，传承中华优秀传统法律文化，积极借鉴国外法治有益成果，为中国特色社会主义法治建设贡献智慧。16卷本《法律文明史》陆续问世，推动了中华优秀传统法律文化在新时代的创造性转化和创新性发展，在中国人民代表大会制度、互联网法治理论、社会治理法治化、自贸区法治建设，以及公共管理、新闻传播学等领域持续发力，华政的学术影响力、社会影响力持续提升。

党的十八大以来，学校坚持以习近平新时代中国特色社会主义思想为指导，全面贯彻党的教育方针，落实立德树人根本任务，推进习近平法治思想的学习研究宣传阐释，抓住上海市高水平地方高校建设契机，强化"法科一流、多科融合"办学格局，提升对国家和上海发展战略的服务能级和贡献水平。在理论法学和实践法学等方面形成了一批"立足中国经验，构建中国理论，形成中国学派"的原创性、引领性成果，为全面推进依法治国，建设社会主义法治国家贡献华政智慧。

建校70周年，是华政在"十四五"时期全面推进一流政法大学建设，对接国家重大战略，助力经济社会高质量发展的历史新起点。今年，学校将以"勇担时代使命、繁荣法治文化"为主题举办"学术校庆"系列活动，出版"校庆文丛"即是其重要组成部分。学校将携手商务印书馆、法律出版社、上海人民出版社、北京大学出版社等，出版70余部著作。这些著作包括法学、政治学、经济学、新闻学、管理学、文学等多学科的高质量科研成果，有的深入发掘中国传统法治文化、当代法学基础理论，有的创新开拓国家安全法学、人工智能法学、教育法治等前沿交叉领域，有的全面关注"人类命运共同体"，有的重点聚焦青少年、老年人、城市外来人口等特殊群体。

这些著作记录了几代华政人的心路历程，既是总结华政70年来的学术成就、展示华政“创新、务实、开放”的学术文化;也是激励更多后学以更高政治站位、更强政治自觉、更大实务作为,服务国家发展大局;更是展现华政这所大学应有的胸怀、气度、眼界和格局。我们串珠成链,把一颗颗学术成果,汇编成一部华政 70 年的学术鸿篇巨作,讲述华政自己的“一千零一夜学术故事”,更富特色地打造社会主义法治文化引领、传承、发展的思想智库、育人平台和传播高地,更高水准地持续服务国家治理体系和治理能力现代化进程,更加鲜明地展现一流政法大学在服务国际一流大都市发展、服务长三角一体化、服务法治中国建设过程中的新作为、新担当、新气象,向学校 70 年筚路蓝缕的风雨征程献礼,向所有关心支持华政发展的广大师生、校友和关心学校发展的社会贤达致敬!

七秩薪传,续谱新篇。70 年来,华政人矢志不渝地捍卫法治精神,无怨无悔地厚植家国情怀,在共和国法治历史长卷中留下了浓墨重彩。值此校庆之际,诚祝华政在建设一流政法大学的进程中,在建设法治中国、实现中华民族伟大复兴中国梦的征途中,乘风而上,再谱新章!

郭为禄　叶　青

2022 年 5 月 4 日

序　一

中国是世界上最早将手印应用于案件的国家。

如今中国的证据科学发展已逐渐走在世界前列，我们每个华人都为之骄傲和自豪。我一生都在从事法庭科学研究和案件侦破工作。迄今，我已走过世界 70 多个国家和地区，我和我的团队以及合作伙伴直接、间接参与了 8000 多起案件的处理工作。有些人推崇我为“当代福尔摩斯”、“华裔神探”和“现场重建之王”。而我一直认为我们所从事的工作应该如此认真谨慎。一路走来，我也深感与案件侦破同样重要的是，法庭科学知识的传播。我们应当了解法庭科学过去的历史、现在的科技和未来的展望。

很多朋友希望我将处理过的部分重大案件和知识经验与同行以及有兴趣的爱好者分享。我与团队撰述出版了 40 多本法庭科学方面的专业及案例书籍，我很欣慰地看到我参与侦破的案件被拍成电影和电视节目，许多法庭证词和陈述被列为法庭科学界和警界的经典教学案例。

裕岭博士是我最优秀的学生之一,他的专著付梓,我非常欣慰。他的《指纹证据技术的引入、发展和分歧》(1904—1949)系统性地梳理了近代指纹证据技术在中国的传播历程,介绍了研究指纹证据技术的重要性、可行性与适配性,进而从中归纳出证据技术本土化发展过程中所出现的问题与相关经验,为中国的法庭科学史填补了指纹证据技术领域的部分空白。

对于如何将指纹证据技术应用于疑犯识别、案件侦查当中,实践中又碰到了哪些问题,走了哪些弯路;为什么不同制度的指纹证据技术能在我国得以运用,指纹证据鉴定的标准能不能统一;科学与法律的融合有哪些困难等问题,历史是最好的教科书,或许我们也能从胡裕岭博士的这本书中得到一些答案和启发。

时代在发展,科技在进步。本书中所介绍的指纹识别制度技术(Fingerprint Classification)在历史上发挥了重要价值,也成为了当今指纹证据技术发展的重要基础。随着自动指纹识别系统(Automatic Fingerprint Identification System,AFIS)、集成自动指纹识别系统(Integrated Automated Fingerprint Identification System)、下代识别(Next Generation Identification,NGI)等新指纹处理系统的问世和发展,指纹、人脸识别、生物特征(Biometrics)及DNA等证据技术在人身识别和案件侦查中发挥了更高效、更准确的作用,也被广泛地应用于电子商务、旅行签证、安防保全等各种领域。然而,在犯罪现场提取的潜在指纹(Latent Fingerprint)很多情况下是残缺指纹(Partial Fingerprint),其比对方法与捺印指纹(Inked Fingerprint)的比对存在较大差异。我们应当理性认识不同属性、不同环境下指纹证据比对的局限性,综合其他证据科学来认识指纹在案件侦破中的证据价值。

人类自从有了社会活动开始,伴随而来的就是纷争与评判。我自从踏入法庭科学领域以来,就坚持用证据说话,为冤屈及被害的人伸张正义,并“使不可能成为可能”。期望胡裕岭博士能够继续努力,有更多的成果与我们分享。也希望更多的年轻学子认真学习,将来为国家、社会做更大贡献。

是为序。

李昌钰

2022 年 10 月 4 日

于美国康涅狄格州

序二（自序）

社会的变革离不开科学技术革命，法律的发展亦如此。中美经贸摩擦也再次告诉我们，谁掌握了核心基础科学技术，谁就掌握了更多的经济贸易和法律规则的话语权。科学技术不仅事关经济利益、政治变革，而且事关民族兴亡、文化存续。反观中国近代法律大变革的历史，既有国体衰败、列强侵扰、传统频遭质疑、政治瞬息万变，又有实业兴邦、人权浪潮、租界法权失落、西学持续涌入。1904 年香港警察开始使用英国亨利制指纹分析法押印指纹；1905 年青岛巡捕局开始使用德国汉堡式指纹分析法查证犯罪嫌疑人；1918 年夏全印赴上海公共租界学习亨利制指纹分析法……然而对这一时期指纹证据技术的系统性梳理尚处于空白。温故而知新，述往事而思来者。考证指纹证据技术的引入发展、技术分歧、本土探索等，不仅可丰富近代法律的研究，而且可为当下司法改革挖掘本土资源，提供些许借鉴。本书以指纹证据技术在中国的引入和发展为研究对象,选取 1904 年至 1949 年为研究时间段,通过一系列史料考据和问题探讨,试图厘清中国指纹证据技术的历史发展脉络,考证指纹证据技术的早期实践应用情况,阐释指纹证据技术的引入路径和发展动因,分析指纹证据技术标准的争议与分歧,反思指纹证据技术引入发展与分歧视角下的检警关系、科学技术与司法关系等问题,以求补正指纹证据技术学术史上的部分漏误,探索证据科学发展规律以及为当下法治话语体系的构建和司法改革尤其是司法鉴定制度改革挖掘本土资源,提供些许借鉴。

中国为何要引入指纹证据技术?中华文明或是世界上最早将手印或指纹印痕应用于证据领域的文明地区之一。从现有的中西方史料和考古发现来看,中国是最早将手印纳入证据体系的国家之一。中国古代文献记载了大量民间契约中以按捺手印为凭证的方法,这些凭证往往成为案件诉讼过程中的关键证据。按捺手印在中国古代不同时期又称"下手书""画指券""画指节""手摩"等。据文献记载,按捺手印最早可追溯到周代,而且在指纹纹线特征的识别与鉴定领域十分发达,曾被应用于司法个案。这种方法在人类文明史上具有领先地位,辐射多国。但中国古代对指纹的认识经验判断大于科学分析,始终未能成为一种科学,甚至存在经久失传的现象。如在清代曾有文献认为"画十字"与按捺指纹同义。直至 19 世纪西方自然科学的兴起和发展,推动了人类对指纹的科学认知。指纹证据技术便在近代皮纹学、解剖学等学科的基础之上发展起来,逐渐形成了高尔顿—亨利、武塞蒂赫等不同的指纹分类系统。指纹人各不同、终身不变的特性,使之得以应用到证据科学领域。阿根廷、印度、英国、法国、美国等国家纷纷将指纹正式纳入证据体系中。受特殊的历史环境影响,指纹证据技术在中国的实践几乎与世界同步。据史料记载,至迟自 1904 年始,指纹证据技术在中国青岛、上海、香港等地区的侦查活动中得以实践。而且随着《字林西报》(North-China Daily News)、《大陆报》(China Press)等近代报刊报道，指纹证据技术为国人所知并逐渐在中国萌芽兴起。

中国为何能在清末民初的特殊背景下引入指纹证据技术这门"西学"？法制的冲突首先是文化的冲突。指纹证据技术这门西学在清末时期引入中国并非易事。清朝帝制晚期，长期的闭关锁国政策和天朝大国之说，已让士大夫阶层陷入对传统文化的盲目自信。他们视传统制度和经验为正统，稍有抵触者即视为异端。但随着西学东渐，西学在中国不断传播，传统经验已暴露出诸多不能自圆其说的科学性问题。直至康熙三年（1664 年）"历法狱案"爆发，表面上是历法较量，实则是中学与西学的话语权之争。然而，如何看待和引入较为科学的西学，同时捍卫传统政体，统治者必须为其寻得合理的文化解释。"西法中源"即西方先进的历法和数学源自中华传统文明的学说首先为这一问题的回答拾得文化自信，但很快就在逻辑上不攻自破，因为其既没有看到科学发展的普遍性，也未能解释为何西学在当时更先进于中学。直到鸦片战争再一次将"中弱夷强"的现实问题摆在统治者面前。"中体西用"，即中学为体，西学为用，在固有政治文化传统"体"不变的前提下，采用西方先进科学技术以"用"的学说登上历史舞台。尽管存在洋务派的"补救"论和维新派的"会通"论等多种解释，但它一样没有回答"西学"何以领先、"中学"何以落后，甚至掩盖了体制上的弊病。1898 年光绪颁布《明定国是诏》，号召"以圣贤义理之学，植其根本。又须博采西学之切于时务者，实力讲求，以救空疏迂谬之弊"，主张"博采西学"。"西用"的范围进一步扩展。警察制度、检察官侦查机制等一系列近代刑事司法制度开始引入并建立起来,指纹证据技术自此被“名正言顺”地引入中国。

中国是通过何种方式引入和推广指纹证据技术的?没有证据科学支撑的法律制度难以实现其司法价值。清末民初,政府虽然先后效仿日本等国家建立现代刑事诉讼制度,但当拷讯技术逐步废除,司法一时间失去证据科学的支撑,效能极其低下,司法官员互相推诿,甚至出现派员学习西方催眠术以资审案的闹剧。从中可见当时对西学证据科学的渴望。世界应用指纹证据技术的第一人、武塞蒂赫指纹分类系统的发明者胡安·武塞蒂赫访华传学,留学生归国以及租界地区的早期实践为统治者提供了指纹证据技术这门科学。民初司法部与内务部掀起在全国范围内学习传授指纹证据技术的热潮。政府通过开办指纹传习所、讲习所,在警校办设指纹专科、开设指纹课程,派遣惠洪、夏全印等赴租界学习,派遣留学生先后赴日本、奥地利、德国、美国学习指纹证据技术等方式引入和推广指纹证据技术。同时,夏勤、伍冰壶、张元枚等个人通过不同的方式为指纹证据技术的引入和发展作出了不朽贡献。经过政府、社会和个人多方面的努力,指纹证据技术短短几年在中国得以实践,并几乎与日本、英国、美国等先进国家保持相当水平,且涌现出一大批指纹专家。司法部先后颁布《办理指纹须知》《试办指纹法令》作为指导手册以将其固定、统一下来,全面推广。上海、南京、天津、汉口、北平、重庆、青岛、汉口等城市警察部门先后建立起指纹专门机构。指纹证据技术的应用取得较大成效,在各地破获多起案件。

何种指纹证据技术最适合中国国情?民国政府尤为重视指纹证据技术的发展与应用,不仅在司法领域三令五申鼓励和支持该技术的推广,而且还曾将指纹证据技术应用于身份证件识别等领域。教育部甚至通令全国各国立大学、私立大学、省教育厅酌设指纹学科。指纹证据技术的知识甚至还出现在高考试题中。然而,中央政令不行、国家内政不一的政治环境在给了各地得以分别实践世界不同指纹证据技术的同时,也给发挥指纹证据技术功能、实现跨区域犯罪侦查协作带来重大障碍。指纹证据技术不仅在各省市存在差异,而且同一省市的监狱部门与警察部门所应用的技术标准也是五花八门。根据 1935 年的史料统计,在全国 19 个提供指纹办理情况的警察部门中,所采用的指纹技术标准有英国亨利制、德国汉堡式、法国爱蒙培尔制、阿根廷武塞蒂赫制以及中华式等多种,而且其中亨利制也有英式和夏全印式之分;汉堡式还有德式、日式之分。通过分析不同指纹分析的初步(基本)、二步(附属)和三步(次附属)分析方法,可以发现武塞蒂赫制最为简单,基本分析仅有四大类,但难以应对较大的指纹样本量,因而有附属分析又分十六种,难免前者过于简单,后者又过于复杂。汉堡式与亨利制指纹分类基本相同,但在斗形纹的区分上有所差别。在编码技术上,武塞蒂赫制依然最为简单,但查找起来每次至少要找出五个号码,而亨利制第一步仅需确定计数或不计数即可。如果到第二步继续查找,武塞蒂赫制恐怕要找出二十五个号码,而亨利制仅四个号码左右即可查出。相比之下,汉堡式则也非常简单,仅需用阿拉伯数字编号即可,但本质上与亨利制并无较大差异。分析发现,中华式并没有根据中国人的指纹特点加以本土化,而是将亨利制和爱蒙培尔制加以综合,但存在许多错误。1933 年民国政府开启了指纹证据技术标准的统一之路,发现并决定以中国人指纹之特性定立指纹技术标准。然而技术的分歧与争议远远超过了技术探讨本身。分歧的背后是师承关系、学源背景等力量的交织角逐。直至抗日战争胜利后,内政部通令警察部门采用亨利制标准,但并未与司法部达成一致意见。至 1949 年,指纹证据技术标准未能实现实质统一。

透过指纹证据技术的引入、发展和分歧我们可以反思哪些问题和经验教训?

回顾与反思1905年至1949年指纹证据技术在中国的引入和发展,可以看出其盲目性、重复性、世界性和依赖性的发展特征。从本书第一章西学引入文化解释的局限性中亦可以分析出其对指纹证据技术引入不问来由、发展不问现实和争议流于人事问题的影响。同时,政治需求、学科教育、职业团体以及个人作用都对指纹证据技术的引入、发展和分歧产生了不同的影响。民国指纹证据技术诸多未竟之路也给我们当下带来些许启示。如指纹鉴定标准应尽早确立统一,且应以国人指纹特征为依据;指纹鉴定标准的确立应由司法部、公安部、最高人民检察院和最高人民法院共同组织专家委员会开展。除此之外,在指纹证据技术推广中,如何看待学历制教育与在职培训的利弊,对当今警察教育乃至其他职业教育而言也具有一定的历史借鉴意义。短期的在职培训能够顺应技术与知识拿来主义之需,不仅见效快、成本低,而且能够快速顺应社会的发展变革,但不能从根本上解决技术与知识的研发问题。然而学历教育完成了这一问题吗?似乎还值得更多地去反思。透视指纹证据技术标准的分歧纷争,不仅可以窥见民国时期检警关系之变化以及侦查权力的扩张与异化,而且更可以从中探析科学和司法的关系,可以为指纹鉴定标准和采信规则的确立、证据科学与证据法学的发展以及司法改革中中国特色法治路径话语权的探索提供些思路。

目　录

第一章　科学与法律的对话：为什么研究指纹证据技术？

一、学法政的人可以不懂证据技术吗？

学法政的人可以不懂些医学么？[①] 这是1919年汤尔和在当时的国立北京法政专门学校演说的主题。然至今日，这个问题依然还要问。在我们实践严禁刑讯逼供的法治框架内，在以指纹、法医DNA鉴定为物证之王的今天，刑讯逼供消失了吗？现场勘查发现的指纹能够认定唯一的犯罪嫌疑人吗？特征点相同与指纹相同能够画等号吗？究竟多少个DNA位点相同才能认定同一？现在案件侦查所应用的刑事证据调查技术能够排除合理怀疑了吗？所以，学法政的人可以不懂些证据技术吗？

---

① 参见汤尔和：《学法政的人可以不懂些医学么？警察也要懂些医学才好：民国八年十二月七日在国立北京法政专门学校演说》，载《新教育》1919年第2卷第3期。

汤尔和举了当时的两个案例:一个是1914年薛继莹控诉薛黄氏毒杀本夫案。大意是这个案件经过三审,检察官坚持检控死者为被毒身亡,关键证据有三:十指甲青紫;银针插入口腔、谷道呈青紫色;身上几处骨头出现青黑色。仅以当时的法医技术观之,已是十分荒谬,但却因检察官对正义的坚持,对科学知识的匮乏,使得案件几经审判持续四年之久,犯罪嫌疑人终得释放。另一案是1918年,京师高检请求鉴定,鉴定事项是案件现场发现的两颗糖葫芦有何项毒。这让化验毒物毒质的部门啼笑皆非,无从下手。即使本案放在今天,不结合具体中毒人表征,恐怕也难以检验。那么,这两例只是处在传统社会步入科学发展时期的当年学法政的人所遇到的情形吗?

试举当今两例以明之。一为"昆山砍人案"。[①] 于某明砍伤刘某龙致死,构不构成正当防卫、应不应当负刑事责任成为法学家们讨论的焦点。通过现场视频分析,于某明的反杀行为实际上分为两个阶段:于某明抢到砍刀,并在争夺中捅刺、砍击刘某龙5刀,刺砍过程持续7秒;刘某龙受伤后跑向宝马轿车,于某明继续追砍2刀均未砍中。那么,于某明是特殊防卫,正当防卫,防卫过当?还是故意伤害呢?不少法学专家认为问题的核心在于如何评价于某明的反追、反砍行为,并应当从不法侵害的连续性、现实性和紧迫性等来做判断。[②] 然而,如果能够调查清楚刘某龙致死伤,具体是

---

① 2018年8月27日晚,刘某龙驾驶宝马轿车在昆山市震川路西行至顺帆路路口,与同向骑自行车的于某明发生争执。刘某龙从车中取出一把砍刀连续击打于某明,后被于某明反抢砍刀并捅刺、砍击数刀,刘某龙身受重伤,经抢救无效死亡。

② 参见张开骏:《论正当防卫中不法侵害现实性和紧迫性之判断——于某明案刑法教义学的分析》,载《交大法学》2019年第4期;《有调查称九成网友支持电动车主是否正当防卫应待法院来判决》,载《新闻晨报》2018年8月31日,A09版,阮齐林教授的观点。

由第几刀造成的，是否为第一阶段，还会存在法学争议吗？经法医鉴定并结合视频监控认定，在 7 秒时间内，刘某龙连续被刺砍 5 刀，其中，第 1 刀为左腹部刺戳伤，致腹部大静脉、肠管、肠系膜破裂；其余 4 刀依次造成左臀部、右胸部并右上臂、左肩部、左肘部共 5 处开放性创口及 3 处骨折，死因为失血性休克，[①]即第 1 刀为致命伤。问题迎刃而解，正当防卫无疑。如果法医不能解决类似的问题，确实会给法学应用带来些许争议。二为复旦投毒案。死者肝衰竭死亡，但人体机能非常复杂，导致肝衰竭的原因有很多种，肝衰竭死亡会引起警方的注意吗？更何况死者本身有肝脏病史，且从死者身体上又未能发现任何外伤痕迹。若不是有案外人发了一条“注意 N – 二甲基亚硝胺”的短信，案件是否又会经历很长时间才能侦破呢？也未可知。所幸办案人员依靠法医病理知识能够立案、破案。因此，律师、警察、检察官、法官等学法政的人在今天可以不懂刑事证据调查技术吗？

社会的变革离不开技术革命，法律的发展亦如此。中美经贸摩擦也再次告诉我们，谁掌握了核心基础技术与制度，谁就掌握了更多的经济贸易和法律规则的话语权。技术不仅事关经济利益、政治变革，而且事关民族兴亡、文化存续。反观中国近代法律大变革的历史，既有国体衰败、列强侵扰、传统频遭质疑、政改瞬息万变，又有实业兴邦、人权浪潮、租界法权失落、西学持续涌入。1905 年，青岛巡捕局开始使用德国“汉堡式”指纹法查证嫌疑人。民国时期已用身份证指纹技术，1918 年夏全印赴上海公共租界学习英国亨利制指纹法……指纹证据技术作为舶来品恰恰发展并成熟于这一历史时期，并曾被公认为“证据之王”。然而关于这一时期指

---

① 参见王海东：《昆山“反杀案”办理回顾》，载《中国检察官》2018 年第 18 期。

纹证据技术引入、发展与分歧的系统性梳理仍有多处空白。

历史不会重复,然历史的情节还会重演。现代指纹证据技术是如何引入中国,遇到了哪些阻力和问题?当时社会又是如何在民众中,特别是在学习法政的人员中普及指纹证据技术?历史发展的背后,是刑事诉讼中主观证据制度向客观证据制度转变的过程。研究中国指纹证据技术的近代发展,不仅是为了更好地认识和理解当时的社会,也可为当今证据制度的发展抑或司法改革的实践借鉴些许经验或引发更多的思考。

二、指纹证据技术的特殊意义

证据科学,亦称证据科学技术,是一门自然科学与法学应用融合的交叉科学,涉及的门类非常广泛,如指纹技术、测谎技术、法医技术、刑事图像技术、文件检验技术、电子证据技术等。证据科学的发展为证据制度科学化发展提供了可能,推进了现代法治理念和法律制度的进步。其中,指纹证据技术的发展意义尤为特殊,它不仅在证据技术发展史上"承上启下",打破传统主观证据的束缚,被誉为"物证之王",而且是科技革命以来,科学与法律的第一次深刻地碰撞与交融,尤其是于中国而言,它的引入与发展发生在法制变革时代、中西方文化碰撞与交融的时代、西学引入与本土化探索的时代,给了我们巨大的研究空间与宝藏。

(一)指纹证据技术被誉为"物证之王"

人类社会争端的司法解决依赖证据对事实的证明。证据技术的发展与人类法律文明史具有同步性。在漫长的历史长河中,我们经历了主观证据为主向客观证据为主的转变过程。而这一转变的关键在于客观证据技术的充分发现,足以证明案件事实。指纹证据技术便是这样一门证据技术,为司法者证明其承载的唯一事实提供了可能。

指纹证据技术不是一个严格的法律概念,而是我们为研究之便所定义的研究边界。现有研究中多有“指纹”“手印”“指纹技术”“物证技术”等称谓。指纹是指人体手指指头上乳突状脊线构成的皮肤花纹。手印,也称为手纹,是“人手正面的皮肤花纹的总称,包括乳突纹线、屈肌褶纹和皱纹”。[①] 手印包括指纹、指节纹和掌纹三个部分。通常情况下,人体的指头触觉敏锐,易触物留痕,且纹线特征和类型化更为稳定、明显。因此,指纹被更多地用于人身识别。因其人各不同、终生不变、触物留痕的特性,指纹证据技术被称为“物证之王”。

指纹技术是对以指纹为研究对象的相关研究的统称,学界与实务界并没有对其概念予以明确或达成共识。因为对指纹的研究会随着科学技术的进步而不断拓展。现今指纹技术已然从指纹痕迹显现技术、指纹识别技术、指纹检验技术、指纹鉴定技术等传统的针对纹线特征的研究,拓展到指纹色谱分析技术等对指纹痕迹分子结构、指纹遗留时间等更多交叉学科的研究,甚至延伸到医学、农业、化学、经济学、音乐、通信等不同行业领域。从此意义上讲,指纹技术应当包含指纹医学技术、指纹农业技术、指纹证据技术等。但就指纹技术发展历史和现有的研究看,指纹作为一种生物识别特征的核心价值并未发生改变。这种核心价值自始被应用于证据科学领域,并成为侦查技术史上的一次革命。这次技术革命自 19 世纪末 20 世纪初开始不仅改变了传统侦查方式,而且推进了司法制度的科学化发展。因此,本书所研究的对象为指纹证据技术,主要研究指纹证据技术在清末民国时期司法领域中的引

① 许爱东主编:《物证技术学教程》,法律出版社 2016 年版,第 141 页。

入与发展。

(二)指纹证据技术是科学与法律的第一次深刻交融

指纹证据技术是近代科技革命的产物。尽管在中国古代也有物证和众证定罪的案件,甚至有对手指纹线的研究,但并没有成为科学,口供在古代证据体系中具有极其重要的地位和作用。第一次科技革命时发展起来的人体解剖学和放大镜的使用,为科学地观察和认识人体指纹打开了窗户。1684 年,英国植物解剖学家内赫米娅·格鲁(Nehemiah Grew)出版了对人体指纹细节特征和功能的研究成果;1685 年,荷兰解剖学家戈瓦德·彼得罗(Govard Bidloo)发表对拇指乳突脊线的图解;1687 年,意大利博洛尼亚大学解剖学家马尔切洛·马尔皮吉(Marcello Malpighi)描述了指纹的乳头状突起特征和功能,研究结果表明人体手指上的乳突脊是触觉器官……

法律文明的变革依赖科技革命。当我们开始认识到口供定案的不科学之后,拷讯并不能随之废除,因为我们并没有找到比之更为科学的证据技术。所以在指纹证据技术引入之前,拷讯依然是取得证据的主要方式。甚至在拷讯废除之后,在清末引发了案件审理停滞和学习催眠术的现象。从这个意义上说,指纹证据技术是科技革命以来科学与法律的第一次深入融合。

法律作为社会科学的智慧结晶,对其的认识与接受的过程不可能一蹴而就。那么,指纹证据技术这门科学是如何引入司法,并且为立法和司法实践所接受的?指纹证据技术是通过何种方式被立法者所接受的?司法者又是通过何种方式在实践中推动指纹证据技术的推广与应用?其阻碍如何?其效果如何?这一系列问题意义深刻而且非常值得研究,特别是对当下的人工智能与司法而言同样具有重要的现实借鉴意义。

（三）指纹证据技术引入、发展在社会法律变革时代

本书把指纹证据技术研究时间段选择为清末民国时期，具体为1905年至1949年。指纹证据技术发端于19世纪末20世纪初，几乎于同一时间传入中国。本书经过文献和档案梳理查证，1901年已有报刊在中国介绍指纹证据技术，并于1904年先后在中国香港、青岛、上海等地区开始实践，标志着指纹证据技术在中国引入和应用的开始。民国时期，中央和部分地区政府尤为重视指纹证据技术的发展，不仅派员出国或去租界学习，而且还在警校设置指纹专科，通令全国大学法学院或法科酌设指纹学科，尝试将该技术应用于身份证制作中。受时局影响，民国时期世界不同国家的前沿指纹证据技术在中国得以实践。伴随着技术的迅速推广，技术的本土化和标准的统一逐渐提上历史进程，但因战争、技术分歧等多因素影响，直至1949年仍未完成指纹证据技术统一发展之计划。1949年之后，新中国开始探索和实践新的制度和方法。因此，本书将研究起始时间选定为1904年至1949年。

同时值得指出的是，限于本书的篇幅、研究时间和历史档案的局限以及当时指纹证据技术普及的有限性，本书研究的地理区域集中在北京、上海、江苏、浙江、山东、广东、湖北等省市，并未涉及我国西部及澳门、台湾等地区。

三、当下对近代指纹证据技术的本土化研究稀缺

中国或为世界上最早将指纹纳入证据制度的国家，其时称“下手书”“画指券”“画指节”“手摩”等，最早可追溯到周代，《封诊式》《宋史》《牧庵集》等多有记载。但指纹证据并未能在中国古代发展成为一门科学，作为一种断案手段和经验甚至有失传的现象。直至清末，现代指纹证据技术在世界发展的同时开始传入我国。

(一)近代文献早而丰富,以技术阐释为主

1. 近代报刊

近代关于指纹证据技术的报道(英文报道)始于1901年的《字林西报》(North-China Daily News)。笔者借助全国报刊索引近代期刊资料库检索,以“指纹”“指印”“指模”为关键词共获得文献资料1143篇。其中,以“指纹”为关键词,搜得期刊文献1026篇:政府公报法令145篇[《司法公报》(民国北京政府)33篇,《政府公报》18篇,《浙江省政府公报》13篇,《法令周刊》12篇,《司法公报》(民国南京政府)12篇,《国民政府公报(南京1927)》11篇,《山东民政公报》9篇,《察哈尔省政府公报》8篇,《内政公报》8篇,《广州市政府市政公报》7篇,《天津市政府公报》7篇,《青岛市政府公报》7篇,无关报道47篇(《科学画报》19篇,《警察画报》9篇,《侦探世界(上海)》19篇)],可研究文献834篇。最早介绍指纹证据技术的文章为1907年刊登在《潮声》上的《杂录:指纹:古时有用指纹作印信》。以“指印”为关键词,搜得期刊文献88篇,小说法令画报等81篇,可研究文献7篇。以“指模”为关键词,搜得期刊文献29篇,1篇与通过以“指印”为关键词搜得的文献重复,其余均为法令新闻等。

2. 近代书籍和档案资料

笔者通过自己搜集和借助瀚文民国书库、上海档案馆等平台检索“指纹”“指印”“指模”“手印”相关文献档案,共获得指纹相关著作83本,其他电子图书和档案资料近万份。指纹学专著21本,如《指纹法》(伍冰壶著,1919年光东书局)、《指纹学术》(夏全印著,1922年光华美术印刷公司)、《中华指纹学》(刘紫菀著,1931年法学编译社)等。最早的著作为1918年夏勤所著的《指纹法》。

可见,关于近代指纹证据技术的相关资料非常丰富,有较大研

究空间。但从其内容上看，这些资料研究领域较小，多采用文献研究法、比较研究法、实证调查法，介绍西方指纹证据的分类、编码、储存技术，比较不同指纹证据技术的差异，而几乎未见对指纹证据技术原理的验证，如再生指纹是否终身不变等问题，较少调查和探究指纹证据技术的本土化应用。

（二）指纹近代史的研究不多，且存在漏误

指纹证据技术在刑事领域可谓是刑事科学技术的一个分支。当下关于近代刑事科学技术的历史研究并不多，现有文献多以法医技术为主，如考察民国初期西医、中医讼案鉴定制度的变革（王启辉，2015），探讨司法检验制度的近代化中的人员配比、认识冲突和鉴定公正性权威性等问题（龙伟，2013；解鹏达，2017）。也有研究从世界史的角度梳理了自然科学对侦查学和侦查制度的推进作用，同时指出了历史上伪科学和科学技术有限性对侦查的负面影响（杨梅、董坤，2010）。

现代关于指纹证据技术的研究文献兴于1976年之后，领域非常广泛，视角涉及指纹识别、指纹鉴定、指纹检验、指纹痕迹显现、指纹色谱分析、指纹档案管理等，研究指纹显现、比对、自动识别方法，挖掘指纹信息和现代应用价值等。而以近代指纹证据技术为专题的公开研究论文仅3篇。研究指出中国应用指纹历史悠久，但指纹学的探索始于近代国外输入（赵向欣、张秉伦，1982），但发展非常迅速，亨利制、汉堡式、武塞蒂赫制、爱蒙培尔制、日本式等纷纷传入，到民国中后期已经有了比较系统的理论和实践方法，指纹显现方法以粉末法为主，出现了多种化学显现方法，如硝酸银显现法、弗化水素显现法等，并通过照相提取指纹（徐同祥、陈丽，2013；徐同祥、张瑞，2014）。

现有刑事科学技术、物证技术、侦查学等学科的专著或多或少介绍指纹证据发展史实,但极为简略。现关于指纹历史专题的专著仅有4本,大多重在考证中国古代指纹之应用(赵向欣,1997;刘持平,2018),或重在阐释今之指纹技术(中国刑事科学技术协会,2004),对近代指纹证据技术的本土路径探索鲜有涉及。2008年中华指纹博物馆成立,搜集和陈列的近代文献资料,对近代指纹证据技术的本土路径探索具有重大意义。以其为基础出版的《中国指纹史》有专章梳理了近代警察指纹技术应用的例证(沈国文、徐同祥,2015),但对近代指纹技术实践的系统梳理、司法系统指纹技术的应用、各地实践情况、技术分歧之处和统一做法以及本土路径的探索努力尚未涉及,这些目前仍处于研究空白。且在这些专著中,部分史实如我国最早实践指纹证据技术的时间、民国警察部门统一指纹会议的时间、首部指纹学专著及夏勤对指纹传播的贡献等考证上存在漏误。

(三)近代警政史研究偏重,涉及资料稀少

"警察"这一称谓及警察制度是近代社会的产物。指纹证据技术的引入和发展几乎与近代警察的建设同步。警察作为案件侦查的实际承担者,指纹证据技术的应用与建设成为近代警察科学化、专业化建设的重要内容。因此,指纹证据技术的应用情况理应成为近代警政史研究中的重要内容之一。过去,"关于警政史的研究在一般学者的心中总觉得算不上一门大学问,故多不屑一顾"。[①] 然而随着侦查学学科和专业的发展,有关警政学的研究,包括对近代警政建设历史的考察已初具规模。既有对中国治安史、近代警政史的整体研究,也有针对不同时期和不同地域的专题

---

① 王家俭:《清末民初我国警察制度现代化历程(1901—1928)》,台北,台湾商务印书馆1984年版,"弁言"。

研究。

1. 中国治安史、警政史的整体研究

20 世纪 80 年代之后陆续有文献开始收集清末 1902—1908 年警察的教育、法规、编制等方面的史料（曾荣汾，1989），梳理了清末十几年间警察制度发展的立法文本（何洪涛，2011），从晚清警政的萌芽、京师警制的沿革、清末的地方警政、警员的教育与培训、绅商与警政、日本与清末警政的关系以及晚清警察的社会生活等方面对晚清警政进行了较详细论述（黄晋祥、邹丽霞，2005）。不少研究或以湖南保卫局为起点，较为系统地在制度层面考究了中国近代警察制度的初创、形成和发展（韩延龙，1993）；或以 1925 年国民政府为起点，梳理警政制度的发展轨迹，探讨警政改革对城市管理的重要性（赖淑卿，1991）；或从整体上系统考证和阐述了近代警察在中国的产生、形成和发展，探究其性质、结构、职能及其主要规章制度（韩延龙、苏亦工，2000），分析了清末引进近代警察制度的背景和警政建设过程中所遭遇的问题与困难（王家俭，1984），解析近代中国传统侦查制度如何获得转型的动力和初期进展（倪铁，2016），为认识近代警政的发展和警察刑事证据调查权力沿革提供了宝贵资料。也有研究从更为广阔长远的历史视角，考察了中国历代（先秦至 20 世纪末）治安形势、治安思想甚至警政思想、治安措施、制度方略等（万川，2006；林维业、李文海、林国合，1993；陈鸿彝，2002）。

2. 近代警政的专题研究

21 世纪以来，以京师警政厅、湖南保卫局、上海租界巡捕等为主题的近代警政专题研究较为丰富。笔者以中国知网为检索工具，截至 2019 年 12 月，查得以湖南保卫局为主题的研究论文约 24 篇，以上海租界巡捕/警察为主题的研究论文约 33 篇，以天津近代警察为主题的研究论文约 18 篇,以京师警政/北京近代警察为主题的研究论文约 36 篇,从不同视角介绍并开展了警务统计、制度考证等一系列关于近代城市警政的研究(李佳策,2003)。

尤其是出现了以机构设置、警政职能、制度措施、内外关系为视角,研究近代 1854 年至 1863 年上海英租界巡捕房(张彬,2009)、1900 年至 1938 年广州警政(方靖,2010)、北洋政府时期京师警政厅(丁芮,2011)、清末湖北警政(邹俊杰,2016)、北洋政府时期天津警察(汪为,2017)的博士学位论文,较为丰富地还原了特定时期城市警政建设的历史,为认识这一时期警察制度提供了有益参考。

总体而言,这一类的研究成果笔墨集中于清末民国时期政治变革中中国警政制度的历史变迁,为近代刑事证据制度的研究提供了大量的研究资料。但笔者翻阅后发现,令人较为遗憾的是这类研究对同时期警察指纹证据技术的建设与应用鲜有提及。尽管如此,这些研究仍有助于全面考据指纹证据技术引入和发展的制度基础、条件准备和推广情况,尤其是在警校中指纹专业与课程设置等方面为本书的相关研究提供了重要线索。

(四)未涉及近代检察史、证据制度的研究

近代侦查制度的建立以检察官侦查权的创设为开端,检察官为清末民国时期侦查权的法定拥有者。如此说来,作为近代侦查的重要技术手段,指纹证据技术的研究亦可能见于对近代检察史的研究之中。笔者同一时间(截止到 2019 年 12 月)借助中国知网平台检索,涉及近代检察史主题的研究论文共 127 篇,多从立法和制度上探讨检察侦查权的创设与变迁。其中博士学位论文研究视角较广,有以清末至南京国民政府时期的中国近代检察权的权力创设与演变为研究对象,考察了近代检察权的创设、重置、存废之争等历史进程，包括检察权中刑事侦查权的扩张与变迁（杜旅军，2012），对近代检察权各项权能的具体设计和司法实践进行了分析和阐述，分析了检察侦查权的运行程序和实施规范（刘清生，2009）以及从监督权的角度探讨了检察官享有的侦查监督权（何增光，2004）等，但其中内容未见任何关于指纹证据技术之信息，关于检察技术的内容也未有研究提及。

此外，有关近代证据制度的研究十分少见。仅有的研究成果，也多从近代英美证据制度的引入、证据裁判原则的确立和发展趋势、刑讯逼供的禁止等方面开展研究，总结了中国古代证据制度的特点，考察了近代证据种类、证据收集和检验方式、证据认定规则等制度和技术，探讨了中国近代证据制度特点和文化价值（蒋铁初，2007；郑牧民，2011），梳理了英美证据法学的发展历程，分析英美证据法学说的引入对中国的影响（李培峰，2008）等。但在证据制度的研究视野中，同样未见对证据调查技术等内容的梳理甚至提及。这无论是对相关学科的历史研究，还是对现今检察权和证据制度科学性的探讨而言，都是一份遗憾。

除上述研究视角之外，在并不丰富的近代监狱史、司法制度史研究中，可见少量关于指纹证据技术的史实考据，如考证了《指纹学》为近代法官培训的必修课程（胡竣，2011），指纹证据技术在当时江苏第二监狱分监、上海监狱第一分监管理中的应用情况（杨庆武，2016）等。

（五）国外相关研究学术史梳理及研究动态

1. 近代指纹学文献资料丰富，但对其的研究成果少

阿根廷、印度、英国、美国、奥匈帝国（后多为奥地利）、德国、法国、日本是指纹证据技术研究起步较早的国家，均有成熟的科学理论和实践应用，且与中国近代指纹证据技术的实践相关联。近

代中国文献中不乏关于国外武塞蒂赫制、亨利制、日本式指纹证据技术的译著。阿根廷学者在研究武塞蒂赫指纹分类系统的近代成果时把其对中国的影响作为其中重要的一环(Mercedes,2016)。其他国家所见文献不多,对中国古代指纹的应用有较多描述,如考古学家挖掘发现,将指纹和手印作为人身识别的做法最早可追溯至几千年前的中国和其他较早的文明地区(R. E. Gaensslen,2008);公元 851 年前中国商人曾使用指纹来鉴定贷款文件(Reinaud,1845)等。但对中国近代指纹证据技术的发展未见相关研究。

2. 上海租界及警务专题研究较多

虽然国外学者关于近代指纹证据技术在中国的研究极为罕见,但对上海租界及警务专题的研究较为丰富,如提供了上海会审公堂与工部局成立及演变的史料(郭泰纳夫,2016),再现了 1927 年至 1937 年上海旧警察的历史(魏斐德,2004),梳理了上海租界地区的犯罪形势和警方采取的主要技术侦查手段(Frederic,1996),从警务快速反应作战单元的建设分析了上海公共租界巡捕房的运行机制(Leroy,2012),介绍了 20 世纪 30 年代上海公共租界巡捕房的警务设置和司法案例(E. W. Peters,2012)等。

总体而言,近代指纹证据技术的文献资料较为丰富,但当前已有学术研究成果对该主题的系统性研究不足,有关指纹证据技术的大致梳理和实践情况散见于国内外学者对中国指纹史、近代警政史、近代监狱史以及近代上海市政的研究成果之中。这些研究都为本选题即将开展的研究奠定了理论和史料基础,也提供了很大的空间。但在内容上,对近代指纹证据技术的引入和演进史实的梳理大同小异,过于粗略,不够深入,对实践统计、技术分歧、本土探索之研究基本空白;在对象和视角上,以警察系统指纹证据技术研究为主，遗漏对检察、监狱等司法系统的研究；在层次上，主要分析中央政府和租界地区的政策和实践情况，其他地区少有提及，且未上升到技术本土化研究探讨；在研究方法上，多以文献研究为主，少有史料考据、统计法、跨学科研究法等。

四、指纹证据技术研究存在漏误且有深入研究意义

温故而知新，述往事而思来者。科学历史研究就是科学本身。[①] 中国刑事证据调查技术的现代化演进已走过了百余年。时至今日，覃某明强奸杀人案、复旦投毒案、白银案、易某生特大杀人案等所依靠的指纹、理化、法医、警犬等刑事证据调查技术与检验制度的现代变革既起源于清末民初，又完成于这一时期，尤其是指纹证据技术至今仍在刑事案件中发挥重要价值。站在深化司法改革的转捩点，我们必须认识到科学技术应用对法律发展的重要性。从法制史与侦查学的角度厘清这一时期的指纹证据技术演进历史，价值有四：

（一）补正漏误，考据指纹证据技术史实

刑事证据调查技术是随着历史的发展而发展的吗？答案并不是肯定的。或许从宏观的角度和发展的观点去看，人类对世界的认知水平会随着历史的发展而不断提升。但所谓的历史和时间只是一个相对的概念。技术包括指纹证据技术，都是人类对世界客观认知的产物，其发展受到多重因素和条件的制约。就指纹证据应用而言，元代断案有凭“指纹横理”的特征，而至清代却有将其与画十字等同之说，是为退步。直至近代之始，指纹证据技术被引

---

① See Kline & M. Mathematics, *The Loss of Certainty*, Oxford University Press, 1980:7.

入中国,并发展成为一门应用于司法实践的科学。然而关于这一阶段对指纹证据技术发展的研究十分稀少,甚至在对部分地区指纹证据技术应用的时间、第一部指纹学专著的考证、司法系统的实践情况等方面存在漏误。对此应当注重史料研究,从大量档案出发,补正现代指纹证据技术引入和发展历史的片面性缺陷和漏误,从而弥补空缺,纠正错误,明晰指纹证据技术发展脉络,丰富侦查学、法制史的学科理论。

(二)厘清脉络,探索证据科学发展规律

所谓证据,是指依照诉讼规则认定案件事实的依据,本质上是人类借助其回溯历史,追求真实的凭证和根据。在诉讼活动中,人类借助证据证明历史存在的过程,需要遵循一定的规则体系,我们称之为证据制度。它包括何为证据,如何调查证据,如何审查证据以及证据的证明力如何等基本问题。随着社会生产力水平的提高,人类认知的不断深化,证据制度也应当随之发展,否则会因失去生命力而为历史所淘汰。中国传统证据制度的发展经历了神示证据—主观证据—客观证据的转变,当前更有向电子数据证据进一步转变的强烈趋势。每一种证据制度的存在都有其历史条件下的科学性,每一次证据制度的转变,都是人类社会法治文明发展的巨大变革;而每一次证据制度的变革都离不开证据调查技术的进步发展。例如,在主观证据制度中,拷讯制度为证据调查技术之核心。拷讯制度在中国古代尤以唐代最为成熟发达。其中"讯囚察辞理""拷囚不得过三度"以及对刑具尺寸大小、使用次数等要求,就当时的历史条件而言,可谓十分科学,它能够获取犯罪嫌疑人相对真实的言词证据。因为在无法穿越回过去观看,也尚未发现足以推演过去的物证的条件下,除了亲历者自述还有其他更为科学的办法吗?因此,言辞等主观证据在相当长的一段历史时期里,是非常科学的,它能够破解案件,实现相对公平。

然而,随着人类认知的进一步深化,拷讯制度已走向腐朽没落。断案官吏已然认识到,人性趋利避害的本质,足以使其通过拷讯获得想要获得的言词证据。断案官吏的意志超越证据权衡、案件事实本身,已非个案。此种情况下,屈打成招、冤假错案以及侵犯人权等问题已远远超过拷讯制度所能够带来的积极作用。当有识之士看到了屈打成招下的冤案,看到了会审公堂里的文明,他们所看到的不仅是拷讯制度不合时宜的做法,而且看到了主观证据制度的衰败,甚至是国家政治制度的衰亡。直至晚清政府被迫改良该制度,1906 年颁布《裁定奕劻等核拟中央各衙门官制谕》《大理院审判编制法》以及制定《刑事民事诉讼法》等律令,客观证据制度随之确立,中国步入从主观证据制度至客观证据制度的转折期。

但是,没有证据调查技术支撑的法律制度是理想的,甚至是空谈。拷讯制度在法律上被废除了,断案官吏却不知如何审案。在没有掌握现代证据调查技术的条件下,或无法办案相互推诿,或沿用拷讯继续审理。在此种情况下,当时政府竟选派官员出国寻学催眠术,以今观之,可谓笑谈,但当时观之,可谓科学。直到现代,以指纹证据技术为代表的客观证据的引入和发展,让客观证据制度成为可能。

客观证据制度至今在中国已走过了百余年的路程,随着社会发展,客观证据制度是否出现了主观证据制度发展后期的同类问题?换言之,指纹证据技术是否科学?我们已然难以作出百分之百的肯定。尤其是在“零口供”办案实践中,我们已发现客观证据制度的问题。我们又应该如何看待今天电子数据证据调查技术发展的新问题?或许我们可在清末民国主观证据制度向客观证据制度转变的这段历史变革中,寻得证据科学发展规律的些许镜鉴。

(三)考证技术,反思指纹编码应用价值

指纹证据技术在当今身份识别领域已非常发达,可以通过分析指纹中的某些具体特征如沟脊和分叉图案进行数字编码。检测和计算的方法较为复杂,如多项式、多象限、8 邻域等,多采用二进制以便于计算机自动识别计算。这种编码方法在给我们带来极大方便的同时,也对计算机设备产生了较大依赖性。非经过计算机设备解码识别,人为判断几乎不具可能性。而且对于双重国籍或更换国籍、姓名等身份信息的境外人员,指纹特征识别几乎成为检验证件的盲区。任何技术都有漏洞和瑕疵。因此,在出入境管理和境外人员管控等安全管控领域,必须借人工识别干预。现有的人工核验方法以信息资料比对和肉眼判断为主。如何对特殊人群进行简捷、低廉、有效、唯一的身份识别是实践中长期未能解决的难题。笔者通过史料考据发现,民国时期不仅融汇了当时世界最为前沿的指纹编码技术,而且当时的指纹编码方法全部基于人工识别设计,因而简便易行且容易掌握,对现今人工核验而言有一定的参考意义。通过对民国时期指纹证据技术的考证,不仅有利于还原史实,而且有利于从中获取其在现今指纹编码技术和出入境管理等领域的应用价值。

(四)借古鉴今,挖掘法律文化本土资源

法制的冲突首先是文化的冲突。指纹证据技术发展源于西方。从现有的资料来看,清末民国时期的指纹证据技术的发展大致经历了博采西学、民族振兴的共识期,趋同存异、百家争鸣的发展期,模式选择、技术争议的分歧期三个阶段。这一时期在要不要学习,如何学习以及学习哪一种技术的问题上,产生了诸多技术纷争与分歧。分歧的表象,是法律模式的选择。分歧的背后,是深层次的文化冲突。尤其是在文化自负、加强专制政权、奉行数百年闭关锁国政策的中国封建帝制晚期，如何看待、接受、学习科技水平已发达于中国的西方文明，并不是一个简单的法律改革问题。政治与法律的变革，首先需要寻找一个符合维护统治安全需要的文化解释。指纹证据技术是否在学习、应用和分歧化解中回答了如何看待中西方法律文化之间关系的问题，是否在技术本土化发展与探索之中寻得了符合中国国情的路径，值得我们沿着历史发展的脉络细细考察与深入思考。这些历史的经验与教训或许正为我们探讨法治之路的本土资源。

综上，本书的研究有利于在一定程度上弥补清末民国时期刑事证据调查技术和检验制度的研究空白，丰富侦查学、刑事技术学、刑事诉讼法学理论体系；有利于丰富近代刑事诉讼制度史的研究；有利于推动证据法学的研究，为司法改革和司法鉴定体制改革提供些许借鉴。

五、创新之处

（一）内容补漏

清末民国时期是中国社会的大变革时期，同时也是中国刑事科学技术现代化的起点，对这一时期社会文化、法律制度等的研究不胜枚举，但对指纹证据技术的系统性研究目前相对匮乏。指纹证据技术是通过何种路径、何种方式引入中国？清末民国时期为何要引入西方指纹证据技术，又如何应用于中国司法？在这一过程中的司法应用效果如何？哪些因素对指纹证据技术的发展、分歧带来影响？我们很难从现有的研究成果中寻得以上问题的答案。本书梳理了指纹证据技术发展的动因，整理分析了传习所、讲习所、警察学校、私立院校、著作杂志以及派员学租界、派遣留学生等指纹证据技术学习和发展的主要路径,以展现这一时期向西方学习指纹证据技术以及技术本土化的历史进程,希冀能够在一定程度上查补漏缺,纠正错误,丰富法律史、侦查学等相关学科理论。

(二)指纹视角

从传统走向现代,并不是一蹴而就的。如何透过以指纹证据技术的引入、发展与分歧为缩影的全新视角,来审视传统中国法律文化与西方法律文明的碰撞,看待传统证据制度的历史价值与法律文化意义,反思技术与法律、检警之间的关系,对还原史实、丰富研究成果、挖掘历史经验具有重要创新意义,可创新理论研究。

(三)多科会诊

采用交叉学科的研究方法,立足史学研究方法挖掘与解读司法档案史料,同时从刑事科学技术和侦查学的研究方法出发,从技术发展与制度改革、微观宏观多方面考证分析这一时期法律变革与技术进步的史实与利弊。

(四)以史明智

中国历史的魅力不仅在其长度上,还在于我们能从中国的历史和发展中汲取智慧。一方面,在当下构建中国特色法治话语体系的探索中,我们或可从西方指纹证据技术在中国本土的碰撞与融合中品味本土文化的利弊,探讨法律文化对法律制度选择的影响;另一方面,面对身份识别和出入境管控等新问题,我们或也可从民国指纹编码技术的分歧与选择中寻得些许借鉴。

第二章　手印与刑讯：为何要引入指纹证据技术？

古往今来，“从物到人”，即从犯罪现场发现的犯罪嫌疑人痕迹信息查找和锁定犯罪嫌疑人，是刑事案件侦查的主要方法之一。是在证据调查技术并不发达的古代，中国人已经开始探索人身识别技术，寻找识别人身的证据。“人心不同，各如其面。”[①]起初，古人依面貌长相寻人。但人的面貌长相，会因年龄和长期外部环境的变化发生改变。而且由同卵双胞胎等原因导致面貌相似的人，在生活中也比比皆是。因此，非经大量专业性研究和科学知识支撑，面貌不足以作为证据使用。[②] 中国古人也发现了这一点，“所以古人之个人识别法，有用三代履历者，有用籍贯住址

---

① 《左传·襄公三十一年》。

② 当前随着计算机科技的发展，人类已经掌握了面部特征向量、耳部等局部轮廓特征比对、图形或神经识别算法等方法，能够在一定条件下（如取得较为清晰的检材和样本采样）实现人脸识别技术。

者,然反证甚难。有用像片者,有校对笔迹者,有书名长短肥瘦黑白者,有载明有须无须者,然皆为一时之外表,不能作永远之依据”。[①] 因此,违法犯罪之人往往逃离法网。如何寻得犯罪嫌疑人终身不变之痕迹,成为证据科学研究中亘古不变之难题。

这一问题在 19 世纪中后期人类第一次寻得一个科学答案——指纹证据技术。指纹因人各不同、终身不变和触物留痕的特征,曾被称为“物证之王”“物证之首”。指纹特征的发现是建立在近代生物学、解剖学等自然科学基础之上的。虽然中国早在唐代以前就将手印纳入证据体系,但遗憾的是未能赢得指纹证据技术科学研究之先机,对手印的认识始终未能发展成一种科学。19 世纪始末 20 世纪初,中国主权不断受到侵蚀。西方列强在中国部分地区开始兴办近代报刊和设立租界。指纹证据技术正是在这一时期通过近代报刊的报道传入中国,并在租界中得到最早实践。

第一节 中华文明或最早将手印纳入证据体系

近代指纹证据技术为舶来品。但是在中西方的考古中发现,中国早在旧石器时期即出现了手印岩画,而且至迟在唐代即将指纹作为凭信来鉴定文件。那么是否可以说指纹证据技术起源于中国呢?一方面要从现有的证据资料来看是否能排除其他文明同时或早于中国将指纹的特征应用于实践,另一方面还要看关于指纹证据技术的定义标准如何。

---

① 夏全印:《指纹学术》,光华美术印刷公司 1922 年版,“自序”。

一、中国是世界上最早使用指纹印痕的国家之一

中国是不是世界上最早发现指纹证据技术的国家?比较有代表性的说法是,“我国被世界公认为应用指纹的发源地”。[①] 这一说法的依据,主要来自德国人罗伯特·海因德尔(Robert Heindl)于1921年出版的《世界指纹史》(又名《指纹鉴定法的体系与实践》)。[②] 笔者翻阅该书的中文译本,并未发现有该论点的直接表述。海因德尔在阐述指纹的历史中指出:“(人类)是否在公元前就知道了乳突纹印痕的鉴定价值,这才是关键。中国发明的印章学就填补了这一空白。”[③]这里的印章学主要指的是中国古代的封泥印鉴。随后海因德尔列举了中国古代尤其是唐宋时期,指纹在经济生活和诉讼领域中的应用痕迹。文中的依据为考古学家所证实。另根据文献记载,公元851年前(根据时间推测为唐代)的某个时候,阿拉伯商人阿布扎伊德哈桑(Abu Zayd Hasan)目睹了中国商人使用指纹鉴定贷款。[④] 1964年,我国新疆维吾尔自治区吐鲁番阿斯塔那左憧熹墓出土了几件唐代文书契约,“每张契约上都明文写道:‘两和立契,画指为信’,或‘两和立契,按指为信’,或‘官有政法,人从私契,两和立契,按指为信’等等”。[⑤] 1978年,公

---

① 参见赵向欣:《浅谈指纹的应用历史》,载《刑事技术》1980年第2期。

② 参见[德]罗伯特·海因德尔:《世界指纹史》,刘持平、何海龙、王京译,中国人民公安大学出版社2008年版,第2-26页。

③ 参见[德]罗伯特·海因德尔:《世界指纹史》,刘持平、何海龙、王京译,中国人民公安大学出版社2008年版,第9页。

④ See Reinaud & Joseph Toussaint, *Relation des voyages faits par les Arabes et les Persans dans l'Inde et a la Chine dans le IX Siecle*, Imprimerie royale, 1845: 42.

⑤ 参见张秉伦、赵向欣:《中国古代对手纹的认识和应用》,载《自然科学史研究》1983年第4期。

安部 126 所[①]在仰韶文化时期(约公元前 4800 年至 2700 年)西安半坡遗址出土的陶器上发现了指纹印痕。

那是否可以凭借这些发现认为,我国是世界上最早发现或应用指纹证据技术的国家呢?笔者认为,回答这一问题首先应当明晰指纹证据技术的概念或含义。关于指纹证据技术,至今没有一个学理上或法律上的统一定义。但指纹得以在司法实践中作为证据使用的基础是世界公认的,即现代证据学意义上的指纹技术,主要基于指纹有三大特征:人各不同(特定性)、终身不变(稳定性)、触物留痕(痕迹性)。它是建立在解剖学、遗传学、生物化学、数学、生物统计学等科学基础[②]之上的,主要包括指纹显现技术、指纹固定技术、指纹提取技术和指纹鉴定技术等。如果以此理解,不难判断,指纹证据技术应当起源于 17 至 19 世纪的欧洲。当然,不能否认的是,源于中国唐宋时期的文书契约上手印封泥的使用,为欧洲指纹科学性的研究提供了线索。

如果认为指纹证据技术只是简单地指手指脊线特征的发现与使用,那么中国是世界上最早发现指纹证据技术的国家之一。在人类发明和使用工具以前,手往往成为最为主要的身体工具。因而在人类早期的雕刻、绘画和工艺作品中,出现了大量手印甚至指纹印痕。作为四大文明古国之一,如前所述,中国仰韶文化时期就已出现明显的指纹印痕。“考古学家的挖掘发现,将指纹和手印作

① 1972 年因一些特大案件的发生和破案工作的需要,公安部副部长于桑力主恢复刑事技术工作,重新修建技术大楼,购置器材,成立刑事技术研究所。由于重建技术工作的计划是由李先念同志于 1972 年 12 月 6 日提出的,故命名为公安部 126 研究所。参见赵向欣主编:《中国刑事科学技术大全 · 指纹技术》,中国人民公安大学出版社 2004 年版,第 28 页。

② 参见赵向欣主编:《中国刑事科学技术大全 · 指纹技术》,中国人民公安大学出版社 2004 年版,第 61 – 96 页。

为人身识别的做法最早可追溯至几千年前的中国和其他较早的文明地区。"[①]然而,为何要加上"之一"呢?因为可能还存在"其他较早的文明地区"。我们应该理性地认识到,人类的发展包括人类对自我和世界的认知具有一定的普遍性。有西方学者在新石器时代(约公元前7000年到6000年前)的杰里科(Jericho)[②]和史前(约公元前3000年前)多尔门(Dolmen)[③]的雕刻中,发现了指纹石刻。尤其是后者"站立石柱"(Standing Stone)的岩画上,发现了刻意雕刻的人体指纹。"从岩画上看,人类至少在史前雕刻中,就已经注意到了人体手指上的脊线特征"。[④] 而且,即使是在海因德尔的研究中,他在探讨中国古代指纹的应用前,也先介绍了古亚述人和巴比伦人文明遗迹中发现的印有清晰指纹印痕的陶土印鉴。可见,仅从指纹脊线特征的发现与使用的角度看,中国可能并不是世界上唯一最早发现指纹证据技术的国家。而且,所谓"发现"也有些言过其实,因为指纹自人类出现就存在于我们每个人的指尖。每个人或多或少都会看过自己的手指和手指上复杂的脊线花纹。但这与我们现在所讲的指纹证据技术还相差甚远。关于这一时期的考古发现,仅仅是石刻或陶瓷制品中留有清晰的指纹图案,能否证明当时的人类已经关注到人体指纹的特定性,恐怕还缺少大量的有力证据。

---

① R. E. Gaensslen, Howard A. Harris & Henry C. Lee, *Introduction to Forensics and Criminalistics*, McGraw-Hill, 2008: 127.

② 杰里科,亦称耶利哥城,位于约旦河西7公里处的约旦河谷,现属巴勒斯坦。该城古迹遗址距今约有9000多年历史。

③ 多尔门位于法国布列塔尼。

④ Henry C. Lee & R. E. Gaensslen, *Advances in Fingerprint Technology*, CRC Press, 2001: 9.

二、中华文明最早将手印纳入证据体系

从现有的中西方史料和考古发现来看,中国是最早将手印纳入证据体系的国家。手印按照部位不同可分为指头印(指纹)、指节印和手掌印(掌纹)三部分。这种痕迹即手(造痕体)在肌力的作用下,印压接触客体(承痕体)后,通过客体的形变或物质的转移作用来反映手掌面皮肤花纹形态结构的印痕。[①] 现有史料并无中国古人对手印三部分区分应用的记载,但关于指纹、指节印和手掌印的使用,史书中有明确记录。而其记录之早、使用之繁,则是其他文明所不能及的。"我国于七世纪以后,于制造品上(如瓷器等),买卖人口,买卖房屋地产,及各种重要契约上,往往以指纹为最主要之信纪。军队方面,即严至今,而箕斗册之设施尤存。再考汉时,即有'手书指券'之说,其引证切远溯周代,梁玉绳瞥记载,元牧庵浙西廉访副使潘公泽神道碑文云'凡人鬻人,皆书男女左右手食指,横理于券为信,以其疏密,判人长短壮少,与狱辞同。'此为我国昔日法界实用指纹之证"。[②]

海因德尔在《世界指纹史》中认为,被保存在美国芝加哥菲尔德博物馆的中国战国时期的封泥印鉴,上面有盖印人清晰的指纹,这说明当时的中国人已经开始把指纹作为个人识别的证据。[③] 封泥,是古代的一种印鉴,它是古代缄封简牍钤有印章以防私拆的信验物,最早可见于先秦文献的记录。但毕竟只是一个印鉴的封泥,其主要功能在于防止他人私拆,而且其上的指纹也只是阴文。能

① 参见许爱东:《物证技术学》,法律出版社 2012 年版,第 161 页。

② 刘紫菀:《中华指纹学》,上海法学编译出版社 1937 年版,第 4 页。

③ 参见[德]罗伯特·海因德尔:《世界指纹史》,刘持平、何海龙、王京译,中国人民公安大学出版社 2008 年版,第 9 页。

否以此确信当时的古人已经认识到指纹的特定性并用于人身识别呢?笔者认为现有的证据还不足以支撑肯定的判断。当时留下封印的人,是否认为指纹可以更为有效地替代印章?是只具有宣誓性的意义,还是凭借指纹的形状、大小来进行人身识别?我们难以从仅有的这份证据中作出判断。

现存关于将手印作为现场痕迹物证的记载,可见睡虎地秦墓出土的《封诊式》。这是迄今为止出土的关于古代案件现场勘查、法医检验最早的比较完整的记录。其中,《穴盗》记载:"内中及穴中外壤上有厀(膝)、手迹,厀(膝)、手各六所。"意思是在犯罪现场发现了犯罪嫌疑人的膝盖痕迹、手印痕迹,各有六处。这表明当时已经把手印痕迹作为现场勘查取得的痕迹物证之一。

中国古代文献还记载了大量民间契约中以按捺手印为凭证的方法,这些方法往往成为案件诉讼过程中的主要证据。按捺手印为凭证的方法,在中国古代不同时代又称"下手书""画指券""画指节""手摩"等,据文献记载最早可追溯到周代。"古无官印之契,民闲以手印为信。周礼司市以质剂结信而止讼。(汉代)郑(郑玄)注云,长曰质,短曰剂,若今下手书。(唐代)贾公彦云,汉时下手书,若今画指券。(宋代)黄山谷云,岂今细民弃妻手摹者乎。今婢券不能书者,画指节。江南田宅契,亦用手摹也。"[①]阿斯塔那左憧熹墓出土的几件唐代文书契约上就出现了"画指券"。650年,唐代人贾孔叶(Kia Kung-yen)[②]描述了刻木片的做法。他在一篇文章中说:"木片上刻有合同条款,在相同的地方刻上凹口,这样木片上的凹口后来可以匹配,从而证明它们是真实原始的。

① (清)汪师韩:《韩门缀学》,清乾隆刻上湖遗集本,第106页。

② 该人中文名不详,笔者根据英文 Kia Kung-yen 音译。

这种刻痕的意义与现在的指纹一样。”①这进一步证实了唐代人在当时已使用指纹作为个体识别的证据。

以指纹作为个体识别的证据,必然使指纹的辨别和鉴定成为相关案件证据审查的重中之重。只是史书中的案例并未将指纹从手印中明确区分出来。《宋史》记载了查验手印证据的经典案例:“安抚使范仲淹表其材,知永新县。豪子龙聿诱少年周整饮博,以技胜之,计其赀折取上腴田,立券。久而整母始知之,讼于县,县索券为证,则母手印存,弗受。又讼于州,于使者,击登闻鼓,皆不得直。绛至,母又来诉,绛视券,呼谓聿曰:‘券年月居印上,是必得周母他牍尾印,而撰伪券续之耳。’聿骇谢,即日归整田。”②该案初审官员判断该券书,是否为真实的证据,即是判断券书上的手印是否为“其母”所留。当然其辨别的过程,文献没有详细介绍。

但元代的这个案例,就更为明确了。元代山北辽东道提刑按察使(司)事,“治有田民杀其主者狱,已结矣。公详谳之,则其妻与所私夫为之,乃昭田民,当二人法,又有讼其豪室奴其一家十七人,有司观顾,数年不能正。公以凡今鬻人,皆画男女左右食指横理于券为信,以其疏密判人短长壮少,与狱词同,其索券视,中有年十三儿指理如成人。公曰:‘伪败在此’。为召郡儿年十三十人,以符其指,皆密不合。豪室遂屈,毁券”。③

该案件一则说明当时“画男女左右食指横理于券为信”已形成习惯,因此左右食指的横理,即今之指纹成为案件的主要证据。二则说明断案的过程中召集多人检验指纹,“以符其指,皆密不

---

① Ashbaugh D. R., *Quantitative-Qualitative Friction Ridge Analysis: An Introduction to Basic and Advanced Ridgeology*, CRC Press, 1999: 17.

② 《宋史·卷三百四十三·列传第一百二·元绛》。

③ (元)姚燧:《牧庵集》,清武英殿聚珍版丛书本,第421-422页。

合”，当时已经将指纹比对作为一种公知的人身识别和证据调查的手段。那么也就意味着实践中可能还有其他查验鉴别“食指横理”的相似案例。

到了清代，对指纹已有明确的箕斗分类。通过指纹箕斗分类识别身份的方法，被官方文件刊录。例如，为了防止军流人犯之妻室被冒名顶替，“署贵州按察使宋厚奏称，军流人犯之妻室，无论愿随缘坐。向有验看面貌疤痣、手指箕斗之例。州县官当堂查验。以防顶替。令胥役人等、执持妇手细看。不惟近于亵玩。亦恐不无需索捏报。应如所奏。嗣后凡军流妻室同遣者。饬令该州县、取具本夫开报妻妾年貌。有无疤痣。并该犯之亲族邻佑人等甘结。验明造册发遣。仍加具印结。送部备查。其验看两手箕斗之处停止。从之”。[①] 不仅如此，在法令中，指纹分类方法被明确为人身识别的核心方法之一。《钦定大清会典事例》载：

> 二十四年，议准军流外遣人犯，向例于发解时，将事由、年貌、疤痣、箕斗，开载批牌，沿途点验，以防顶替脱逃。其徒罪人犯，以及递籍发落安插管束之犯批解文内止开明事由、年岁及有无锁铐字样，其疤痣、箕斗向例俱不详载。但查徒罪等犯，其中亦有准徒、加徒情罪较重之案。至解籍发落管束者，情罪虽轻，第物情叵测，或有无赖奸民在籍，曾犯重罪改捏姓名，出外为匪，惧抵籍破案，因而中途贿役，雇倩顶替到籍贿保希图蒙混者。若将此等人犯年貌、箕斗详查开载，则沿途地方官按牌查对雇替之弊，计无所施。设有脱逃，即可查照原文、年貌迅速缉拏，亦属剔弊防范之一法。嗣后徒罪人犯，及自内

① （清）庆桂、董诰等纂修：《高宗纯皇帝实录》，清内府抄本，第5578页。

部外省解回发落管束之犯,统照现在军流人犯之例,于批解长文内,载叙事由,并开明该犯年貌、疤痣、箕斗,以备查覈。[①]

以年貌和箕斗为方法查验,可以有效防止犯人顶替脱逃,而且已纳入犯人批解文,即司法文书之中。这足以证明指纹分类技术在清代已应用于司法。史料记载的一则坊间案例,亦可推测当时民间对手印掌纹证据的认识程度。如为证明有人去过案发现场,陈述人举证"若不我信,今厅壁犹有掌痕,众怖其说,趋而视之,则五指赫然,箕纹毕见,所谓颀而长者,姊夫丁霁初,实以夜来"。[②]可见,五指"箕纹"之辨认方法已为部分民众共知。

上文所述足以证明中国古人已在案件诉讼过程或其他社会生活中较早地将手印作为证据使用,此处不再赘述其他案例。中国古代对手印包括指纹证据的使用总体而言是非常智慧科学的,而且对人类历史产生了重大而深远的影响。日本、印度甚至后来的欧洲等国家对手印和指纹的使用曾公认最早源自中国。[③]

三、中国古代手印证据应用的特征与局限

中国古人对手印,包括指纹、指节印和掌纹的使用和研究凸显了古人的智慧。将手印作为证据纳入诉讼活动,且开始关注指纹线的比对,至少先于世界其他文明近千年。但从科学的角度看,古人对手印的认知仍有以下特征和局限。

---

① (清)托津等奉敕:《钦定大清会典事例》,清嘉庆二十五年武英殿刻本,第4969页。

② 参见(清)黄钧宰:《金壶七墨》卷一,清同治十二年刻本,第17页。

③ See Sodhi G. S., Kaur J., *Indian Civilization and the Science of Fingerprinting*, Indian J. of Traditional Knowledge, 2003, 2 (2), 126–136.

(一)指纹、指节印、掌纹混同,画指节等方法并不科学

古代对手印的使用频繁但比较模糊。如前所述,手印包括指纹、指节印和掌纹。古人对这三者并未作区分。然而,经过科学的研究发现,这三者中只有指纹具有特定性和稳定性特征。指节印和掌纹可随人之年龄、生理状况的变化而发生变化。尤其是掌纹,可因人的病理状况甚至呼吸饮食的改变而发生改变。[①] 如此说来,文献记载和考古发现的汉唐时代所使用的"下手书""画指券""画指节"等,用作进行人身识别以检验文件的证据并不够科学。而且以存在"下手书""画指券""画指节"等方法来推断古人指纹的应用,难免有些言过其实了。其实际上归为人体测量方法的一种可能更为恰当。而指纹证据技术的应用推广正是始于在司法实践中击败人体测量学之后。然而,虽然不够科学但并不代表不具有实际应用价值和毫无科学性而言。科学具有相对性。在人口密度较小、人口流动较弱的古代,以"下手书""画指券""画指节"等方法识别立契约之人,尽管相对模糊,但确实能够起到一定的人身识别作用。

(二)指纹的认识与应用已有世界领先水平,但未有科学研究

中国古人对指纹的认识和应用是非常深入的,除了前文介绍的案例外,笔者还惊奇地查阅到,古代民间不乏关于指纹的分类、指纹的识别功能的较高认识。例如,《乾隆高邮州志》记载,该地普济堂育婴堂《知州传椿详定堂规十五条》中有一条提到:

一育婴堂,凡有送到婴孩,不论男女,立即查明婴儿年庚八字,并细看手指,螺箕注明左右。大指或螺或箕,左右食指

---

① 参见黄志信:《掌纹诊病之理论研究》,山东中医药大学2013年博士学位论文。

> 或螺或箕,以及中指无名指小指,俱逐细登记编号入册。如遗弃道旁者,并注某人于某处抱来字样。当交乳妇,即于本号下,填明交某乳妇哺养,管事人仍不时查察,毋致婴孩失所。①

同样的按捺十指指纹,箕斗分类登记入册的方法还在《光绪南汇县志》②等史料可寻。这说明清代早期已经将指纹按螺形、箕形明确分类,而且还有左右大拇指、食指、中指、无名指、小指俱逐细登记编号入册的十指指纹分类登记法。这或可能是人类史上指纹识别技术中十指指纹分类登记的最早记录。

虽然目前尚未发现任何指纹纹理特征、痕迹特点甚至是箕斗分类缘由研究的史料,但不得不认为这是中国古人长期的经验智慧总结。而在现有的研究资料中,以"指纹""手书""手印""指券""指节""螺、箕、斗"等相关关键词检索到的古籍资料竟多为巫术玄学,也有中医理论之分析,如认为有人指纹形状特殊,可"手指裂而应龙起"③等。至少说明指纹的科学认识并未达成共识。民国时期司法部的一份报告中就坦言,"吾国手印之式最古,日本亦有手形之制,然多为迷信与仪式之关系,无所谓学术之研究"。④

(三)经验判断大于科学分析,方法延续不受重视

在翻阅史料中,笔者一方面惊叹中国古人较早地对指纹分类和对指纹纹线鉴别的智慧,另一方面又百思不得其解,为何如此领先世界之认知却到后世不曾发展为一门科学。如前所述,科学具

---

① (清)杨宜仑修、沈之本纂:《乾隆高邮州志》,清嘉庆二十五年刻本,第120页。

② 参见(清)金福曾等修、张文虎纂:《光绪南汇县志》,1927年重印本,第142页。

③ (明)朱国祯:《涌幢小品(第十册)》,上海进步书局(出版年份不详),第39页。

④ 《司法部监狱司司长田荆华等呈司法部造具指纹研究会报告书请鉴核文》,载《政府公报》1913年第423期。

有相对性。我们很难简单地下结论，认为中国古人对指纹分析的经验性判断大于科学的分析。鉴别指纹纹线的案例足以说明当时的历史环境和自然科学条件下，指纹的证据应用已经达到较高的科学水平。但从科学技术传承的角度来看，箕斗册指纹登记的方法虽然得到发展和官方认可，但是对指纹纹线特征的研究与鉴别，不仅没有得到传承发展，甚至竟然出现了倒退。例如，唐宋"画指节""画指券"的方法，虽有对指节长短、指纹形状的仔细观察，但后世契约文书上留下的指印，多不能辨认。"北宋以前，契凭手印。自高宗建炎五年初，令诸州印卖田宅契纸。自今民间争田执白契者，勿用，载在食货志。此后世田房契税之滥觞也，顾印以防伪而即有盗印之弊。张频[①]传云，眉州孙延世伪为券夺族人田。久不能辨，频视券墨浮朱上，曰：'是必盗印，然后书。'乃引伏更有盗印于官文书者，张耒续《明道杂志》云，王文恪留守西京长水县，申请买木钱数百千，王视状，亟呼吏作，教下县廹买木，一行人吏九十余人皆械送至府，吏请其故，王曰：'公文皆先书押，而后用印，故印在书上，此状字在印上，必有奸也。'鞫之，果重叠冒请，盗印为之者，洛上服其精明"。[②] 以上两个案例中均不能辨认契约文书的印痕。如果早已对指纹脊线有所研究，为何不规制指纹的捺印之法呢？

再翻后世之史料，康熙年间的文献载"梁氏玉绳瞥记，元姚牧庵浙西廉访副使潘公泽神道碑，凡人鬻人皆画男女左右食指横理于券为信，以其疏密判人长短壮少，与狱辞同，盖即今手印而验法颇异"。[③] 这里介绍了前文元代将指纹比对作为人身识别证据的

---

① 笔者核查，实际为章频，参见《宋史·卷三百一·列传第六十·章频》。

② （清）汪师韩：《韩门缀学》，清乾隆刻上湖遗集本，第106－107页。

③ 参见（清）叶名沣：《桥西杂记》，清同治十年滂喜斋刻本，第53页。

方法,但又说“今手印而验法颇异”,应作何解,文中并未介绍。难道清代康熙年间的手印检验方法比前者更为科学吗?笔者再查阅乾隆年间的文献,有文载到:“手印……画指券,岂今细民弃妻子手摹者乎?盖宋时弃妻子手摹,即元人所谓离书,手印细,民不知书,惟印手文于券,以取信。今人画十字是其遗意。”①今人“画十字”代替手印?所谓“画十字”,是指不识字的人在契约或文书上画个“十”字代替签字的一种做法。可见当时的部分有识之士,也只是认为前人“画指券”等方法多为宣誓之用,并未看到其人身识别的科学价值。或者更为准确地说,在当时社会少有的读书群体,也未明确手印指纹的科学意义。前人的经验方法也未能得到普及和延续。甚至在晚清的报刊中,我们看到当时的人们还将指纹的类型与算命等伪科学联系在一起,如“乡有童谚,以指纹测富,云:一螺巧,二螺转,三螺悟不转,四螺拖棒槌,五螺富,六螺穷,七螺做相公,八螺骑白马,九螺挑粪桶,十螺长工”。②

中国古人对指纹的认识与指纹应用技术没有得到后世的传承和发展,一方面与当时的社会缺乏相应的学科基础和学科教育相关,另一方面也与政府的重视程度相关。因为在当时的封建帝制下,统治者选拔人才的核心标准为四书五经,考查的主要内容为儒家经典思想,重在经义,科学技术发展不为统治之基,治国之本,不受重视。“吾国之有指纹法,又来久矣,军人之箕斗,诉讼契约之指模者,皆其权与之彰彰者也。第以我国人向乏科学知识,不能为统系的合法的之研究,斯术遂泯没不传耳。”③此外,更为重要的是在以拷讯技术为核心的证据制度下,在权力本位的政体环境下,对绝

---

① (清)陈鳣:《简庄疏记》卷六,1915 年张氏刻适园丛书本,第 106 页。

② 《瓜蒌人》,载《申报》1875 年 1 月 4 日,第 2 版。

③ 伍冰壶:《指纹法》,伍广益金山庄 1919 年版,伍廷芳序。

大多数审案官员来说还需要查验和研究指纹吗？

第二节　指纹证据技术的科学发展起源于西方

14 至 16 世纪的文艺复兴运动推进了欧洲历史进程，16 至 17 世纪的天文学革命和科学革命促进了哲学、数学、生物学、物理学、化学等自然科学的形成和发展。人类科学技术迎来了一次技术革命，指纹证据技术便是在这一时代背景下诞生的。

一、指纹证据技术发展的科学基础

（一）指纹生理认识

第一次科技革命时发展起来的人体解剖学和放大镜的使用，为科学地观察和认识人体指纹打开了窗户。1684 年，英国植物解剖学家内赫米娅·格鲁出版了他对人体指纹细节特征和功能的研究成果，成为科学描述指纹脊线、纹理和毛孔的第一人。[①]紧随其后，1685 年，荷兰解剖学家戈瓦德·彼得罗在《人体解剖学》（Anatomia Humani Corporis）中发表了一幅拇指乳突脊线的图解。1687 年，人体胚胎学学科的奠基人之一，意大利博洛尼亚大学解剖学家马尔切洛·马尔皮吉在《关于外部触觉器官》（Concerning the External Tactile Organs）中描述了指纹的乳头状突起特征和功能，"马耳皮基氏层"（Malpighian Layers）即以他的名

---

① See Henry C. Lee & R. E. Gaensslen, *Advances in Fingerprint Technology*, CRC Press, 2001: 14.

字命名。[1] 马尔皮吉的研究结果表明人体手指上的乳突脊是触觉器官。而格鲁则认为乳突脊的功能是促进出汗,以释放血液中的有害废物。[2] 之后,一系列解剖学家开展了对指纹脊线的科学研究。

(二)指纹分类探索

1823 年,出生于波希米亚(Bohemia,后来并入捷克共和国)的医学家杨·埃万格利斯塔·普尔基涅(Jan Evangelista Purkyně)[3] 在欧洲首次对指纹开展了分类研究。这比中国古人的箕斗分类要晚了几百年。但普尔基涅的分类研究建立在近代医学和生物学研究基础之上,更为详细和科学。他根据人体指纹纹理形式的特征将指纹分为九类,分别为:平弓形(transverse curves)、帐弓形(central longitudinal stria)、斜纹(oblique stria)、斜箕(oblique loop)、扁桃螺(almond)、旋形螺(spiral)、椭圆螺(ellipse)、圆形螺(circle)、双箕(S-curve,S 曲线)。普尔基涅的指纹

图 2.1 Jan Evangelista Purkyně

---

① See Simon A. Cole, *Suspect Identities-A History of Fingerprinting and Criminal Identification*, Havard University Press, 2001: 61.

② See Howard B. Adelman, *Marcello Malpighi and the Evolution of Embryology*, Cornell University Press, 1966: 258 – 259.

③ 原名 Jan Evangelista Purkyně,又译作 Johann Evangelist Purkinje(英译名)。国内研究指纹技术的较多权威著作,对此位在世界指纹史上具有标志性贡献的医学家的名字、译名多有误传,如"约翰尼·伊文·利斯特·伯金杰"(Johnnes·Eveng·list·Purk·inje)。因而在此特别指出。另经笔者查,民国时期指纹学著作如本书提到的《指纹学术》《中华指纹学》等多将其称为"布尔景译氏"(Purkenje)。

分类方法为欧洲指纹分类和登记法的研究奠定了基础。这在人类指纹史上是一大进步。他为十指指纹分类标记、快速检索以发现匹配指纹和进一步发现指纹的稳定性提供了可能。后来的高尔顿—亨利指纹分类系统即在他的研究基础上发展而来。

(三)指纹稳定性的证明

英国是实践指纹证据技术最早的国家之一,但关于指纹证据技术应用研究却并不在英国本土,而是始于它的殖民地印度。1858 年,英国人镇压了印度士兵兵变(Sepoy Mutiny)后,加剧了"在不守规矩的殖民地更严厉地执行法律和秩序的必要性",欺诈和伪造证件的事情十分猖獗,英国官员无法明确区分一个印度人和另一个印度人。[1] 胡格里地区的行政长官威廉·赫谢尔(William Herschel)在处理当地伪造身份的问题时,发现孟加拉人在契约上采用按捺手印的方式以防止当事人违约。出自科学世家的赫谢尔开始对这一方法开展研究,即证实指纹的稳定性。赫谢尔开展了大量的指纹捺印实验,并在 1860 年和 1890 年分别捺印了自己的手印。他发现,虽然时间的蹂躏使他的手指和手掌上的纹线变得繁茂,脊线也变得有些粗糙,但脊线细节的顺序却一模一样,并没有发生改变。因此可推测,指纹具有稳定性。而孟加拉人的这种按捺手印的方法源自中国。

赫谢尔认识到指纹稳定性对人身识别的重要意义,并在 1880 年的《自然》杂志上发表了自己的成果。然而,赫谢尔声称他的发现完全是自己灵光闪现,并没有受孟加拉人从中国学来的按捺手印方法的影响。他认为孟加拉人按捺的手印非常粗糙、纹线不清,

---

① See Simon A. Cole, *Suspect Identities-A History of Fingerprinting and Criminal Identification*, Havard University Press, 2001: 64.

并不能证明什么。由此,西方学者往往把赫谢尔认为是世界上第一位研究指纹稳定性的人。德国人赫尔曼·沃尔克(Hermann Welker)分别于1856年和1897年采集了自己的指纹,经过仔细的观察,他证明指纹不变的事实。部分文献提出1856年沃尔克首次证明指纹不变,实际上这一说法有误。沃尔克的证明结果是在1898年他临终前第二次采集指纹之后公布的,因此不能以他第一次采集指纹的时间为证。而且沃尔克也没有意识到这个证明结果会给证据学和侦查学发展带来何种应用价值。同时指出的是,赫谢尔虽然发现了指纹稳定性对人身识别的价值,但并没有意识到指纹证据技术在犯罪现场勘查中的证据意义。

(四)指纹痕迹物证的认识

几乎与赫谢尔同时,英国医学传教士亨利·福尔茨(Henry Faulds)在1880年《自然》杂志上发表了他在日本工作时的指纹研究发现。他在19世纪70年代末在东京筑地医院(Tsukiji Hospital)服务时,注意到了日本古代陶瓷上的指纹。他用打印机的墨水捺印采集指纹,对此开展了大量的实验,如用砂纸、腐蚀剂等方法去掉指纹,发现新长出来的指纹与原来的指纹一致;比较了婴儿成长期快速变化的手指,指纹始终保持不变等。他在投给《自然》杂志的文章中明确指出,人类的指纹是永生不变的,可以用于人身识别,"当(在犯罪现场的)黏土、玻璃等物体上发现血手印或血手迹时,可以据此开展犯罪嫌疑人的科学鉴定"。[1] 福尔茨被认为是第一位认识到指纹证据功能的欧洲人。

福尔茨的文章引起了赫谢尔的强烈回击,赫谢尔声称他是这

---

① See Henry C. Lee & R. E. Gaensslen, *Advances in Fingerprint Technology*, CRC Press, 2001: 28.

项指纹技术的最先发明者。福尔茨对赫谢尔的主张也提出了看法,他认为赫谢尔并没有先于他提出指纹识别技术在犯罪现场调查中的应用理论。这一优先权的争议持续到20世纪中期。在当时,苏格兰场(Scotland Yard,伦敦警察厅)的建制派普遍认为福尔茨将指纹应用于案件证据调查的研究领先赫谢尔数十年。但令人惊奇的是,赫谢尔却因其在指纹技术发明中的贡献被授予爵士头衔。对此,福尔茨有所不满,多次在自己编辑的《指纹学》杂志中以"有价值的爵士"自居。

福尔茨曾多次建议苏格兰场建立指纹室,采用指纹证据技术侦查犯罪,但一直遭到拒绝。当时欧洲警察普遍采用人体测量法(Anthropometry)识别犯罪嫌疑人身份。以至于福尔茨在1905年英国第一次使用指纹证据技术的案件(the Stratton Brothers)中,站到了辩方一方。关于福尔茨和赫谢尔到底谁最先发现指纹证据技术的应用价值的争议目前依然可见,但多数研究表明是福尔茨。当然其中仍有许多历史疑问和趣味性值得进一步探讨和研究。①

二、指纹证据技术的诞生与应用

(一)高尔顿—亨利指纹分类系统

1880年福尔茨给著名生物学家查尔斯·达尔文(Charles Darwin)的一封信,引起了达尔文的弟弟弗朗西斯·高尔顿(Francis Galton)对指纹研究的浓厚兴趣。高尔顿是研究人体测量学的知名科学家,经过多年研究,他认为指纹证据技术比人体测量学要更加科学。1886年回到英国,他向伦敦警察厅提出了这个概

---

① See Gavan Tredoux, *Henry Faulds: the Invention of a Fingerprinter*, Galton(2003-12), http://galton.org/fingerprints/faulds.htm.

念。高尔顿对指纹证据技术的贡献主要有两点:一是推动了警察部门实践中应用指纹证据技术替代人体测量学的历史进程;二是他发明了指纹证据技术快速应用的核心技术——指纹分类编码,即高尔顿指纹分类系统。高尔顿将指纹分为弓形纹(arches)、箕形纹(loops)和斗形纹(whorls)三种典型类型,并以指纹中的三角形作为分类的界限。按照三角形的有无和多少,将三种典型类型分为四类,分别以1、2、3、4为代号。有了指纹的分类编码,就可以实现对指纹分类储存和快速检索,为通过指纹迅速比对寻找犯罪嫌疑人提供了可能。

但是高尔顿的指纹分类编码被英国警方投入实践后,因为分类后各分类项指纹卡数量的较大差异(大约60%的指纹是箕形的,30%是斗形的,剩下的10%是弓形的),导致不便于查找。1895年高尔顿出版《指纹指导》(Fingerprint Directories)提出了进一步分类方法。英国人爱德华·亨利(Edward Henry)在高尔顿的基础上,经过大量的实践与实验明确了指纹进一步细分的标准。他在《指印的分类与功用》(Classification and Uses of Fingerprints)中做了详细论述:将弓形纹按照顶部纹线弧度大小分为普通的弓形纹(arches)和特殊的帐形弓(tented arches);将箕形纹按照不同方向分为桡骨箕形纹(radial loops,常译为反箕形纹)和尺骨箕形(ulnar loops,常译为正箕形纹);将斗形纹依照不同形态分为普通的环形斗(whorls),以及中心囊状箕形斗(central pocket loops)、侧面囊状箕形斗(lateral pocket loops)、双箕形斗(twined loops)和杂形斗(accidentals),共9类。①

---

① See E. R. Henry, *Classification and Uses of Finger Prints*, George Rutledge & Sons, Ltd., 1990: 20-45.

在目录登记上，亨利通过纹线数量计算(ridge counting)和纹线流向位置(ridge tracing)对箕形纹和斗形纹进一步分析。如图 2. 2 所示的箕形纹，在外起点和内起点拉一条直线(线 SB)，使内外端相连，以测算内外端之间纹线数量。凡与直线 SB 相交的纹线全部算入，未相交的纹线如线 HG 不计入内，同时直线 SB 所在内外线不计入内。图 2. 2 所示的纹线共计有 17 条。

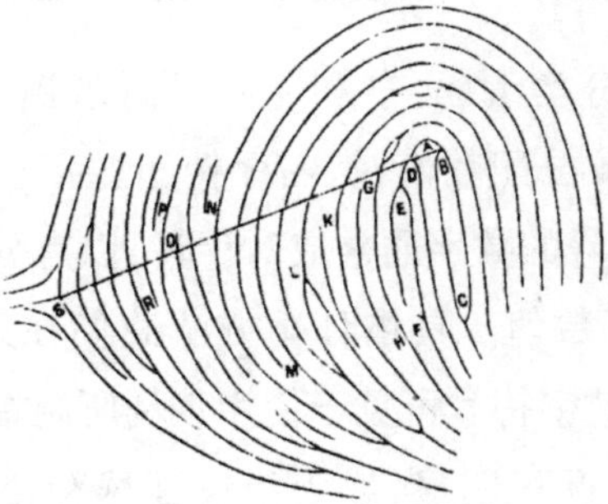

图 2. 2　箕形纹纹线数量计算

斗形纹根据追踪线纹线流向位置分为内流、外流、交流三种斗形纹子目录，分别以“I”“O”“M”标识。所谓追踪线，是指斗形纹左侧的三角形外围下方向右侧流向的一条线。根据该条线与右侧三角形的位置关系来判断这三种斗形纹。如图 2. 3 所示，追踪线在右侧三角形之上，且相隔多于 2 根纹线，则为内流斗形纹“I”；追踪线在右侧三角形之下，且相隔多于 2 根纹线，则为外流斗形纹“O”；追踪线在右侧三角形之内或周边，且相隔少于或等于 2 根纹线，则为交流斗形纹“M”。如果出现有三个三角形的特殊斗形纹，则从左侧观察前两个三角形与跟踪线的位置关系作出判断。

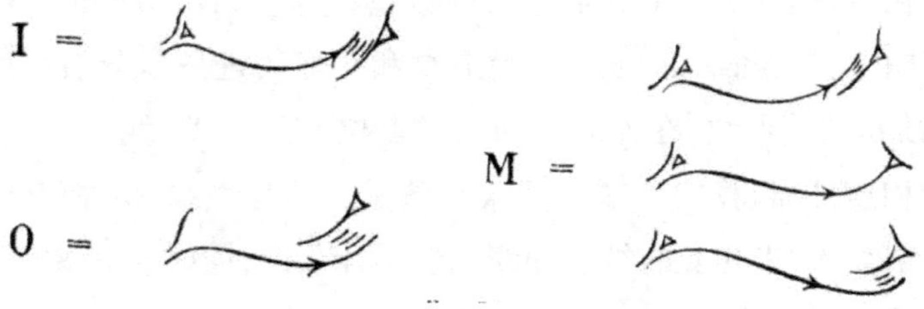

图 2.3　斗形纹追踪线纹线流向位置

根据指纹的分类编码,亨利完善了高尔顿的指纹登记系统。该系统为每个指纹分配数值,从右手拇指(标记为 1)到左手小指(标记为 10)。编号的数字通常成对计算,以有分子分母的分数形式写出,给出计算数值。具体计算方法我们在第四章统一阐释。这种分数形式的数字符号可见于使用亨利所制指纹分类系统的所有指纹记录卡上,标识明显,成为指纹证据和档案查找的重要依据。据此也可以判断不同国家或地区所用指纹证据技术的种类。由于亨利所制的指纹分类系统是建立在高尔顿的理论和方法基础之上的,因此被业内统称为高尔顿—亨利指纹分类系统,简称亨利制。

(二)现代指纹技术的应用与传播

约在 1875 年,亨利将他的指纹系统推荐给了孟加拉警察局。1897 年,加尔各答总督理事会批准了一份委员会报告,认为指纹证据技术应当应用于犯罪记录。① 1898 年,世界上第一个国家指

① 亦有研究指出,该局雇员阿齐祖尔·哈克(Azizul Haque)和海姆·钱德拉·博斯(Hem Chandra Bose)被认为是初步开发指纹分类系统的功臣,最终以他们的主管爱德华·理查德·亨利爵士(Sir Edward Richard Henry)的名字命名。See Tewari RK, Ravikumar KV, *History and Development of Forensic Science in India*, J. Postgrad Med, 2000(46): 303 - 08.

纹管理局在加尔各答的警察总部成立。[①]

印度警方有机会尝试在案件证据调查中寻找指纹证据。1897年3月，英国当局成立了一个委员会，负责审查人体测量系统和亨利的指纹分类系统的科学性。结果委员会一致确立了亨利的指纹分类系统作为识别罪犯的方法。六个月后，它被整个英国和印度采用。1897年8月15日晚，不丹地区的一个茶园经理在房间里被刀刺死。一个属于死者的木箱被打开，箱内的钱财被盗。警方确定了很多嫌疑犯包括雇员、厨师和一名曾经被监禁的前佣人坎加里·查兰(Kangali Charan)。警方在从木箱里取出的一本日历上发现了一枚血迹指纹。由于查兰的指纹在入狱时被警方提取记录，因此警方迅速将现场的指纹血迹与查兰登记的指纹进行比对，结果找到了18个匹配的特征点。警方得出结论：指纹血迹属于查兰的。随后查兰在数百英里外被成功追捕。

警方通过指纹确定犯罪嫌疑人为查兰的一个非常大的前提是，世界上任何地方都没有两个完全相同的指纹。在警方对指纹证据技术的努力阐释下，法官接受了这一前提。法官同时认为，这枚血迹指纹足以证明被告是在1897年8月15日晚闯入死者房间，处理死者木箱中文件和日历的人，但不足以证明死者是被告所杀。尽管如此，指纹的证据能力在本次案件中为司法所确认。随后，印度殖民地立法机关通过了1899年修订案，将指纹证据纳入《1872年印度证据法》(Indian Evidence Act of 1872)，这是世界上最早认可指纹作为法律证据的法案。1900年12月英国贝尔珀委员会(the Belper Committee)建议将指纹证据技术作为犯罪案件证

---

① See Kalpana Kannabiran & Ranbir Singh, *Challenging The Rules(s) of Law: Colonialism, Criminology and Human Rights in India*, SAGE Publications India, 2008: 371.

据调查的主要手段。自此,亨利制指纹分类系统被英国和绝大多数英语国家采用。亨利在发表《指印的分类与功用》后被任命为伦敦助理警察局长。在他任职期间,英国第一个指纹局于 1901 年在苏格兰场建立。1902 年英国首次将指纹作为法庭证据。①

在 1904 年的皇帝诉萨赫迪奥案(Emperor v. Sahdeo)中,印度法院认定指纹记录构成证明被告先前犯罪的合法证据。政府使用指纹记录证明,一名被定罪的小偷有五项前科,因此作为累犯应受到更“严厉的监禁”。法庭称赞指纹证据技术相比以前的“粗糙和现成”的识别方法有了重大进步:“手写可能是故意伪造,也可能是意外的模仿;照片可能呈现出欺骗性的相似性”,但却是“指纹……提供了比任何其他身体特征更为可靠的人身识别标准。”②

然而,世界史上第一个通过指纹证据技术破获的案件却并不是在英国或者印度,而是在大洋彼岸的南美洲阿根廷。高尔顿的指纹学研究成果在西方世界产生巨大影响,其中受到影响的就包括胡安·武塞蒂赫(Juan Vucetich)③。武塞蒂赫当时在阿根廷拉普拉塔警察局负责人体测量法实验室。1891 年 9 月,他在高尔顿指纹分类系统的基础上,研究并制定了更为简便的指纹分类系统——武塞蒂赫制指纹分析法(Vucetichissimo)。④ 该方法采用高尔顿观察指纹三角形的办法,按照三角形的有无、位置和多少,将指纹分为四大类:弧形纹(无三角形)、内箕形纹(右边有三角形)、

① See Lambourne, *G. The Fingerprint Story*, Harrap, 1984:67 - 68.

② Emperor v. Sahdeo, 3 Nagpur Law Reports 1 (India, 1904), quotations 1, 8 - 11.

③ 胡安·武塞蒂赫,原名 Ivan Vučetić, 1858 年出生于克罗地亚, 1882 年移民至阿根廷。之所以强调他的原名,是因为民国时期曾根据其原名发音,译为“佛斯谛克”。译名不同,导致部分历史未能关联起来。

④ See Mark Hawthorne, *Fingerprints: Analysis and Understanding*, CRC Press, 2009:7.

外箕形纹（左边有三角形）、斗形纹（两个三角形）。1892 年阿根廷发生的罗哈斯谋杀案（the Rojas murder case）通过该指纹分析法破案。该案件中，一位母亲罗哈斯将自己的两个孩子杀害，并割伤自己的喉咙，谎称被邻居袭击。当地警察将卧室门上发现的指纹血迹与死者母亲罗哈斯的指纹比对，结果相匹配。通过指纹证据证明了罗哈斯是凶手，也首次在司法案例中证明了指纹的有效性。该案是世界指纹史上公认的第一次应用指纹证据技术破获的案件。阿根廷也因此被称为世界上第一个采用指纹作为现代证据的国家。而更为庆幸的是，武塞蒂赫本人曾于 1913 年前往中国亲自讲授该指纹分析方法。

（三）其他指纹分类技术

亨利制指纹分析方法和武塞蒂赫制指纹分析方法发明后在国际社会引起巨大轰动，指纹证据技术开始在世界范围内推广与应用。一些国家和地区一方面紧跟两大系统步伐，开展本国或本地区的应用推广；另一方面也在学习应用的基础上进一步发展了各自不同的指纹分类系统。

美国紧跟英国步伐实践指纹证据技术。早在 1902 年德·弗雷斯特（De Forest）博士就在纽约开展指纹识别系统的研究。1903 年，纽约州监狱系统在美国首次系统地使用指纹识别罪犯。[①] 在实行了几个月之后，杰姆斯·帕克（James H. Parke）上尉开发了美国本土的指纹分类系统。但该系统在当时并没有得到全美的广泛接受。1904 年，美国密苏里州、堪萨斯州的部分警察局设立了指纹局。1905 年，在密苏里州圣路易斯的国际警察博览会上，伦敦

① See Mark Hawthorne, *Fingerprints: Analysis and Understanding*, CRC Press, 2009:8.

警察厅官员约翰·费里尔(John Ferrier)来到美国,指导美国警察使用亨利制指纹分析方法。[①] 直至1911年,在克里斯皮案中(People v Crispi)美国第一次仅凭指纹证据定罪。

受英国和印度影响,1903年4月,德国德累斯顿警察局建立第一个指纹技术部门。1905年汉堡警察总监古斯塔夫·罗舍尔(Gustav Roscher)发表了《指纹检查手册》(Handbuch der Daktyloskopie)。他根据亨利指纹分类系统中规定的五大类型和内端、外端计线以及外角追迹线的原则,略加修改,制定出德国汉堡式指纹分析法。民国时期部分文献还将其称为"罗舍尔法"。1911年,在埃德蒙·洛卡德(Edmond Locard)的倡议下,法国首先确定了进行单个指纹鉴定必须具备12个以上特征点的规则,即在一枚指纹的鉴定中如果检材指纹的特征点少于12个,那么就难以作出这枚指纹与样本同一的结果。而相比之下,英国的要求标准更高。1912年英国司法部要求,法庭中指纹证据的同一认定必须满足16个以上特征点。1915年,国际指纹鉴定协会在美国加利福尼亚州成立。1926年,英国发明伯特利式单指指纹分析法。武塞蒂赫制指纹分类系统则在南美洲国家和中国得到实践。

第三节 拷讯的废除

没有证据科学支撑的法律制度难以实现其司法价值。清末民初政府虽然先后效仿日本等国家建立现代刑事诉讼制度,但当拷讯技术

---

① See Wilbur R. Miller, *The Social History of Crime and Punishment in America: An Encyclopedia*, SAGE Publications, 2012: 2174.

逐步废除,制度一时间失去证据科学的支撑,司法效能极其低下,司法官员互相推诿,甚至出现派员学习西方催眠术来审案的闹剧。

一、讯问与拷讯

自古至今,讯问是刑事证据调查中应用最为广泛、历史最为悠久的手段之一。讯问在刑事证据调查中的功能非常直接,主要是"从人到物",或取得犯罪嫌疑人的有罪或无罪的供述。中国古代的讯问制度可追溯至西周"五听"之律,非常发达,不仅现存完整的历朝法律可寻得有关讯问的条文踪迹,甚至有细者,规定了讯问的种类与时间,而且还发明了针对不同案件情形或当事人所使用的讯问工具——刑具,积累了较为周详的讯问经验与技巧。然而,随着传统讯问技术的现代转型,古今对"讯问"概念和词义理解不同。在中国法制史的研究中"刑讯"与"拷讯"二词经常使用,二者是否有所区别?而当代刑事诉讼法学、侦查学等研究中出现的"刑讯""刑事讯问""刑讯逼供"三词,与前者有何区别?概念是法学研究的基础。[1] 我们要厘清,而且也应当在证据技术的现代转型中厘清这些概念的区别。

讯问在当今法律实践、学术研究与生活中有多种称谓,如"刑事讯问""刑事审讯""侦查讯问"等。尤其是在刑事诉讼法学、侦查学等学科相关研究中,"刑事讯问"一词被使用,[2]与讯问同义。

---

① 参见杨正鸣、胡裕岭:《法治视野下我国暴力恐怖犯罪活动应急处置问题研究》,载《犯罪研究》2016 年第 4 期。

② 参见[德]托马斯·魏根特、樊文:《刑事讯问程序中被嫌疑人自主权的保护》,载《刑事法评论》2008 年第 1 期;蒋娜:《刑事讯问模式的反思与重塑——基于死刑错案的分析》,载《法律适用(司法案例)》2017 年第 6 期;李彧:《刑事讯问的十个误区及其应对》,载《江西警察学院学报》2012 年第 3 期;毕良珍:《"临界诱供"的法律思考——刑事讯问谋略运用合法性探析》,载《中国人民公安大学学报(社会科学版)》2006 年第 6 期等。

在法律规范表达中,依据我国《刑事诉讼法》,讯问作为一个专门的法律术语,并无前缀,只称“讯问”。《刑事诉讼法》将“讯问犯罪嫌疑人”单独列为专节,对讯问的主体、对象、内容、形式、时间、地点等诉讼行为进行了严格的法律规范,使讯问的整个过程有章可循。今天法律意义上的讯问,“是侦查人员为了查明事实真相,依法对犯罪嫌疑人就刑事犯罪事实真相而进行的以言词形式获取口供的一种诉讼活动和侦查措施”。[①] 可见,今天的讯问对象特指犯罪嫌疑人。讯问的目的在于查明案件事实、获取言词证据。

在中国古代,与讯问同义的称谓很多,如“掠”“拷”“讯”“拷掠”“拷讯”“刑讯”“讯问”等。古代的讯问制度历史悠久,非常发达,最早可追溯至西周。《礼记》有载“命有司,省囹圄,去桎梏,毋肆掠,止狱讼”。[②] 战国时期秦国《封诊式》载“治狱,能以书從(蹤)迹其言,毋治(笞)谅(掠)而得人请(情)为上;治(笞)谅(掠)为下;有恐为败”。[③] 并在《治狱》篇专载《讯狱》一篇记录了讯问方式。汉代“《律》云:‘掠者唯得榜、笞、立。’”。[④] 唐代是古代中华法律最为辉煌的时期。《唐律疏议》规定“诸应讯问者,必先以情,审察辞理,反复参验;犹未能决,事须讯问者,立案同判,然后拷讯。违者,杖六十”。[⑤] 可见,唐代律法中有“讯问”与“拷讯”不同称谓且词义上有区分。前者同今之“讯问”和“询问”[⑥],后者指采用刑

① 参见杨正鸣、倪铁主编:《侦查学》,复旦大学出版社2013年版,第168页。

② 参见《礼记·月令》。

③ 参见《封诊式》。

④ 《后汉书·章帝纪》。

⑤ 参见《唐律疏议·断狱·讯因察辞理》。

⑥ 询问是侦查人员依法向了解犯罪事件情况的相关人以言词的方式展开调查的一种侦查活动。其目的就是查明事件真相、发现侦查线索、扩大侦查途径、甄别犯罪嫌疑人供述。

具审讯。唐代律法对讯问的条件、程序、次数、刑具的规格等有明确的限制。明清的律法基本承袭了唐律,并有所发展。但在明清律法中未见"讯因察辞理"相似规定,而是多使用"刑讯""拷讯"并对其作出规定。

因此,从词义上看,古代讯问制度中,尤其是清代律法所使用的"刑讯""拷讯",是指采用肉刑或变相肉刑逼取口供的审讯方式。它所代指的意思与今天所称的刑讯逼供近似。有学者认为"中国古代讯问制度最基本的特征在于刑讯的广泛使用"。[①] 从讯问目的和讯问对象上看,古代讯问的目的在于获得案件相关人员的"口供",同时存在"招供""首实"等近似称谓。但口供的范围非常大。唐代律法有"拷囚限满而不首"规定,即"诸拷囚限满而不首者,反拷告人。其被杀、被盗家人及亲属告者,不反拷"。[②] 意思是说,如果囚犯被拷讯三次以后,依然不认罪,那么应当反过来,拷讯控告人。"明代以后,'招''供'二字,逐渐演变成不同意义,'供'泛指原告、被告、证人之陈述,'招'则专指被告承认自己有罪之陈述,'招'实为'供'之一种,'供'之范围大,'招'之范围小"。[③] 可见,古代"刑讯""拷讯"包括了对证人、被害人采用暴力、威胁等非法方法获取言词证据的行为。从这个意义上讲,古代在律法上可能并无专门的讯问制度("讯问"与"询问"未作区分),而对"刑讯""拷讯"有着十分严格、发达的规定。可以说,中国古代律法拥有较为完整的"刑讯""拷讯"制度,在司法实践中有较为发达的"刑讯""拷讯"技术。

---

① 参见郑曦:《中国古代讯问制度简论:一部刑讯的历史》,载《中国政法大学学报》2015 年第 2 期。

② 参见《唐律疏议·断狱·拷囚限满不首》。

③ 那思陆:《清代州县衙门审判制度》,中国政法大学出版社 2006 年版,第 59 页。

所以,今人尤其是法律史研究者,对古代讯问制度的研究多使用“刑讯”一词,[1]意指讯问活动中采用肉刑或变相肉刑逼取口供的审讯方式,如“刑讯是指司法机关以暴力手段,逼取犯罪嫌疑人、报告人口供的一种审讯方式”。[2] 但是,如前所述,今天“刑讯”一词被刑事诉讼学、侦查学、犯罪学学科研究者和司法实践者大量使用,意指刑事诉讼中的“刑事讯问”,而非刑讯逼供。以“刑讯”为主题在中国知网上检索,可同时出现以上两种截然不同的词义与语境的法学研究成果。法学是一门非常严谨的学科,突出地表现在法律术语的规范性与严谨性。“刑讯”一词两用已经造成了学术研究的一定混乱,因此有必要对两种不同研究中的用词加以区分。有关当今刑事诉讼“刑讯”或“刑事讯问”的研究应当依据刑事诉讼法使用“讯问”一词;有关中国古代讯问活动中的研究,亦可以使用“讯问”一词(因古代刑民不分,此处“讯问”应作广义解释);而有关古代讯问活动中采用肉刑或变相肉刑逼取口供审讯方式的研究,即当下诸多研究,使用“拷讯”一词更为准确,从而避免“刑讯”与今混义。而且“拷讯”应当专指古代讯问活动中采用肉刑或变相肉刑逼取口供的审讯方式。如前所述,《唐律疏议》中“讯因察辞理”已体现对“讯问”与“拷讯”有所区分,因此,“拷讯”并不能代指古代讯问制度。

但为何说古之“拷讯”与今之刑讯逼供词义近似?刑讯逼供中的“刑讯”二字应当取今义还是古义?二者词义不同吗?古之

---

① 参见姜小川:《百年来我国刑讯废而不止的源头审视——以清末废除刑讯为视角》,载《法学杂志》2014 年第 1 期;于晓青:《清代刑讯制度考辨》,华东政法大学 2008 年博士学位论文;郑曦:《中国古代讯问制度简论:一部刑讯的历史》,载《中国政法大学学报》2015 年第 2 期等。

② 蔡永明:《论清末的刑讯制度改革——以 1905—1911 年〈申报〉、〈大公报〉为中心的考察》,载《河南师范大学学报》2007 年第 2 期。

“拷讯”“刑讯”词义并不能完全与今之刑讯逼供等同。首先,在词义上二者有相似之处。今之刑讯逼供的解释可见最高人民法院《关于适用〈中华人民共和国刑事诉讼法〉的解释》第 123 条,采用下列非法方法收集的被告人供述,应当予以排除:“(一)采用殴打、违法使用戒具等暴力方法或者变相肉刑的恶劣手段,使被告人遭受难以忍受的痛苦而违背意愿作出的供述;(二)采用以暴力或者严重损害本人及其近亲属合法权益等相威胁的方法,使被告人遭受难以忍受的痛苦而违背意愿作出的供述;(三)采用非法拘禁等非法限制人身自由的方法收集的被告人供述。”其次,刑讯逼供在当今是一个明确的法律术语,也是一个刑法罪名。《刑法》第 247 条规定,司法工作人员对犯罪嫌疑人、被告人实行刑讯逼供或者使用暴力逼取证人证言的,处 3 年以下有期徒刑或者拘役。但是,《刑事诉讼法》第 52、56 条规定,严禁刑讯逼供和以威胁、引诱、欺骗以及其他非法方法收集证据,不得强迫任何人证实自己有罪;采用刑讯逼供等非法方法收集的犯罪嫌疑人、被告人供述和采用暴力、威胁等非法方法收集的证人证言、被害人陈述,应当予以排除。由此规定可以看出,采用暴力、威胁等非法方法收集证人证言、被害人陈述与刑讯逼供在法律条文中是同类列举行为,二者并不等同。对证人、被害人采用暴力、威胁等非法方法获取言词证据的行为非刑讯逼供。刑讯逼供的对象仅限于犯罪嫌疑人、被告人。因此,刑讯逼供中的“刑讯”二字意指“刑事讯问”,与今之“讯问”同义,与古之“讯问”不同。

二、拷讯的技术与方法——以清代为例

拷讯的直接目的在于获得案件相关人员的口供。口供在古代证据体系中具有极其重要的地位和作用,尽管也有物证和众证定

罪的案件,但在明清时代,“口供的地位得到了进一步提升,几乎到了无供不定案的程度”。[①] 清代律法规定“凡听断,依状以鞫情,如法以决罚,据供以定案”。[②] “凡诸衙门鞠问刑名等项,必据犯者招草以定其罪”。[③] 这里的招草是指犯罪嫌疑人或被告人作出的承认犯罪事实的未经修改的陈述。可见,在清代,获得犯罪嫌疑人或被告人的口供是绝大多数案件断案或结案的必要条件。因此,古代讯问制度的发达,集中表现在拷讯的方法和规制上。

(一)刑具拷讯及其技巧

1. 刑具的种类

刑具代有变更,其载在律条,一成而不可易者,厥数有六:曰笞、曰杖(二者皆用荆条,笞小杖大)、曰讯(即今之竹板。有重罪不服者,责以讯之)、曰枷(项刑,用以示众)、曰杻(手刑,俗名手铐)、曰镣(足刑,俗名脚镣)。[④] 可见,清代法定刑具主要有笞、杖、讯、枷、杻、镣。前三种具有明显的拷讯类用途,后三种为拘禁类刑具。但古代刑具往往具有双重属性,可用于拷讯,也可用于刑罚,二者并未明确区分,如“笞杖有二义,有断决时之笞杖,有讯问时之笞杖”。[⑤] 或者可以说,在审讯过程中使用刑罚是拷讯的主要特征之一。

除了这六种刑具外,还有夹棍、桚指,专门用于拷讯以获取口供。“至夹棍,则专指讯问而言”。[⑥] 夹棍用于男性。夹棍是在审

---

① 杨晓秋:《明清刑事证据制度研究》,中国政法大学出版社 2017 年版,第 46 页。

② 《清会典·刑部三·尚书侍郎职掌三》。

③ 《大清律例·刑律·断狱下·吏典代写招草》。

④ (清)李渔:《祥刑末议》,载《资治新书(初集)》,浙江古籍出版社 1991 年版,卷首第 1 页。

⑤ (清)薛允升:《读例存疑·卷一》,清光绪刊本,第 46 页。

⑥ (清)薛允升:《读例存疑·卷一》,清光绪刊本,第 46 页。

讯中用三根绳索相连的木棍夹挤被拷讯者的大腿,使之产生剧痛。“夹棍之说,唐世未闻,其制起于宋理宗之世。以木索并施,夹两股,名曰‘夹帮’。又竖坚木,交辫两股,令狱卒跳跃于上,谓之‘超棍’。合二者思之,当即今之夹棍也”。[①] 拶指用于女性。“妇人供辞不实,用锣指”。拶指与夹棍功能基本类似,是在审讯中用五根绳索相连的小木棍夹挤被拷讯者的四根手指,使之产生剧痛。拶指的使用在古代由来已久,法律有严格的限制,但在清代使用较为广泛。

2. 刑具的规格

清代拷讯所使用的刑具并非简单划类,而是在长期的司法实践经验中,根据人体疼痛的忍受程度进行划分,有着较为科学的严格限制。尽管确有滥用刑具的现象,但基本上是既要被拷讯者承受痛苦,又要保全性命。依据清律,拷讯官员必须使用法定规格的刑具,禁止私用,如“凡笞、杖罪名折责,概用竹板,长五尺五寸。小竹板,大头阔一寸五分,小头阔一寸,重不过一斤半。大竹板,大头阔二寸,小头阔一寸五分,重不过二斤”。“夹棍,中挺木长三尺四寸,两旁木各长三尺,上圆下方,圆头各阔一寸八分,方头各阔二寸,从下量至六寸处,凿成圆窝四个,面方各一寸六分,深各七分。拶指,以五根圆木为之,各长七寸,经圆各四分五厘。”“凡寻常枷号,重二十五斤,重枷重三十五斤,枷面各长二尺五寸,阔二尺四寸,至监禁人犯,止用细链,不用长枷”。[②]

3. 刑具的使用

清代对不同拷讯主体、不同审讯情形、不同特殊身份所使用的

---

① (清)王棠:《燕在阁知新录·卷十七》,清康熙刻本,第691页。

② 参见《大清律例·名例律上·五刑》。

刑具,以及施用部位、施用次数等有着严格的分类限制。

其一,对拷讯主体的限制。清代的刑具并非所有拷讯官员均可使用,而是针对不同的案件和官员级别有明确的限制。例如,"内而法司,外而督抚、按察使、正印官,许酌用夹棍外,其余大小衙门概不许擅用,若堂官发司上司官批发佐杂审理事件,呈请批准,方许刑审。若不呈请,而擅用夹棍、搯指等刑,及佐贰并武弃衙门,擅设夹棍、锣指等刑具者,督抚题参,交部议处,正印官亦照失察例处分。""直省州县自理之案,不得擅用夹讯。其申报事件,有曾经夹讯者,将夹讯几次,或未曾夹讯之处,于招册内据实声明。该管上司于解审时详加察验,如有朦胧隐匿情弊,即行题参。至佐贰奉上司批发审理事件,有应夹讯者,详明上司,改委印官审理。系印官批发者,呈明印官,掣回自行审理"。[①] 意思是说对夹棍的使用"内而法司,外而督抚、按察使、正印官",其余官员原则上禁止使用,须呈请批准。

其二,对审讯情形的限制。允许使用刑具审讯的情形下刑具也不是可以任意使用的,而是依据被审讯罪名和被审讯者的行为举止从轻至重,严格区别。清代学者指出"今之刑具,较之前古甚轻,责惟竹板;鞠讯不服,则夹棍锣指;辱之示众,则枷;而拘系防闲,则锁靠、扭镣而已……板有三号,最大有毛头,谓之龙须板,偶一设之,所以威吓土豪衙蠹,非轻用之物也。其三号者,头号打强盗恶棍衙役犯赃私作弊者,二号乃常刑,三号则比较钱粮、暨乡愚小讼之类耳。至于夹棍,惟人命、强盗重犯,不招则用之"。[②] 清律明确规定:"其强盗人命事件,酌用夹棍。""强窃盗人命,及情罪重

---

① 《大清律例·刑律·断狱上·故禁故勘平人》。

② (清)黄六鸿:《福惠全书·卷之十一》,清光绪十九年文昌会馆刻本,第241－242页。

大案件正犯，及干连有罪人犯，或证据已明，再三详究，不吐实情，或先已招认明白，后竟改供者，准夹讯外；其别项小事概不许滥用夹棍。若将案内不应夹讯之人，滥用夹棍，及虽系应夹之人，因夹致死，并恣意叠夹致死者，将问刑官题参治罪；若有别项情弊，从重论”。

其三，对特殊身份的限制。受“刑不上大夫”[①]的儒家思想影响，清代对官吏、有功名身份的人、旗人宗室的拷讯进行不同的限制，如“凡八议者犯罪，实封奏闻取旨，不许擅自勾问。若奉旨推问者，开具所犯及应议之状，先奏请议，议定奏闻，取自上裁。其犯十恶者，不用此律”。[②] 可见，对官吏、有功名身份的人、旗人宗室等特殊身份对象，不能随意拷讯，应当先“奏请议”“ 取自上裁”。具体而言，对三品以上、以下官员，旗人，宗室等分别有不同的拷讯限制，但这并非本书研究之重点，故此处不多赘述。

其四，对施用部位、施用次数的限制。清代拷讯对刑具施用部位、施用次数的限制，沿用了唐律明律“拷讯不得过三度”的做法并有所发展，凸显了拷讯的经验。例如清律规定，桚指的使用两次为限，“其应夹人犯不得实供，方夹一次，再不实供，许再夹一次。用刑官有任意多用者，该管上司不时察参。傥有徇隐事发，并交部议处”。[③]

尽管统治者在律法中对拷讯如此限制，然而实践中地方官员滥用刑具，甚至非法残酷拷讯致死的事件在中西报刊的报道[④]中

---

① 《礼记·曲礼》。

② 《大清律例·名例律上·应议者犯罪》。

③ 《大清律例·名例律上·五刑》。

④ 参见李秀清：《中法西绎：〈中国丛报〉与十九世纪西方人的中国法律观》，上海三联书店 2015 年版，第 96 页。

不胜枚举,屡禁不止。

(二)拧耳、跪链、压膝、掌责等常用拷讯方法

拷讯中刑具的使用极其残酷,因而统治者出于儒家慎刑思想和防止过度拷讯产生冤案目的对刑具的使用作出较为严格的限制。但除了刑具外,清代官员还在拷讯中广泛使用拧耳、跪链、压膝、掌责等非需"呈请批准"的拷讯方法。清律规定"凡问刑各衙门一切刑具,除例载夹棍、拶指、枷号、竹板,遵照题定尺寸式样,官为印烙颁发外,其拧耳、跪链、压膝、掌责等刑,准其照常行用"。[①]虽然拧耳、跪链、压膝、掌责等方法较刑具拷讯而言较为轻缓,"痛止于皮肤,伤不毁其肢体,而承问官不必呈请刑夹即可迅得实情,转于重刑可以减少",[②]但实际功能上与刑具使用无异,都旨在使被拷讯者难以忍受痛苦,录取口供。只不过,拧耳、跪链、压膝、掌责等方法对被拷讯者的伤害较轻,但恰恰是这种不伤筋骨,痛于皮肤的伤害,导致该类拷讯方式被频繁使用。

(三)五听与隔离讯问等讯问经验

虽然古代拷讯的现象十分严重,但"五听"依然为断案之首要。五听,即"五声听狱讼,求民情:一曰辞听(观其出言,不直则烦),二曰色听(观其颜色,不直则赧然),三曰气听(观其气息,不直则喘),四曰耳听(观其听聆,不直则惑),五曰目听(观其眸子,不直则然"。[③]《唐律疏议》"讯因察辞理"之规定中,明确了五听的首要地位。"诸应讯问者,必先以情,审察辞理,反复参验"。只有

---

① 参见《大清律例·刑律·断狱上·故禁故勘平人》。

② 参见(清)祝庆棋:《刑案汇览·卷五十九》,清道光棠樾慎思堂刻本,第4638页。

③ 参见《周礼·秋官·司寇》。

“犹未能决，事须讯问者，立案同判，然后拷讯”。[①] 具体而言，古代官员在断案过程中，以“察色判断、闻声判断、言词判断、情理判断、事理判断”。[②] 通过观察被审讯人的表情神色、运用推理来判断被审讯人的口供的真实性，作为一种经过长期历史实践对言词证据审查的方式，具有一定的心理学、讯问学的科学性。

五听在清代虽未如唐律在律法中明确，但在相关文献中可见其首要地位，如《牧令须知》所载“刑逼枉断，夫物不平，则鸣人不平，则诉讼者不平，听讼者若亦不平，所断安得而平耶”。因此告示官员“听讼讯供”，应当“总使其理穷词服”，审查辞理，“倘理穷而词不服，然后加刑未晚”。[③] 而且通过史料记载的清代案例，我们可以推断，五听在司法实践中被广泛使用，并在断案中发展出隔离讯问等实践方法，如“次看邻证供，有当时见证者，有当场劝证者，有先不知而后查知者，有本非当场儿证而起衅，另有别情为该证所素知者，均须隔别讯明，再与犯人质对，明确方免偏证，及串捏诬证之弊，其供应分析叙明”。[④] 但同时也应当看到，五听的审查包括隔离审讯等经验虽然有一定的科学意义，也在司法实践中得到有效应用，然而作为一种经验判断，对审讯者的素质提出了很高的要求。有清代学者也对五听提出了质疑。“古之折狱，听色听辞，皆就所讼言之也。然古时人情淳朴，曲直观于辞色之间；今人刁诈，冤痛反饰于辞色之际。非我有所依折而得之彼曲直之情，不我与也”。[⑤]

---

① 参见《唐律疏议·断狱·讯因察辞理》。

② 奚玮、吴小军：《中国古代“五听”制度述评》，载《中国刑事法杂志》2005年第2期。

③ 参见（清）刚毅：《牧令须知·卷一·听讼》，光绪己丑孟冬刊，第33页。

④ 参见（清）徐栋：《牧令书辑要·卷一》，清同治七年江苏书局刻本，第349页。

⑤ （清）黄六鸿：《福惠全书·卷之十一》，清光绪十九年文昌会馆刻本，第238页。

较早的抛弃神判而求诸于理性,可能是中国古代司法在一定时期内先进于同时代其他国家和地区的重要原因之一。但这并不意味着司法实践中已无鬼神等伪科学讯问取证方法的存在。实际上,鬼神显灵、鬼魂托梦、神灵指点等现象,不仅屡见于文学作品、民间传说之中,而且也成为现实审讯活动的重要部分。《折狱龟鉴补》记载了诸多利用鬼神等伪科学讯问的案例,如审物智破奸杀案[①]等。

三、拷讯技术的存废之争

拷讯合法使用的同时,中国古代的统治者已看到其负面效应,如汉章帝曾言“自往者大狱以来,掠考多酷,钻鑽之属,惨苦无极。念其痛毒,怵然动心”。[②] 晚清薛允升指出“定案以供证为凭,刑逼之供已不足信,况无供耶?又况无证耶?以此谳狱,得不谓草率定案乎”?[③] 但拷讯作为中国传统法律制度的重要组成部分,它所代表的不仅仅是讯问行为本身,而是一整套的证据调查制度和证据规则。古代对拷讯予以限制或废除的思想还是从慎刑和防止冤假错案的角度出发的。这些思想尽管以废除拷讯为目的,但并未引起足够重视。在文化观念与讯问技术未取得进步的条件下,拷讯依然具有其存在的强大的政治和社会价值。真正意义上讯问技术的现代转型,始于西学的传入和中西法律文化的冲突。

(一)拷讯——中西法律交流第一次冲突

西方国家对中国这一神秘而历史悠久的文明古国最初模糊的认识始于传教士的记录。直至19世纪现代刊物的出现,晚清的社

---

① 参见《折狱龟鉴补·卷三·审物智破奸杀案》。

② 参见《后汉书·章帝纪》。

③ 参见(清)薛允升:《读例存疑·卷四十九·刑律断狱下·官司出入人罪》,清光绪刊本。

会与法律现实被揭开面纱。早在 1832 年由美国传教士裨治文在中国广州创办的第一家向西方介绍真实中国的报刊《中国丛报》，该刊物记载和转载了大量关于当时清代官员滥用拷讯的事件。例如，“《京报》(1817 年 8 月 9 日)刊载，各地官员滥用拷问，致使屈打成招之事不时发生，而官员却乘机受贿敛财……1819 年 7 月《印中搜闻》报道，一都察院官员向皇帝报告说：‘载四川省，残酷、非法的拷问事件经常发生，许多人被拷问致死’”。[①] 若仅通过《中国丛报》来了解当时中国的法律状况，“几乎一无是处”[②]这些对中国拷讯和法律制度的认识对西方甚至开眼看世界的中国人带来了深刻的影响。直至鸦片战争后，英国人明显认识到中西法律制度的较大差距，在租界内寻找和探索中西法律合作与融合的方式。在此背景下，理事衙门、会审公廨(亦称为会审公堂)首先在上海逐渐建立起来。这开启了现代讯问技术和法律制度引入中国的司法实践开端。

1845 年根据《土地章程》英租界在上海成立，在租界范围内的外国人和华人实际上处于英国领事的司法管辖范围内。“英国领事在 1855 年至少受理了五百起案件，其中四件是谋杀，一百零三件是重罪，十三件是绑架。”[③]当英国人为涉案被告时，则依据 1858 年中英《天津条约》第 17 款要求，由中国地方官与领事官“会同审办，公平讯断”。1864 年理事衙门成立，这便是日后会审公廨的前身。理事衙门的庭审是公开的，总是吸引大批好奇的华人观看诉

---

① 参见李秀清：《中法西绎：〈中国丛报〉与十九世纪西方人的中国法律观》，上海三联书店 2015 年版，第 96 页。

② 李秀清：《中法西绎：〈中国丛报〉与十九世纪西方人的中国法律观》，上海三联书店 2015 年版，第 100 页。

③ [俄]郭泰纳夫：《上海会审公堂与工部局》，朱华译，上海书店出版社 2016 年版，第 51 页。

讼。公开审理、"会同审办,公平讯断"的影响是非常大的。它并没有直接全部适用西方的庭审方式,而是在中西法律交叉中寻求平衡。尽管它的案件审理结果对华人是非常不公平的,但它让中西法律文明在实践中第一次互相认识、了解和碰撞,既让华人在庭审中认识到了近代西方法律的先进之处、不足之处和传统中国法律的弊端,也让外国人看到了晚清中国证据调查和案件庭审的样态。

(二)拷讯如何废除

拷讯首先在上海租界被废除。租界范围内废除拷讯的实践,对中国人产生了非常大的影响,报刊开始报道租界内外国人废除拷讯的做法,如"上海会审公堂现已免去跪讯,凡两造未分曲直者均立而对质"。①

同时,清末政府开始逐步反思,抛弃暴力而非科学的取证方式,开启了中国近代历史上影响深远的修律的历程。"旨如所请,并谕将一切现行律例,按照通商交涉情形,参酌各国法律,妥为拟议,务期中外通行,有裨治理。自此而议律者,乃群措意于领事裁判权"②。起初对拷讯的废除并不是彻底的,死罪、重罪等案件依然可适用。1906年制定的《刑事民事诉讼法》(草案),明确禁止在刑事司法活动中拷讯犯罪嫌疑人、证人和被害人。"凡审讯一切案件,概不准用杖责、掌责、其他项刑具,或语言威吓,或逼令原告被告及各证人偏袒供证,致令淆乱事实"。③ 自此中国进入废除拷讯的历史进程,废除拷讯成为清末新政和民初法制建设不可或缺的一部分。

所以说,中国传统讯问技术的现代转型从根本上讲源于法律

① 参见《上海会审公堂已免跪讯》,载《中华报》1906年2月17日,第6页。
② 《清史稿·志一百十七·刑法一》。
③ 《刑事民事诉讼法》(草案)第17条。

文明的进步。也正是在此影响下，晚清的士大夫们开始探寻拷讯废除的理据，以及向西方学习现代证据调查技术。《遵旨筹议变法谨拟整顿中法十二条折》陈述了清末"参酌各国法律"之结果和变法要旨，其中"恤刑狱"阐释了废除拷讯的理由，但建议中对拷讯的废除并不是彻底的，死罪、重罪等案件依然可适用。"查例载众证明白即同狱成，不须对问……拟请以后断案，除死罪必须有输服供词外，其军流以下罪名，若本犯狡供，拖延至半年以外者，果系众证确凿，其证人皆系公正可信，上司层递亲提覆讯，皆无疑义者，即按律定拟奏语立案"。[①] 1905 年，修律大臣伍廷芳、沈家本呈递《奏遵议停止刑讯折》，光绪皇帝降谕旨："昨据伍廷芳、沈家本奏议覆恤刑狱各条，请伤禁止刑讯拖累，变通笞杖办法……著该督抚等严伤各属，认真清理，实力遵行，仍随时详加考查，倘有阳奉阴违，再蹈前项弊端者，即行从严参办……"[②]1906 年制定的《刑事民事诉讼法》（草案），明确禁止在刑事司法活动中拷讯犯罪嫌疑人、证人和被害人。"凡审讯一切案件，概不准用杖责、掌责、其他项刑具，或语言威吓，或逼令原告被告及各证人偏袒供证，致令淆乱事实"。[③]

然而，拷讯废除了吗？虽然三令五申严禁拷讯，但是一直到民国各地实践中依然多有使用者，而且要求恢复拷讯的声音也开始响起。究其原因，即在于废除拷讯的新刑事司法制度并没有其他证据科学以支撑，官员竟不知该如何审案。新制定的司法制度无法施行。清末御史刘彭年上封奏请恢复拷讯，原因在于"我国未有

---

① （清）张之洞：《张文襄公奏议・卷 53・奏议 53・遵旨筹议变法谨拟整顿中法十二条折》，民国十七年刻。

② （清）端方：《大清光绪新法令・修订法律大臣奏轻罪禁用刑讯凡笞杖改为罚金请申明新章折》，清宣统上海商务印书馆刊本。

③ 《刑事民事诉讼法》（草案）第 17 条。

包探之法……问官何以定案乎?”[1]民国初期时任司法总长的梁启超也认为“新刑律草案不甚适用。其中尤以不用刑讯为最困难。请参照旧律遇有要案准酌量用刑讯,以济法律之穷等因”。[2]“故欲重证据,必先备置搜查机关与方法,或能达其目的之一二”。[3]清末民初的统治者也深知废与立的必要性。

因此,想要废除拷讯,必须寻求新的证据科学技术。

四、拷讯的替代技术——催眠术

于是乎,便有了向日本学习催眠术的历史闹剧。日本是清末民初学西方的样本,而且此时国人已注意到日本已废除拷讯近30年。[4]“日本审取犯人口供有催眠术之法,系犯人将心中私念均自说出,可为审判之助”。于是,新政后的刑部和大理院纷纷要派员赴日本学习催眠术审案。“刑部自奉旨停止刑讯取供甚为棘手,拟派司员赴日本详细考查催眠术之理,以备将来审判之用。”[5]“大理院堂宪日前会议近因停止刑讯审判诸多棘手,拟调查日本之催眠术以资效法而便取供”。[6]

地方和民间对催眠术的学习与传播也是蔚然成风。不仅1903年《新小说》连续两年连载了日本人池幽芳氏的小说《电术奇谈(一名催眠术)》,而且传授警察催眠术的讲习所也纷纷成立起来。“京师巡警毕业生皖人周堃一热心学务谊开桑梓,现已纠约同

---

① 《纪事:内国之部:请复刑讯》,载《大陆(上海1902)》1905年第6期。

② 参见《记事:本国之部:章总长对于规复刑讯之意见》,载《法政杂志(上海)》1914年第11期。

③ 参见龙文:《停止刑讯之救济法》,载《共和言论报》1912年第1期。

④ 《日本拟禁刑讯》,载《申报》1875年9月14日,第3版。

⑤ 《各省新闻:考查催眠术以补助刑章》,载《山东官报》1906年第43期。

⑥ 《新闻:大理院拟用催眠术》,载《并州官报》1908年第34期。

志筹集资款，在于本省城内创设催眠学堂。其教授一切科学均遵定章办理。刘已拟定简章详禀皖提学核准立案。"①"现催眠术专家熊长乡先生，以催眠术为方今必要科学，特发起组织讲习所一处。以作成医术侦探术人才为宗旨"。②（见图 2.4）

对此竟然引发政府对民众掌握新"证据科学"的担忧，命令禁止民办学习。"查催眠术之根源哲学，正用之则侦探裁判独具神妙，否则劫财劫色节课恣所欲为……为地方治安起见……经谕令停止，准移前由相应咨覆贵公司查照"。③

图 2.4　学习和演示催眠术情景

（图片来源：《直督试验催眠术（附图）》，载《图画日报》1909 年 10 月 23 日，第 11 页）

---

① 《学界新闻：禀办催眠学堂》，载《大同报（上海）》1910 年 1 月 15 日，第 32 页。

② 《中央消息：北京催眠术讲习所成立》，载《教育周报（杭州）》1913 年第 3 期。

③ 《粤警道因停止催眠术讲习所咨覆藩司文》，载《江南警务杂志》1910 年第 6 期。

催眠术的学习一直延续到民国初期。从科学的角度来说,催眠术并非无科学依据。但从当时的报刊、书籍资料来看,鲜有报道或学者研究催眠术所蕴含的近代心理学、药物学、讯问学等基础知识,[①]而在实践中仅仅关心它的用途和功能。以至于铺天盖地的报刊宣传过分夸大了其功能,反而让其失去了科学性的光辉,甚至有甚者视其为超乎现实的"幻术",如有报道称催眠术为"滴水之拷讯法。用物盛水滴其人头上,无论如何顽强之人终必因此认罪"。[②]"直督端制军于中秋日召法国术士男女二人入署变幻奇术……其初以无幻有,以有幻无。最后者术士用催眠术催眠其女者,以布蔽其两目,令其以物投入,随我心之所欲,与术士言明。术士用手指天画地,其女者不闻不见,即应手而动,寻物投人,百无一爽约"。[③] 对催眠术的引入与学习甚至还有"西法中源"的论述,如刘笑佛认为催眠术源自中国。[④] 可见当时学习之盲目。

"在一贯以行政权力作为主导的中国,仅以立法或行政命令废除刑讯其实不难,但接下来面临的巨大难题,却是要从根本上建立起一套全新的司法审判体制和确立新的证据规则。"[⑤]这种全新的司法审判体制和新的证据规则需要与之相符的证据科学技术支撑方能实

---

① 检索近代期刊后发现,《观"催眠术"记》(载《谈薮》1900 年第 2 卷)、《催眠术之学理》(载《大陆(上海 1902)》1905 年第 14 期)、仲衡的《催眠术概说》(载《东方杂志》1918 年第 11 期)等都是非常简要地分析了催眠术之学科依据,如简单阐释心理催眠术并非魔术的学理,对其蕴含知识分类和具体逻辑缺少科学性的介绍与分析。

② 参见《丛录:滴水之拷讯法》,载《通问报:耶稣教家庭新闻》1908 年第 292 期。

③ 参见《直督试验催眠术(附图)》,载《图画日报》1909 年 10 月 23 日,第 11 页。

④ 参见《精神学术:证催眠术为吾国上古已有之科学》,载《精神月刊》1918 年第 1 期。

⑤ 孙家红:《帝制中国晚期的废除刑讯运动(1870—1905)——以〈申报〉为起点》,载《甘肃政法学院学报》2015 年第 3 期。

现。否则,无实现其方式的条件下,何以期待其价值的实现?至今,在未能发挥证据科学功能的个案中我们仍然可以看到刑讯逼供的影子。拷讯的存废之争和学习催眠术的过程,见证了翻开指纹证据技术页的曲折之路和新的司法制度下探寻证据科学的渴望。就在这时,武塞蒂赫的到访,让酝酿已久的指纹证据技术进入官方视野。

第四节　西方指纹证据技术的传入与实践

中国最早将手印作为证据纳入诉讼活动中,可能最早使用了指纹分类方法来鉴别嫌疑人身份,但指纹证据技术的应用始于 20 世纪初,从西方国家传入。这一传入的方式起初是被动的,随之对中国的证据调查技术产生了重大影响。

一、近代报刊的报道

现代指纹证据技术在中国的最早记载,见于近代在上海创办的报刊如《字林西报》、《大陆报》(The China Press)等。这些报刊将世界其他国家和地区指纹证据技术的发展和应用情况第一时间传入中国。

《字林西报》最早介绍了指纹证据技术。《字林西报》前身为《北华捷报》(North China Herald),是英国商人创办的上海第一份近代意义上的英文报纸。它是 19 世纪至 20 世纪初外国外交官、商人、传教士等在中国信息传递的主要平台,其中刊载的世界各地的消息也成为中国人放眼观世界的一个窗口,如《字林西报》1901

年 5 月报道了印度阿拉哈巴德警方利用大拇指指纹破获了一起凶杀案件,[①]第一次在中国介绍了指纹证据技术;1901 年 12 月刊载了《罪犯与指纹识别》(Criminals and Finger Mark Identification)一文,介绍了仰光警方开始进行指纹证据技术的培训,并利用指纹证据技术追踪和识别犯罪嫌疑人。[②] 1908 年 1 月该报纸详细介绍了亨利制指纹分析方法。[③]

《大陆报》报道了 1911 年上海巡捕房利用指纹证据技术破获了一起入室盗窃案件。[④] 当然,当时的报刊发行量十分有限,但近代报刊将中国与世界相连,最早介绍了国外指纹证据技术的科学研究和实践情况。

二、租界等地的实践

据现有的文献来看,许多研究者认为青岛是中国首先应用指纹证据技术的城市。1897 年 11 月以后,德国在胶澳租借地建立起一整套殖民司法体系。司法事务以巡捕局、帝国法院为主管辖,辅以副按察使司、华人事务委员会等机构。巡捕局设专职警官及密探经办刑事案件,并驯养警犬用于搜捕人犯。1905 年德国本土汉堡式指纹分析法发明,青岛巡捕局几乎同步使用汉堡式指纹分析法,设立指纹室,开展指纹捺印工作,查证刑事案

---

① See *The "Hongkong Daily Press" Quotes the Following Instance of Identification by Thumb Mark*,载《字林西报》1901 年 5 月 11 日,第 3 版。

② *Criminals and Finger Mark Identification*,载《字林西报》1901 年 12 月 17 日,第 4 版。

③ *The Finger-print System*,载《字林西报》1908 年 1 月 18 日,第 7 版。

④ *Thief Trailed by a Finger Print*,载《大陆报》1911 年 10 月 21 日,第 10 版。

件嫌疑人。[①] 但根据《字林西报》1905 年的一份报道，香港警方当时已有建制完整的指纹研究部门，而且该部门的奥莱德先生（Mr. F. L. Olyde）在报告中说，当时指纹至少在一个现实案例中被证明非常有用。[②] 另伍冰壶在其《指纹法》中明确记载："香港押印指纹始于一千九百零四年。"[③]而且从欧洲指纹发展历史上看，英国及其殖民或租界地区应用指纹的时间较德国早，笔者结合这两个信息推断香港地区是中国最早运用指纹证据技术的城市。

1910 年，英国人在上海公共租界的工部局巡捕房设立指纹间（或称指纹室），公共租界开始推行亨利制指纹分析方法。有研究指出上海公共租界的建立时间为 1909 年，[④]笔者参阅 1911 年 9 月《大陆报》对时任上海公共租界工部局巡捕房负责人的威廉·阿姆斯特朗（William Armstrong）的专访，阿姆斯特朗说"指纹部门的成立已有 18 个月"，[⑤]据此推算上海公共租界的工部局巡捕房设立指纹间的时间应为 1910 年。另外谢拉·汉密尔顿（Sheilah E. Hamilton）对香港警察的记录中记载，上海公共租界工部局指纹部

---

① 参见青岛市史志办公室编：《青岛市志·公安司法志·第一篇公安·第三章打击刑事犯罪·第一节侦察破案》，载 http://qdsq.qingdao.gov.cn/n15752132/n20546827/n26225262/n26237615/n26238153/151215002828500500.html，最后访问日期：2019 年 9 月 21 日。有研究成果指出青岛设立指纹室的时间为 1904 年（如沈国文、徐同祥：《中国指纹史》），笔者查阅的谢灏龄发表的《全国指纹情况调查》（载《警光季刊》1936 年第 1 卷第 4 期）中介绍青岛设立指纹室的时间为 1905 年，且据考汉堡式指纹分析法的诞生以 1905 年罗舍尔的《指纹鉴定法手册》为标志，因此青岛设立指纹室的时间为 1905 年更为准确。

② *Fingerprint Evidence*，载《字林西报》1905 年 11 月 8 日，第 6 版。

③ 伍冰壶：《指纹法》，伍广益金山庄 1919 年版，第 128 页。

④ 参见沈国文、徐同祥：《中国指纹史》，中国人民公安大学出版社 2015 年版，第 327 页。

⑤ *Head of Shanghai Detective Bureau 18 Years in Service Here, Tells Secrets of Success as Sleuth*，载《大陆报》1911 年 9 月 22 日，第 3 版。

门成立于1910年,[①]可以相互印证。

同年(1910年),上海法租界巡捕房也开始推行指纹分析法。但值得提出的是,许多研究表述1910年上海法租界巡捕房推行法国爱蒙培尔制指纹分析法。而笔者经过查阅史料发现,爱蒙培尔制指纹分析法由巴黎警察爱蒙培尔在1923年发布推行,因此可推断当时上海法租界巡捕房推行的指纹分析法不可能为爱蒙培尔制。当时在法租界学习指纹的王曰叟,在其著作中写明"上海法租界巡捕房亦曾采用此制(武塞蒂赫制)十五年。惟于1926年,改用本书所述之爱蒙培尔之制度矣"。[②] 其可信度极高。因此,1910年上海法租界巡捕房推行法国爱蒙培尔制指纹分析法的说法错误。上海法租界巡捕房施行的是阿根廷武塞蒂赫制指纹分析法。

① See Sheilah E. Hamilton, *Watching Over Hong Kong: Private Policing* 1841 - 1941, Hong Kong University Press, 2008: 186.

② 参见王曰叟:《指纹学研究》,世界书局1930年版,第14-15页。

第三章　共识：为何能引入指纹证据技术？

中国古代文明非常发达。中国古人对客观世界的认知，包括人文精神、发明创造以及政治、经济、文化制度等在很长的一段历史时期内曾领先于其他民族和地区，并对东亚乃至世界其他地区产生深远的影响。东瀛(日本)、高丽(朝鲜)、天竺(印度)等国家均曾遣使到中国学习先进的文化、技术等，这里当然包含中国古代极为发达的刑事法律制度、证据调查技术。

然而，在清王朝日趋衰落之际，1840 年英国人发动了侵略战争。事实上文化危机与冲突，早在明末清初就已拉开了序幕。这伴随着清政府的兴盛、衰落、灭亡而不断发展。当时的统治者如何看待相对先进的西学的引入？如何看待中华文化与西方文明的关系？我们要考证、理解和厘清现代刑事科学技术这一西学引入中国的脉络，就应当将其浸在这一时期的文化环境中，从而考镜源流。建立并形成于这一时期的近代警察制度、检察官侦查体制和刑事证据制度为指纹证据技术引入中国和发展奠定了基础。

第一节　指纹证据技术引入的文化解释

法制的冲突首先是文化的冲突。法律改革的命运在根本上取决于文化建设的成败。法律问题最终成为文化问题。[①]

一时代有一时代之思潮,有一时代之文化。文化观的转变预示着时代的变革。清末民初中国思潮的一大特点就是学西方。这一思潮滥觞于明末清初,早已在中西自然科学较量中初见端倪。然而这并不如当前中西交流,学习西方科学技术般简单。它给以中国为中心,视华夏礼仪文明为正统的文化传统带来强大的冲击。这种冲击实际上蕴含了文化观上的摩擦,甚至是两种秩序之间的冲突。中国的统治者和知识分子不得不在守传统、学西方的内心矛盾与挣扎中寻得为何学西方的合理解释,并最终凝练成影响这一时代的文化观。西方指纹证据技术引入中国便是在这一时代文化观的形成后发生的。

一、西法中源

明朝末年西方传教士传入的天文学、数学等科学技术,尽管获

---

① 参见梁治平:《寻求自然秩序中的和谐:中国传统法律文化研究》,商务印书馆2013年版,第360页。

得了徐光启[1]等人的支持,但对中国传统的文化和信念产生了强烈的冲击,因而遭到多数士大夫的坚决反对。他们不仅视西方科学技术为异端,而且认为学习西方是对中国法统、道统、礼仪之统的质疑,违背华夷之辨与春秋大义,威胁统治的权威与合法性。一时间拒绝否定或接受学习两种截然不同的态度在士大夫阶层引发聚讼,在康熙初年酿成历史上著名的"历法狱案"。案件表面上是历法较量,实则是中学与西学的话语权之争。应当采取何种立场对待西学,该不该用西学,统治者难以抉择。

(一)如何看西学

中国古代统治者自称"天子",将天文变化与国运发展相结合的说法已有千年,因而对天文历法这门科学技术尤为倚重。中国古代的天文历法也因此曾极为发达,但约自元代始逐渐落后于西方。受徐光启推荐,罗马帝国的耶稣会传教士汤若望自明崇祯年间供职于钦天监,参与历法修正。清顺治至康熙年间,汤若望受命执掌钦天监。将执掌国运预测的话语权,代表科学技术最高水平的部门长官授予西洋人,"依西洋新法"实践西方科学,这立刻遭到了吴明炫、杨光先等士大夫们的强烈反对。杨光先上疏《请诛邪教状》,"斥汤若望新法十谬,并指选择荣亲王葬期误用洪范五行",[2]潜谋造反。他甚至在《不得已》中留下"宁可使中夏无好历法,不可使中夏有西洋人"的偏激言论。但该条陈得到议政王会议支持,汤若望被流徙,杨光先、吴明烜(吴明炫

① 徐光启官至崇祯朝礼部尚书兼文渊阁大学士、内阁次辅,在万历年间受洗加入天主教,并推动了天主教在中国的传教活动,成为明末学习和介绍西学的核心人物之一。

② 《清史稿·卷二百七十二·列传五十九》。

弟)开始执掌钦天监,废西法,复修中法。然而,二人所修历法谬误百出,“康熙八年七政民历于是年十二月置闰,应在康熙九年正月,又一岁两春分、两秋分,种种舛误”。康熙再命多位大臣共同测验二人所修历法,并与汤若望的助手,传教士南怀仁的西洋历法相比较。结果“立春、雨水两节气及太阴火、木二星躔度,南怀仁言悉应,明烜言悉不应”。于是,杨光先等被撤职查办,康熙启用南怀仁治理历法。“自是钦天监用西洋人,累进为监正、监副,相继不绝”。①

这可能是历史上传统中学与近代西学的第一次正面交锋,西学明显占据了领先地位。但是如此一来,清统治者该如何回应其以儒学为治国之本②的国策？如何平息其他士大夫尤其是儒学汉臣们的聚讼呢？“西法中源”便是统治者为应对这种复杂局面作出的文化对策之一。

“西法中源”,顾名思义就是认为西方科学技术来源于中国,“源出自中国,传及于极西”。③“西法中源”说并非由康熙最早提出,该学说发端于明之遗民,最先由黄宗羲提出。④这一思想产生之初并未形成思潮,直至受到统治者康熙提倡,而开始成为官方学说。康熙在《御制三角形论》中写道“古人历法流传西土,彼土之人习而加精焉”。如此解释,既满足了维护正统思想的需要,又为

---

① 《清史稿·卷二百七十二·列传五十九》。

② 清朝尤其是康熙初年,为了缓和满汉民族矛盾,稳固统治地位,宣布以儒学治国。康熙九年(1670年)颁布《圣谕十六条》。

③ (清)章浸纂:《康熙政要·卷十八·论历算法第三十一》,褚家伟、郑天一、刘明华校注,中共中央党校出版社1994年版,第359页。

④ 参见江晓原:《试论清代“西学中源”说》,载《自然科学史研究》1988年第2期。

学习西学找到了正当性依据。作为最高统治者，康熙的这一说法一出，立刻得到梅文鼎等文臣们的响应和奉承。梅文鼎写道“伏读圣制《三角形论》，谓古人历法流传西土，彼土之人习而加精焉尔。天语煌煌，可息诸家聚讼”。[①] 一时间，如何从西学天文历法和数学等科学技术中找出“西法中源”的理论依据成为文臣们研究的重要课题。后经梅瑴成、戴震等人的持续挖掘和理论丰富，“西法中源”成为延至清末的影响持久的文化观念，成为“西学东渐”的有力解释。但是，仅从词义上看似乎是合理的解释，如果其实难副那便是自欺欺人了。

(二)学说的实质

那么，“西法中源”是否科学呢？

梅文鼎在论中、西二法之异同时说：“夫西历之同乎中法者，不止一端。其言五星之最高加减也，即中法之盈缩历也，在太阴，则迟疾历也。其言五星之岁轮也，即中法之段目也。其言恒星东行也，即中法之岁差也……”[②]其孙梅瑴成更是直言，“至末部借根方法，即古立天元一之术，唐宋诸算家咸用之”。[③] 戴震也扩充道，“赤极居中，黄极环绕其外，周髀固已言之，不始于西人也”。[④] 将西方科学技术的用语、借根方的算法等都说成源自中法之义理，而否认西方近代数学中符号代数等算法的优点，实质上是概念的套用，因而无法了解符号演算的意义。

现今看来“西法中源”难免过于牵强附会了，甚至是荒谬的。

---

① (清)梅文鼎：《绩学堂诗文钞》，清乾隆梅谷成刻本，第355页。

② 《清史稿·卷四十五·志二十》。

③ 《御定数理精蕴·五十三卷》。

④ 《清史稿·卷四百八十一·列传二百六十八》。

该说法没有认识到科学技术发展的普遍性。难道统治者和官员们看不到客观事实吗？对统治者而言,该学说的出发点和解释目的并不在于客观地认识西学,或者说客观事实并不重要。重要的是一个说法——文化解释。“中西历法的争论不仅在学术,也在朝廷的政治意志;学者对待西学的动机和立场,一定程度上也可以影响到仕途与命运。”[①]即使是康熙本人,虽热心学习西学,但从康熙所作《几暇格物编》中天文学的内容以及历次与臣下的谈论来看,他在天文历算方面的“中学”造诣并不高深,西方的天文学和数学也没有达到很高的水平。[②] 如此看来,康熙所倡导“西法中源”则更多是出于政治考量。而杨光先“宁可使中夏无好历法,不可使中夏有西洋人”的说法更是向我们清楚地表明了,争论的关键点已并不在于科学技术先进与否本身了。在后世的指纹证据技术标准的分歧中,也同样出现着类似的问题。

可见,“西法中源”学说中,西法与中法是否存在关联,以及一方的发展是否源自另一方的问题本身并非一个科学技术命题。历法之争已经让统治者清醒地看到了西法的优越性。“西法中源”的实质是,“夷夏有别,尊卑有序”,中法为本,西法为末,中法优于西法。“西法中源”是对西学认识的局限性和政治需求相结合的产物。有学者认为“姑且不论戴震的‘西学中源’说,是出于他的‘趋炎附势’,还是他真正具有文化保守思想,但在客观上起到了弘扬古学、增强民族气节和自信心的作用,对当下的崇洋媚外、全

---

① 徐道彬:《戴震学术地位的确立与“西学中源”论》,载《清史研究》2010 年第 3 期。

② 参见江晓原:《试论清代“西学中源”说》,载《自然科学史研究》1988 年第 2 期。

盘西化思想也是一种教育,因为'博学于文,行己有耻'确是国人文明进步的圣贤遗训"。诚然,"西法中源"客观上确实推动了西学东渐的进程。但对此,笔者认为在坚守民族性、政治性原则的同时,应当保持理性的思维,客观、中立地看待历史。中国古代的科技与文化拥有着一段辉煌的历史,华夏儿女无不为之骄傲,中华文化之瑰宝至今对世界仍具有重要意义。然而"西法中源"自提出之时就歪曲了中学和西学的发展历史和现实,只是在政治上迎合了"上意",短期内缓解了矛盾。在这种文化观的指引下,学西方往往"多习其一技一长而对其思想方法却缺少深入研究","没有考虑到思想方法、逻辑系统这个全局性问题"。[①] 这或许也能为我们解答为何民国时期引入世界先进指纹证据技术后依然技不如人,依赖西方的困惑。

在清初"西法中源"学说的推动下,官方即使已经开始用西学解决社会问题,也依然将其描述为"异端",且禁止传播。例如乾隆年间的四库全书中评价西学"文科如中国之小学,理科则如中国之大学。医科、法科、教科者,皆其事业;道科则在彼法中所谓尽性命之极也。其致力亦以格物穷理为本,以明体达用为功,与儒学次序略似。特所格之物皆器数之末,而所穷之理又支离神怪而不可洁,是所以为异学耳……其议论夸诈迂怪,亦为异端之尤。国朝节取其技能,而禁传其学术,具存深意"。[②] 意思是说西学源自中法,但是是求实用不求义理的"异端",因此清政府只是节选西学有用之处,禁止西学的传播。"道光间,高拱宸等或归国,或病卒。时监官已深习西法,不必复用西洋人,奏奉宣宗谕,停西洋人入监。"

---

① 李兆华:《简评"西学源于中法"说》,载《自然辩证法通讯》1985 年第 6 期。

② (清)魏源:《海国图志》,清光绪二年(1876 年)魏光寿平庆泾固道署刻本,第 705 – 706 页。

“西法中源”也不再成为学术领域热议的话题。然而“西法中源”掩盖的问题始终没有得到正确的认识和解决。

二、中体西用

中国不只是一个国家,而是整个文明社会的本身。[①] 鸦片战争给传统中华文明带来致命的冲击,清政府步入危急存亡之秋。此时此刻的危急存亡不仅仅事关清政府,而且事关中华传统文明。如何看待中学与西学的关系?一场文化之争再次燃起。“西法中源”之说再次被拾起并发展,“中体西用”学说开始流行。但在这个时候,随着近代科学的进一步引入和对西学认识的提高,出现了对“西法中源”学说的批评,而对“中体西用”的理解与运用也是因人因时而异。

(一)如何用西学

对于禁止传播的“异端”之学,统治者对其并不了解,但却始终认为其远远落后于中华文明。直至虎门销烟后的鸦片战争,面对英国人的强大舰炮,清政府的最高统治者道光皇帝时而主战,时而主和,应战策略十分混乱。从中我们可以推断出统治阶层当时对传统文化大国的自信以及对西方科学技术的无知而畏惧的矛盾心态。而当鸦片战争战败后,传统中学优于西学的观念再一次被打破。一部分开明士大夫开始认识到“夷夏”观念已不适用于当时的历史现实,他们开始意识到战争失败的原因就在于中学已落后于西方科学技术的现实。这种现实迫使开明之士对西学不得不学而用之。

---

① 参见[美]费正清、刘广京编:《剑桥中国晚清史·1800—1911年》(下卷),中国社会科学出版社2018年版,第179页。

1842 年魏源在其著作《圣武记》中指出，“筹夷势必先知夷情，知夷情必先知夷形”，即要主动地认识西学。而对于认识西方先进科学技术的目的，他在《海国图志》中明确：“是书何以作？曰：为以夷攻夷而作，为以夷款夷而作，为师夷长技以制夷而作。”①“师夷长技以制夷”，其实就是学习和“用”西方先进的技术来弥补自身的不足，从而抵制侵略，这发展成为早期洋务运动改革派的指导思想。1861 年，奕䜣会同桂良、文祥上奏《通筹夷务全局酌拟章程六条》，一场自强、求富的洋务运动兴起。与此同时，“中体西用”学说开始盛行。1861 年，冯桂芬在其《采西学议》一文中指出“以中国之伦常名教为原本，辅以诸国富强之术，不更善之善者哉？”②这可能是“中体西用”最早的表述。“中体西用”文化观，在洋务运动中形成和发展，成为一种新时代的思潮。③

“中体西用”，即中学为体，西学为用，或称为“中本西末”，在固有政治文化传统“体”不变的前提下，学习西方先进科学技术以“用”。“盖洋务之要，首在借法自强。非由练兵士，整边防，讲火器，制舟舰，以竭其长，终不能与泰西诸国并驾而齐驱。顾此其外焉者也，所谓末也。至内焉者，仍当由我中国之政治，所谓本也。其大者，亦惟是肃官常，端士习，厚风俗，正人心而已。两者并行，固已纲举而目张，而无如今日所谓末者，徒袭其皮毛，所谓本者，绝未见其有所整顿，故昔时患在不变，而今时又患在徒变”。④ 王韬将中国传统的政体解释为“本”，将西学解释为“末”。他认为应当

① （清）魏源：《海国图志 · 原序》，中州古籍出版社 1999 年版，第 67 页。

② （清）冯桂芬：《校邠庐抗议》，戴扬本评注，上海书店出版社 2002 年版，第 57 页。

③ 参见丁伟志：《“中体西用”论在洋务运动时期的形成与发展》，载《中国社会科学》1994 年第 1 期。

④ 王韬著、楚流等选注：《弢园文录外编》，辽宁人民出版社 1994 年版，第 49 页。

在以中国政治为本为大的基础上,借助西学自强。张之洞的说法更具代表性,“中学为内学,西学为外学;中学治身心,西学应世事,不必尽索之于经文,而必无悖于经文”。[①] 他认为中学是身心根本,西学最大的价值在于应用解决社会问题。

值得指出的是,在当时“中体西用”并未在洋务运动改革派的著作或文件中多次使用。从1861年到1894年的三十余年间,洋务运动政治家和思想家在论及中学与西学关系时,曾有过“中本西辅”“中本西末”“中体西用”“中道西器”“中道西艺”等不同提法,“中体西用”并未在洋务运动中居于主流,直至1895年维新思潮兴起后才开始流行。[②] 因而有学者质疑“中体西用”并非这一时期的指导思想。[③] 对这一问题的考证虽并非本书研究之重点,但笔者认为同“西法中源”一样,用词的时间并不一定代表学说的形成时间。而且任何思想的形成与发展都是一个复杂的历史演变过程,因人因时而异且包含着不同的思想和见解。“中体西用”也只是这一时期同类思想的概称。而且“师夷长技以制夷”“以中国之伦常名教为原本,辅以诸国富强之术”等学说与“中体西用”实质相同。再者,维新时期虽然多以“中体西用”为前提论改革,实质上学习西方政治法律制度的内容,已经超出了“中体西用”的本义,可视为“中体西用”的第二阶段,或是新的文化观。

(二)学说的实质

“中体西用”发展于“西法中源”,它的提出与发展同样受到中

---

① (清)张之洞:《劝学篇》,清光绪二十四年(1898年)中江书院刻本,第97页。

② 参见戚其章:《从“中本西末”到“中体西用”》,载《中国社会科学》1995年第1期。

③ 参见贾小叶:《“中体西用”论不是洋务运动的指导思想》,载《北京师范大学学报(人文社会科学版)》2001年第5期。

华传统文化的强大阻碍。即使是在鸦片战争战败后,依然有不少的卫道士保守派强烈反对西学。在他们看来,“用西学意味着中华文明的毁灭,数千年文明礼仪之邦,将论文夷敌之国,孔门弟子也会被夷人同化,因而坚决反对西学”。[①] 例如大学士倭仁断言,对中国夷人害怕的不是它的大炮和兵舰,而是它的民心。模仿西方并无益于战胜敌人,反而会降低民众支持政府的热情。他问道,如果一个政府失掉了民心,它怎能长期支持下去呢?因此他建议,基本方案应该是振奋民众志气,而不是模仿夷人的技术。他坚决认为,历史明确表明,技术不能使一个积弱的国家强盛起来。[②] 这一说法割裂了技术与制度发展的关联性,没有正确地认识技术的作用,也没有认识到民心所向。但这一说法同时道明了学西学已不是学技术那么简单,在这之前必须回答和解释中西文化的冲突以及如何用西学。

“中体西用”回答了如何用西学的问题,其重点在于“中体”。这一时期主张“中体西用”的改革派,依然以“西法中源”为阐释“西用”的理论依据。例如奕䜣和文祥在奏折中指出,“查西术之借根,实本于中术之天元,彼西土犹目为东来法。特其人情性缜密,善于运思,遂能推陈出新,擅名海外耳。其实法固中国之法也。天文算术如此,中国创其法,西人袭之”。[③] 冯桂芬则引用古代儒学家变法的历史说道,“伊古儒者,未有不博古而兼通今,综上下纵

---

① 参见[美]费正清、刘广京编:《剑桥中国晚清史·1800—1911 年》(下卷),中国社会科学出版社 2018 年版,第 178 – 180 页。

② 参见[美]费正清、刘广京编:《剑桥中国晚清史·1800—1911 年》(下卷),中国社会科学出版社 2018 年版,第 170 页。

③ 参见(清)文庆等纂修:《筹办夷务始末》,清咸丰间内府抄本,第 8735 页。

横以为学者也”。[①]“西用”反映了救亡图存、自强求富的现实需求。与其说“中体西用”是在从文化上为如何用西学寻求一个看似合理的解释,不如说该说法实际上并没有解释,只是提供了一个不触及本体的实用方法。当时改革派为“西用”寻求一个稳固“中体”的说法,既是为了说服朝廷,削弱改革的强大阻力,也是为了说服自己。

但“中体西用”对西学的认识依然是片面的,它并没有解释,也无法解释“西学”领先、“中学”落后的原因。李鸿章甚至认为,“中国文武制度,事事远出西人之上,独火器万不能及”。[②]他只看到了技术上的先进与落后,而对技术制度的变革、技术发展的动因与过程并不知晓。也或许是心知肚明,不敢触及君主专制和君权为中心的灵魂的一种说辞。因为无论是洋务派还是维新派,寄托专制政权的最高统治者来推进改革,就必然不得触及专制政权的底线。因而无法正面回答中西文化关系的问题,在逻辑上也是矛盾的。

“中体西用”的思想对后世改革的影响尤其深远,促进并左右着学西学的方式,包括后面指纹证据技术的发展和分歧之争。甚至,至今的刑事立法改革依然可见“中体西用”认识之弊。[③]

三、博采西学

无论是“西法中源”还是“中体西用”,其提出和发展都受到

---

① 参见(清)冯桂芬:《校邠庐抗议》,戴扬本评注,上海书店出版社 2002 年版,第 55 页。

② 参见(清)文庆等纂修:《筹办夷务始末》,清咸丰间内府抄本,第 7741 页。

③ 参见李训虎:《刑事证明标准“中体西用”立法模式审思》,载《政法论坛》2018 年第 3 期。

“夷夏有别,尊卑有序”文化观和对西学认识局限性的束缚。事实上,改革派在洋务运动中已看到“中体西用”之弊。郭嵩焘奏疏说道,“嵩焘窃谓西洋立国有本有末,其本在朝廷政教,其末在商贾。造船、制器,相辅以益强,又末中之一节也。故先欲通商贾之气,以立循用西法之基,所谓其本未遑而姑务其末者”。[①] 直至 1895 年维新思潮兴起,“中体西用”依然被作为戊戌变法的指导思想,但这一时期,以中为本的“中体西用”思想遭到抨击。事实上,“中体西用”学说存在洋务派的“补救”论和维新派的“会通”论两种大相径庭的观念。[②] 所谓“会通”是针对“本末”论而言的,主张不仅要学西方的科学技术,也要学西方的政治制度。有学者将其称为“中体西用”文化观发展的第二阶段。[③] 从其学说本意上看,此时的主流思想已经走到了“中体西用”的对立面。

至 19 世纪末,维新派开始反思批判洋务派“中体西用”思想的局限性。严复称洋务运动实际上是“盗西法之虚名,而掩中土之实弊”[④]。梁启超则说:“中国向于西学,仅袭皮毛,震其技艺之片长,忽其政本之大法。故方言、算学、制造、武备诸馆,颇有所建置,而政治之院曾靡闻焉。”[⑤]“中体西用”不涉及政本制度之变革,必然导致失败。“足下所谓洋务,第就所见之轮船已而,电线已而,火车

---

① (清)郭嵩焘:《郭嵩焘奏稿 · 条议海防事宜》,杨坚校补,岳麓书社 1983 年版,第 345 页。

② 参见戚其章:《从“中本西末”到“中体西用”》,载《中国社会科学》1995 年第 1 期。

③ 参见丁伟志:《“中体西用”论在戊戌维新时期的嬗变》,载《历史研究》1994 年第 1 期。

④ 梁凤荣、张道强编著:《中国法律思想史》,郑州大学出版社 2012 年版,第 295 页。

⑤ (清)梁启超:《上南皮张尚书论改书院课程书》,载陈谷嘉、邓洪波主编:《中国书院史资料(下册)》,浙江教育出版社 1998 年版,第 1966 页。

已而,枪炮、水雷及织布炼铁诸机器已而。于其政度法令之美备,曾未梦见……凡此皆洋务之枝叶,非其根本。执枝叶而责根本之成效,何为不绝无哉?"[①]维新派改革的指导思想可见于《明定国是诏》。

1898 年 6 月 11 日,光绪颁布《明定国是诏》,号召"以圣贤义理之学,植其根本。又须博采西学之切于时务者,实力讲求,以救空疏迂谬之弊。专心致志,精益求精。毋徒袭其皮毛,毋竞腾其口说。总期化无用为有用,以成通经济变之才"。这一诏书成为清末维新变法的改革纲领。从其内容上看,"以圣贤义理之学,植其根本",亦可谓"中体西用",但更为强调"西用",主张"博采西学"。"西用"的范围已经扩展到包括证据调查制度在内的司法制度。

但为何依然是"以圣贤义理之学,植其根本"呢?应当看到清政府以儒学治国的国策并没有改变,将其视为执政之基,当然也有珍重固有传统和文化、对孔孟之道废弛的担忧和对中华文化求存的考量。但经历了庚子事变、日俄战争,至清末新政,这种文化考量似乎要滞后于政治安全需求了。1901 年,慈禧太后以光绪名义颁布上谕,"着军机大臣、大学士、六部九卿、出使各国大臣、各省督抚,各就现在情形,参酌中西政要,举凡朝章国故,吏治民生,学校科举,军政财政,当因当革,当省当并,或取诸人,或求诸己,如何而国势始兴,如何而人才始出,如何而度支始裕,如何而武备始修,各举所知,各抒所见,通限两个月,祥(详)悉奏议以闻……"[②]1905 年再颁上谕,派大臣"分赴东西洋各国考求一切政治,以期择善而

---

① (清)谭嗣同:《谭嗣同全集・思纬壹壹台短书——报贝元徽》,生活・读书・新知三联书店 1954 年版,第 397 页。

② 《集思广益》,载《申报》1901 年 2 月 28 日,第 1 版。

从”。[1] 1906 年,上谕“应先将官制分别议定,次第更张,并将各项法律详慎厘订,而又广兴教育,清理财务,整饬武备,普设巡警,使绅民明悉国政,以预备立宪基础……”,[2]开启了清末宪制改革。“博采西学”的范围进一步扩大,可以说是政治安全的需要,文化上已不设前提条件。

在“博采西学”的影响下,近代刑事司法制度开始建立起来,证据制度独立发展,指纹证据技术正是在这一背景下被顺势引入中国。从“西法中源”“中体西用”到“博采西学”,三种文化的发展并不是一个相互完整独立、层层递进的过程,而是交叉并存不断衍化的。当然其衍化与争辩的过程并不是本书讨论的重点。但总体趋势是“中学”的内涵越来越少,“西用”的层次越来越深,范围越来越大。“西法中源”与“中体西用”的文化观,虽然在根本上存在认知错误和逻辑错误,但是它们都是中国引入西方文化的有益尝试,有其存在的历史文化环境,至今这种文化环境依然还在。

“西法中源”“中体西用”学说的现实基础是中国科学技术一些方面在当时落后于西方,“西法中源”“中体西用”为引入和应用西方科学技术设立了思想前提,即数千年的中国文化优越于西方,西方的先进科技只是皮毛枝叶,可以拿来直接用,中国的哲学思想、统治经验、驭人之术等历史积淀方为根本。从民族情感和政治需求上看,一定程度上迎合了统治需求,但同时却也埋下引入和应用西方科技“拿来主义”,以及本土科学技术发展与人才培养依然不受重视的种子。清政府实践西方天文学、数学的区域是十分有限的,为何西方科技已领先于中国,以及究竟在哪些内容上领先于

---

① 《电传上谕》,载《申报》1905 年 7 月 17 日,第 1 版。

② 参见《电传上谕》,载《申报》1906 年 9 月 3 日,第 2 版。

中国,在政治考量下并不那么重要。后面我们会继续讨论这种政治需求对后世指纹证据技术发展带来的影响。“博采西学”虽然不那么强调这个思想前提,但同样没有回答如何解决中西文化关系的问题,也未能成功挽救清政府,而同样作为一种文化解释,在它的影响下,指纹证据技术开始随着西方法律引入中国。

第二节　指纹证据技术引入的制度准备

1906 年是中国历史上刑事司法改革标志性的一年,在“博采西学”思想的指引下,清政府考察学习日本和西方国家司法体制,颁布《裁定奕劻等核拟中央各衙门官制谕》《大理院审判编制法》等政策法律,废除拷讯制度,确立了以检察官侦查权为中心的现代侦查制度,开启了现代证据制度探索,同时奠定了指纹证据技术引入发展的制度基础。随着传统诉讼理论与制度的逐步废除,传统的证据科学技术逐渐失去它的存在价值和历史条件;而现代司法制度的运作与发展,必然需要现代证据科学技术之支撑。

一、警察制度建立

(一)警察制度的认识

近代警察制度源于西方,是现代国家治理中最为关键的制度之一。中国对警察制度的最早认识始于 19 世纪中叶以后,“当时外人在上海租界之内所设的巡捕与巡捕房等,即可谓为我国之有近代警察的嚆矢”。王家俭认为,现在可考国人关于上海租界警察制度最早记载,可推葛元煦的《沪游杂记》(刻于光绪二年，即1876年）。[①] 该书记载了上海租界“会捕局”“巡捕房”等机构设置，还介绍了“包打听”等侦查手段和专职人员。[②] 实际上，笔者经检阅发现，《上海新报》《申报》等中文报刊，对上海租界的警察制度已有所介绍和传播，有的甚至较《沪游杂记》更早。例如，“英美两国租界内巡捕房，外国巡捕三十八人，本地巡捕六十六人，现欲添本地七人……所议之事甚多，兹就要紧者译之：黄埔江面欲添设巡捕以防奸宄狗偷鼠窃……”，[③]“巡捕房专办窃盗案件，获缉赃犯者谓之包打听，犹问刑衙门之眼线也。昨有方姓包探，获解陈某等一案……”[④]因此，上述观点并不确切。也有报刊对“包打听”这一职务进行专栏报道，如“租界巡捕雇佣包探，以缉捕盗贼，访查各事，立法甚善。然其正身不过数人，若辈亦恃羽翼众多，散布各处”。[⑤] 何启、胡礼恒、郑观应、陈炽等近代改良主义思想家进一步系统性地观察和研究了巡捕制度，谓其“意美法良”，“号令严明，规模整肃，风清弊绝，井然秩然”，“实于地方大有裨益”，并提出在中国建立警察制度以维持治安、清查户口、整顿街道的设想。[⑥] 但这一时期的设想只是初步看到了租界和部分国家或地区的样本，以及传统保甲制度的弊端，其观念和实践停留在制度革新，功能发展，并没有涉及侦查权属性、权力的监督与制约等核心问题。

---

① 王家俭：《清末民初我国警察制度现代化的历程（1901—1928）》，台北，台湾商务印书馆1984年版，第19页。

② 参见（清）葛元煦：《沪游杂记》，光绪二年（1876年）版，卷一会捕局，卷二巡捕、包打听。

③ 《中外新闻》，载《上海新报》1869年7月24日，第2版。

④ 《论捕获疑似之案》，载《申报》1872年11月6日，第4版。

⑤ 参见《包打听会办》，载《游戏报》1899年7月30日，第2版。

⑥ 参见韩延龙、苏亦工等：《中国近代警察史》，社会科学文献出版社2000年版，第5－12页。

直至戊戌变法时期,维新派的警政思想有了一定突破和实践的机会。1898 年,湖南按察使黄遵宪创办湖南保卫局,“参用西国巡捕法章程”。该局为官绅合办,职责在于“去民害、卫民生、检非违、索罪犯”。[①] 该局制定了较为现代的巡查制度。且在下辖的 30 所小分局中,均设巡查长 1 名、巡查吏 2 名、巡查 14 名,共设巡查 420 名。其中巡查吏“专司侦探事务,搜索罪犯”为专职侦查人员。尽管戊戌维新变法失败后其被裁撤,但湖南保卫局是中国现代警察制度建设的开始,是现代刑事证据调查制度的第一次尝试。

(二)警察制度的早期建立

1901 年,清政府颁布上谕开始实施新政,警察制度作为新政的重要内容之一开启了官方创办和建设的历史。上谕“著各直省将军督抚,将原有各营严行裁汰精选若干营,分为常备、续备、巡警等军。一律操习新式枪石滟驳,认真训练……”[②]随着建警工作的展开,巡警学堂开始建立并成为警察理论和技能培育的主要机构。在筹建过程中,清政府与日本人川岛浪速订立合同,合同明确“学堂一切之经营均委托川岛氏一人手中,许给定额制经费,延日本教习八人以上,派遣留学生于日本。卒业学生依川岛氏所定之等级以次录用为警察官吏……”[③]

据当时的报纸报道,1901 年清政府开始聘用日本人川岛浪速监督警务学堂,1906 年合同届满后未续聘。[④] 在聘用川岛浪速等

---

① 参见《京外近事:湖南创设保卫局拟参用西国巡捕法章程》,载《知新报》1898 年 6 月 21 日,第 6 – 9 页。

② 参见《清实录 · 光绪实录 · 卷四百八十五》。

③ 参见《中国警察与日本之关系(续)》,载《时报》1906 年 5 月 18 日,第 2 版。

④ 参见《电报一》,载《时报》1906 年 5 月 13 日,第 3 版。

人的同时，清政府派遣留学生去东京学习日本明治维新后建立起来的现代警察制度。

然而，“各省警政虽已先后创行，而编制各殊，章程互异，不独精神未能统一，即形式亦复参差”。[①] 为了全国推行和统一建警工作，清政府于 1905 年在中央设立巡警部，所有京城内外巡警事务悉归管理，督饬各省巡警办理。巡警部设有警政司、警法司、警保司、警务司、警学司等办事机构。其中，警学司下设课程科和编辑科。课程科，“掌审定各省巡察（巡警）学堂章程，考核警官学业之成绩及给凭、注册等事”。[②] 巡警部，可谓我国第一个近代最高警政机构，为清末采借西法、推行新政，而设的海军、外务、商务等四部之一。[③] 1906 年，清政府派五大臣出使欧美日本等国，后以“巡警为民政之一端，著改为民政部”，将巡警部扩大为民政部，原巡警部机构缩编为民政部的警政司。民政部警政司的确立，标志着清末警察制度改革的基本完成。

（三）警察制度的建立具有一定的被动性

中国早期警察制度虽然有郑观应、黄遵宪等仁人志士主动探索，但清政府建立警察制度具有一定的被动性。一方面，清政府警察制度设立之场所和制度基础具有被动性。李鸿章在《联军将退预筹布置折》中写道，“各国联军入都后，因地方事烦，语言不通，曾酌派员绅分设安民公所以达民情。拟由该侍郎（胡燏棻）体察情势，可留者留，可撤者撤，请更名巡防局，督绅办理其外国所设巡

---

① 参见《奏议录要：宪政编查馆奏考核直省巡警道官制细则折》，载《北洋官报》1908 年 5 月 31 日，第 2 页。

② 参见《巡警部定章原折》，载《新闻报》1906 年 2 月 3 日，第 2 版。

③ 参见王家俭：《清末民初我国警察制度现代化的历程（1901—1928）》，台北，台湾商务印书馆 1984 年版，第 36 页。

街兵丁,或曰巡捕,或曰警察,按时分段周历稽查,既可禁暴防奸,并能解纷息事”。[①] 可见,清政府建警的实践,起源于列强设立的安民公所,在其基础上留建,袭其制。后改为善后协巡营、工巡总局、京师内外城巡警总厅。另一方面,清政府警察制度设立之目的,也有一定的被动性。有学者指出“清廷办理警政是在东西列强的压力下,为保护帝国主义的在华利益被迫实行的”。[②] 尽管有刘坤一、张之洞、沈家本、伍廷芳等内政大臣们的提议,但这些提议实际上是在北京建警之后提出的,如刘坤一、张之洞 1901 年的《遵旨筹议变法谨拟整顿中法十二条折》中,要求去差役,“然警察系出于学堂,故章程甚严,而用意甚厚,凡一切查户口、清道路、防火患、别良莠、诘盗贼,皆此警察局为之”。[③] 其实际上也是“闻京城现拟设立巡捕,将来外省自可仿办”。

二、检察官侦查权的创设

侦查权的独立化、专业化发展是侦查制度发展的基础。古代中国行政、司法(包括侦查、公诉、审判)交融在一起,并无独立的侦查权之概念。直至 1906 年,清政府颁布《裁定奕劻等核拟中央各衙门官制谕》,正式落实官制改革。“以行政官而兼有司法权,则必有徇平时之爱憎,变更一定之法律,以意为出入……司法之权则专属之法部,以大理院任审判,而法部监督之,均与行政官相对

---

① 参见(清)李鸿章:《李文忠公奏稿》,上海商务印书馆 1921 年影印金陵原刊本,第 4548 页。

② 参见韩延龙、苏亦工:《中国近代警察史》,社会科学文献出版社 2000 年版,第 49 – 50 页。

③ 参见(清)张之洞:《张文襄公奏议·卷 53·奏议 53·遵旨筹议变法谨拟整顿中法十二条折》,1928 年刻本。

峙，而不为所节制”。[①] 上谕命令各部迅速整合。“三十二年，改刑部为法部，统一司法行政。改大理寺为大理院，配置总检察厅，专司审判……京师暨各省设高等审检厅，都城省会及商埠各设地方及初级审检厅，改按察使为提法司……司法事务有年度，判断有评议，刑事由检察官莅审，人命由检察官相验。”[②]清政府的上谕确立了“法部专任司法、大理院专掌审判”的司法运行体制。自此，中国传统社会行政、司法合一的法律制度被打破，侦查权开始从行政权中独立出来发展，标志着以检察官侦查权为中心的现代证据调查制度建立，奠定了现代刑事证据调查制度发展的基础。但是这一时期的权力分配十分粗略，并没有明晰司法、审判的概念，导致了后来的“部院之争”，而权力分配也多停留在文本上，许多制度未得落实。

同年（1906 年），清政府颁布了沈家本奏呈的《大理院审判编制法》。这部法案共五节 45 条。第一节总纲计 16 条，明确了刑民分理原则，设定了大理院检察官的证据调查、检察制度等事项。其中，第 7 条规定：“大理院及直辖各审判厅局关于证据事件需调查者，可随时径由本院（大理院）会商民政部所辖巡警厅，使巡警单独或协同本院以下直辖检察官调查一切案件。平时亦可由本院会同该厅委派警察官为司法警察以备侦探之用。”[③]第 12 条规定，“凡大理院以下审判厅局均设有检察官，其检察局附属该衙署之内，检察官于刑事有起公诉之责，检察官可请求用正当之

① 参见故宫博物院明清档案部编：《清末筹备立宪档案史料（上册）》，中华书局 1979 年版，第 463－464 页。

② 《清史稿 · 志一百十九 · 刑法三》。

③ 《大清法规大全》，考正出版社 1972 年版，第 1851 页。

法律,检察官监视判决后正当施行”。[①] 第45条规定,“各城谳局内附设检察局,城谳局内之检察局其管辖地段内警察需听其指挥”。[②] 从这3条我们可以看出,在清末刑事司法体制改革中,有刑事公诉之责的检察官制度正式在中国建立,并被赋予了侦查指挥权,但又同时规定了审判机构(大理院)、司法警察[③]对证据调查的权力。检察官的侦查权实际上受到审判机构的影响和制约,侦审并未明确分离。随后颁布的《各级审判厅试办章程》第97条明确了检察官调查事实、搜集证据之职权。但这两部法律都只是过渡性的,并没有明确司法警察、检察官和审判机关的权责范围。

1907年12月,清政府颁布《司法警察职务章程》。该章程第2条规定:“凡司法警察人员,有协助检察厅执行检察事务之责。”第10条规定:“凡审判厅应行查取证据时,由检察厅知照该管辖厅,转饬司法警察人员,会同检察官前往。”“凡审判厅应行传集人证质讯者,应由检察厅知照原送警厅,饬区办理。”“凡检察尸伤,司法警察各员应候检察官到场,会同办理。如有伤几于死,迫不及待者,得先行录取生供。”[④]可见,该章程在赋予司法警察逮捕人犯、搜查证据、护送人犯、取保传人、检验尸伤、接受呈词等刑事证据调查相关权力的同时,初步梳理了审检关系和检警关

---

① 《大清法规大全》,考正出版社1972年版,第1852页。

② 《大清法规大全》,考正出版社1972年版,第1854页。

③ 与今天不同,清末至民国时期司法警察并不是一个十分具体的概念或警种,不等同于刑事警察,也非单指“法警”。司法警察起初涵盖“一、巡官;二、训长;三、巡警”(1907年《司法警察职务章程》第1条),后来扩展至部分政府行政长官和宪兵等,几乎涵盖所有警察。

④ 怀效锋主编:《清末法制变革史料》(上卷),中国政法大学出版社2010年版,第467－468页。

系,确立了检察官在刑事证据调查取证中的中心地位。

同年,清政府在《大理院审判编制法》和《各级审判厅试办章程》的基础上,参照《日本裁判所构成法》,编订《法院编制法》,其成为融合当时最新法律思想,在近代法制史上具有里程碑意义的法律。该法于1910年正式颁布。该法进一步明确了检察官在刑事证据制度调查中的权力和地位,确立了检察体制。例如该法第90条规定:"检察官之职权如下:一、刑事:遵照刑事诉讼律及其他法令所定,实行搜查处分、提起公诉、实行公诉,并监察判决之执行。"第94条规定:"检察厅对于审判衙门,应独立行使其职务。"第104条规定:"各检察厅检察官得调度司法警察。"[①] 1910年颁布《检察厅调度司法警察章程》,司法警察正式具备辅助检察官职能,成为司法体制的一部分。该法第3、4条规定,"凡司法警察人员当执行检察事务时,对于检察厅长官应受其调度,与对于巡警长官同;凡巡警长官于执行检察事务时,与检察厅长官有同一之职权,但其事如系检察厅所及办者,务必听任检察官办理"。[②] 明确了检察官对司法警察具有关于刑事证据调查的指挥权。

至此,清末改革确定的刑事案件证据调查模式共分为两种:

第一,警察主动侦查,开展刑事证据调查工作,但证据须及时移交检察厅审查。例如,《检察厅调度司法警察章程》第32条规定,"凡司法警察人员遇左列(如下)各项,经本管长官之许可得径行搜查:1.现行犯在警署讯问时发觉之证据;2.在警署告诉、告发或自首应行查取之证据;3.巡警侦探所得之证据"。

---

① 怀效锋主编:《清末法制变革史料》(上卷),中国政法大学出版社2010年版,第492-502页。

② 《检察厅调度司法警察章程》,载《新闻报》1910年6月9日,第26版。

第二,检察官主导侦查。检察官可用三种方法调用司法警察:(1)行文巡警官转饬。“凡检察厅须调度司法警察人员时,应先行文知照该管巡警官转饬遵照,若临时调度,不及行文知照者,得以电话或专函代之。”(2)使用执照临时调度。“其在道路,仓促调度得用法部执照,指示办理,但事后仍由本厅行文知照存案”。(3)直接调度(法警)。“检察厅因调度之便,得移请该管巡警官,于司法警察人员内派拨若干名常川驻厅,以供差遣。其名额由检察厅临时酌定。”

这两种证据调查模式,虽然明确了检察官的侦查主体地位,但问题是检察官可以胜任刑事案件证据调查的技术工作吗?答案可能是否定的。检察官虽掌有侦查指挥权,然而,证据调查和收集的实际履行和承担者却是司法警察。司法警察是否掌握,以及掌握多少科学证据技术,直接关乎侦查能力。而检察官侦查指挥权能实现的多少,甚至包括审判官员对案件事实的掌握程度,也在于其是否知晓证据科学的技术手段。这种权力设计上的矛盾,为后面侦查权的异化发展和指纹证据技术的分歧之争埋下了伏笔。

三、刑事证据制度的法律探索

“证据制度是整个司法制度的核心内容,也是全部司法活动的灵魂,它贯穿于诉讼审判的始终。”[①]刑事证据制度则是刑事证据调查技术的服务对象与服务要求,为刑事证据调查技术开展设定了边界,指明了方向。中国古代并无刑事证据制度,关于证据的规

---

① 郭成伟主编:《中国证据制度的传统与近代化》,中国检察出版社2013年版,序言。

定，散见于法律之中。而且传统的诉讼制度可谓刑民不分，或者说以刑为主，所有诉讼活动都可以看作为刑事诉讼。纵观中国古代几千年的历史，证据制度主要有以有罪推定为基本原则、以人证为主要证明、定罪重视被告人的供述、刑讯是获取被告人口供的法定手段、自由证明是法官认证的基本模式、物证技术发展较早的特点。[①] 具体而言，以清代法律（清末新政以前）为例：

在证据调查主体上，中国古代十分模糊。关于刑事证据的相关规定以《大清律例》为主，证据调查主体既包括下至州县，上至三法司、理藩院、宗人府等衙门的行政长官，其为侦查官，也包含辅助侦查官进行具体刑事证据调查工作的胥吏、衙役等，侦查职能管辖权配置分散、职能主体不专业。[②]

在证据种类上，中国古代证据主要包括口供、物证、书证、勘验笔录。然而清代法律对于证据种类同样没有作出系统的规定，这四种证据类型也是通过散见的法典和判例归纳而成。其中，勘验笔录有固定的格式要求，它包括现场勘查笔录和尸体检验。例如，“随即亲诣尸所，督令仵作如法检报，定执要害致命去处，细检其圆、长、斜、正、青赤分寸，果否系某物所伤，公同一干人众质对明白，各情输服，然后成招。”[③]“处分例（《六部处分则例》）地方呈报强劫盗案，责令州县印官，不论远近，无分风雨，立即会同营泛飞赴事主之家。查验前后出入情形，有无撞门毁户遗下器械油捻之类。事主有无拷燎捆扎伤痕，并详讯地邻更夫救护人等，有无见闻影响，当场讯取确供，俱填注通报文内，详明该管上

---

① 参见何家弘、刘品新：《证据法学》，法律出版社 2013 年版，第 31－34 页。

② 参见倪铁：《中国侦查史论纲》，法律出版社 2016 年版，第 98－103 页。

③ 《大清律例·刑律·断狱下·检验尸伤不以实》。

司。”[1]清代对尸体检验有着严格的要求,并依靠自身的努力颁布了专用的检骨图、格。[2]

在证据调查技术上,因口供为最为重要的证据,“凡诸衙门鞫问刑名等项,必据犯者招草以定其罪”,[3]所以,主要证据调查技术以获取口供为对象以致古代拷讯制度非常发达。清代延袭了唐代以来对拷讯的较为严格和系统的规定。同时中国古代对物证痕迹包括指纹、书证和勘验笔录的调查也在清代达到一定的技术水平。然而,中国古代的证据调查技术如同它所属的社会文明,虽然在很长的一段历史时期领先于海外,但其多以经验传承为主,并无较多科学性可言。

在证明方式上,限于证据调查技术的局限性,中国古代司法官员在证据审查和事实推断上的权力非常大。律法事实上规定了“供证相符,排除疑义”的原则性证明标准。例如“证佐明白”[4]“供证确凿(指证有据)”[5]“供认确凿”[6]“赃证相符”“毫无疑义”[7]的证明要求多次出现在律法中。这种表述已经相当接近今天“事实

① (清)薛允升:《读例存疑》,清光绪刊本,第1195页。

② 参见茆巍:《清代司法检验制度中的洗冤与检骨》,载《中国社会科学》2013年第7期。

③ 《大清律例·刑律·断狱下·吏典代写招草》。

④ “凡边境(重地)城池,若有军人谋叛,守御官捕获到官,显迹证佐明白,鞫问招承,申报督抚提镇,审问无冤,随即依律处治,具由奏闻。”出自《大清律例·刑律·名例律·处决叛军》。

⑤ “若现获之犯,称逃者为首,如现获多于逸犯,供证确凿以及逸犯虽多而现获之犯系先后拏获或虽同时并获,经隔别研讯,实系逃者为首或事主、尸亲、旁人指证有据者,即依律先决从罪,毋庸监候待质。”出自《大清律例·名例律·犯罪事发在逃》。

⑥ “若初审证据已明,供认确凿者,于产后一月起限审解,其罪应凌迟处死者产后一月期满,即按律正法。”出自《大清律例·刑律·断狱下·妇人犯罪》。

⑦ “若赃证俱属相符,毫无疑义,即令拿获地方迅速办结。毋庸将人犯再行关解别境。”出自《大清律例·刑律·贼盗中·窃盗》。

清楚”“证据确凿”证明标准的表述，并体现了对查明案件事实真相的追求。[①] 但在证据调查技术有限的背景下，这些原则性的表述是十分笼统的，而且在证据价值、证明标准、证明能力等方面几乎没有确切的规定。在这种证明原则下，口供成为定案的必备证据之一，但也规定了据众证定罪规则。司法官员可根据具体案例，据情理判断证据真伪。由此，许多学者[②]认为中国古代的审判具有自由心证的特征。

随着清末新政的开始，西方近代证据理论和制度也开始在“博采西学”思潮的影响下传入中国。其中在证据制度上最大的成就，是通过制定《刑诉草案》《大清民事诉讼律草案》等法律文件，实现刑事诉讼和民事诉讼独立发展，建立起近代证据体系。这主要体现在证据调查主体的独立发展、证据调查技术的科学化、证据种类的明确分类和证明方式的确立上。

在证据调查主体上，如前所述，确立了以检察官侦查权为核心、司法警察为辅助的证据调查模式；在调查技术上，拷讯开始被废除，指纹证据技术等物证技术开始引入与发展，法医检验技术开始向现代化转变等；在证据种类上，《刑诉草案》虽没有明确证据分类，但规定了讯问笔录、物证、证人证言、鉴定结果以及其他可作为证据并完成证据转化的文件。这些文件是指：“第一、起诉后由审判衙门或受命推事所作检证、搜索、扣押、保管、讯问证人之笔录及补充笔录之文件、图画；第二，官吏、公吏据其职务证明身份、年

---

① 参见陈光中：《中国古代司法制度》，北京大学出版社 2017 年版，第 265－266 页。

② 参见何家弘、刘品新：《证据法学》，法律出版社 2013 年版，第 33 页；郭成伟主编：《中国证据制度的传统与近代化》，中国检察出版社 2013 年版，第 256 页；郑牧民、易海辉：《论中国古代证据制度的基本特点》，载《湖南科技大学学报（社会科学版）》2007 年第 2 期。

龄、前科等项之文件；第三，外国官吏、公吏据其职务证明身份、年龄、前科等项之文件，但以该文件经真正证明者为限；第四，鉴定书或鉴定笔录及补充之文件、图画。”[①]检察机关、司法警察官或依法律享有审判检察权限者作出的以上笔录文件在当事人声明无异议或不能再行调查等情况下也得作为证据。

此外，以上证据制度改革的实现，最为重要的是证明方式的支撑。在证明方式上，《刑诉草案》并未明确确立证据的证明标准，但规定："认定事实应依证据。证据之证明力任推事自由判断。"[②]"调查证据已毕，检察官应陈述事实上及法律上之意见，以行谕告。被告人得为答辩。"[③]基本确立了物证定罪、自由心证和证据应当质证的原则。

首先，"认定事实应依证据"。立法者将其解释为"据众证定罪"，视为对口供主义的废除。所以这里的"证据"是指口供之外的物证。依据物证定罪也是当下证据制度的核心内容，但问题是如何实现据物证定罪？立法理由载："谨按本条第一项明揭废止口供主义，采用众证主义。按断案不必尽据口供，已见唐律，所谓赃状露显，理不可疑，虽不承引，即据状断者是也。窃谓按情应以众证为凭，当可十得八九，苟舍众证而取口供，殊未可尽信。今各国无不采众证主义，亦以其合于法理与实益也。或谓现在中国警察尚未完备，若舍口供主义不易侦知实情。殊不知警察未备，理应从速改良警察，安可永守此不备之制度，以保流弊无穷之旧法，况口

① 《刑诉草案》第322条。
② 《刑诉草案》第326条。
③ 《刑诉草案》第344条。

供之未可信乎？”[①]可见，当时的立法者已明确知道，口供主义未得废除的主要原因在于警察尚未完备，“不易侦知实情”。证据调查的科学技术水平，从某种程度上决定了证据制度的水平。但清末改革的立法者的态度却是，首先移植先进的证据制度，而后推进证据调查技术的发展。这一观点是否正确，以及它是否会带来问题？我们可以从后续的指纹证据调查技术的引入和发展中分析科学与司法的关系。

其次，“证据之证明力任推事自由判断”从法律上确立了自由心证制度。即审判者可依据法律规定、内心的良知、理性等对证据的取舍及其证明力进行判断，并最终形成确信的原则。有学者指出，清末修律的自由心证制度是从1890年日本《刑事诉讼法典》中率先引进的。[②] 对此，笔者并不完全赞同。与其说自由心证移植于日本，不如说日本和西方法律中自由心证制度的规定，迎合了中国传统证据制度的实践。

最后，“被告人得为答辩”等，在法律上确立了证据的质证制度。这种证据质证制度，在中国古代也有实践，但始终未在法律程序上予以明确。主持修律的沈家本提出，达到“摘发真实”的目的，必须确立三项基本的诉讼原则：一是“自由心证”，“证据之法，中国旧用口供，各国通例则用众证；众证之优于口供，无待缕述”，即证据之证明力不为法律所预定，而“宜悉凭审判官自由取舍”，以防“事实皆凭推测，真实反为所蔽”；二是“直接审理”，即凡该案关系之人与物，必行直接讯问调查，不凭他人申报之言词及文书辄

① 黄源盛：《近代刑事诉讼的生成与展开——大理院关于刑事诉讼程序判决笺释（1912—1914）》，载《清华法学》2006年第2期。

② 曾代伟：《民国时期刑事审判中的自由心证——基于司法档案的考察》，载《法治研究》2010年第9期。

与断定;三是“言词辩论”,即“于原被两造之言词辩论而折中听断,自经辩论之后,于被告之一造,亦可察言观色,以验其情之真伪”。①

《刑诉草案》虽遭受较大阻力且未颁行,但它确立的物证定罪、自由心证和证据应当质证的原则,开近代刑事证据制度之先河,为中国证据制度之巨大变化,并成为后世相关法律制定的基础。为了贯彻执行这些新思想、新制度,中国社会迫切需要近代证据科学和调查技术的引入和发展。

第三节　指纹证据技术传播的教育基础

“夫强国以学校为始基,兴学以师范为先务,夫人而知之矣。”②任何政治经济或法令制度的改革都没有教育变革产生的意义更为深远。清政府对警察教育还是比较重视的,从前文京师警务学堂的创办我们可以看出,中国的警察教育几乎与创办警察制度同步。而这一时期的警察教育的发展,虽多以早期的警察理论为主,所涉证据科学和调查技术内容较少,但培养了一批具有一定知识和业务水平的警察人员,建立了一批警察教育机构,为民国时期警察队伍的建设和指纹证据技术的迅速引入和发展奠定了的教育传播基础。

---

① 参见黄源盛:《近代刑事诉讼的生成与展开——大理院关于刑事诉讼程序判决笺释(1912—1914)》,载《清华法学》2006 年第 2 期。

② 故宫博物院明清档案部编:《清末筹备立宪档案史料》(下册),中华书局 1979 年版,第 997 页。

一、留学制度

中国古代历史上多以接收外国赴华留学生为主。但鸦片战争之后,先进士大夫们看到了自身教育与科学技术的落后,于是派遣留学生学西方成为“中体西用”“博采西学”思想下洋务运动、维新变法、清末新政等救亡图强运动的主要举措之一。其中,尤以学习警务为目的的留学生较为特殊。20 世纪初期派遣的包括自费留学的警务学生目的国均以日本为主,而且人数较多,如 1902 年清政府派遣 26 人赴日本学习警务,同年张之洞派遣 20 人入日本宏文学院学习警务。这股赴日学习警务的学潮一直持续到 20 世纪 30 年代。理由并不难理解:

首先,中央政府的政策导向。如前所述,清政府以日本为范本建立警察制度,聘请日籍教官并参与毕业生职级分配。根据《设立警务学堂合同》的规定,清政府在日本的直接参与下建警,同时选派学生 10 名赴日本学习警务。从学堂学成之巡捕,由川岛浪速决定警官职级。这相当于中央给了各地政府和学子一个导向性非常强烈的信号,留学日本学习警务回国可用。这种导向诱使各地纷纷效仿,1905 年的一份统计称:“日前,东京来电云,中国居留日本警察学生已毕业者,北京三十四人,湖北省十八人。未毕业者,北京八人,江苏省二十人,湖北省五十三人,湖南省十八人,四川省二十七人。”①

其次,留学日本学习警务入仕快捷。“去日留学和出仕二者开始挂上了钩,与此有关并且最终发展为最重要的一件大事,是 1905 年科举考试制度的改革和最后取消。出国留学代替了经典

---

① 《畿辅近事:居留日本警察学生计数》,载《北洋官报》1905 年第 639 期。

著作的基础训练,成为进政府工作的基本条件。"[①]尤其是学习警务,"这些留学生回国后,有许多被当作警官或教官,分配到由袁世凯这类强硬的省政府官员或更直接忠于清王朝的改革派们新建立的军事学院和警察学校去。"[②]"现在各省开办警察类多观摩日本,缘日本警务考求有年,大著成效,且与中国同洲,习俗不甚相远。学生学成归国易地皆可为用。"[③]

最后,留学日本障碍少,可速成。在当时充满文化自信、有华夷之辨的中国,统治阶层对书生并无外语学习的要求,而且多数学子更无外语学习之基础。日本文化不仅多学自中国,而且日语中有较多汉字元素,可以减少很多语言上的障碍。在戊戌变法时期,康有为就在《请广译日本书派游学折》中提出:"译日本之书,为我文字者,十之八,其成事至少其费日无多也。"[④]而且,赴日学习警务时间较短,初等警务 4 个月可学成,归国多直接任命警官,学费等留学成本非常低。"至游学之国,西洋不如东洋,诚以路近费省,文字相近易于通晓,且一切西书均经日本择要翻译,刊有定本,何患不事半功倍。"[⑤]

除此之外,基于相似的原因,赴日学习法政的留学生也较多。有学者曾统计,"清廷通过 1905 年以后的留学生毕业考试,至少使九百余名留学生进入了各级政府机构尤其是中央的各部门任

---

① [美]费正清、刘广京编:《剑桥中国晚清史 · 1800—1911 年》(下卷),中国社会科学出版社 1985 年版,第 344 页。

② [美]魏斐德:《间谍王——戴笠与中国特工》,梁禾译,团结出版社 2004 年版,第 183 页。

③ 参见《又奏挑选学生赴日本学习警察片》,载《北洋官报》1906 年第 973 期。

④ (清)康有为:《戊戌奏稿》,清宣统三年铅印本,第 21 页。

⑤ (清)何良栋:《皇朝经世文四编》,光绪年鸿宝书局石印,第 55 页。

职……这当中，留日学生占了绝大多数”。[①] 赴日留学不仅形成了一股学潮，而且直接而深入地影响了中国近代历史的发展路线。在 20 世纪的最初十年中，中国学生前往日本留学的活动很可能是到此时为止的世界史上最大规模的学生出洋运动，它产生了民国时期中国的第一代领袖。[②] 而其中留日学习警务和法政的学生，将日本的警察和司法模式持续不断地带到了中国。他们归国后多在警察部门和司法部门身居要职，以致民国警察和司法制度在发展之初也多移植自日本。后来，朝阳大学授课和司法部门采用日制汉堡式指纹证据技术也概由于夏勤、居正等留日学生在这一时期在日本的学习。

20 世纪 30 年代之后，受中日战争和国际关系的影响，留学生的目的国不再以日本为主，甚至全部中断。留学目的国的变化，预示了指纹证据技术的发展方向。留学制度为指纹证据技术的引入和传播奠定了基础。我们将在第四章中指纹证据技术的发展中具体讨论。最为重要的是，自清末以来逐渐形成和发展的留学制度和留学生团体，直接影响着中国政治改革和法律制度的发展方向。

二、警察学校与司法传习所

建警和司法改革的同时，清政府于京师和各地筹办警察学校和司法教育机构。当时二者同时从零开始，因此出现了在职培训和全日制教育两种教育模式，也出现了官办、官绅合办、私立院校三种不同创办模式。起初的学习与研究内容虽并未包含指纹证据

---

① 参见《德宗景皇帝实录》卷 546、584、590、593；《宣统政纪》卷 3、10、13、36、42、44、54。转引自尚小明：《留日学生与清末新政》，江西教育出版社 2003 年版，绪论。

② 参见［美］费正清、刘广京编：《剑桥中国晚清史 · 1800—1911 年》（下卷），中国社会科学出版社 2018 年版，第 342 页。

调查技术,但为该项证据科学的迅速引入和传播奠定了教育基础。本部分主要介绍和探讨指纹证据技术官方引入前,也就是民国前的警察和司法教育基础建设情况。

(一)警察学校的建立

警察的教育要晚于司法官的教育,但作为一项新事物且纪律性要求较高,相对而言警察教育的开展较为系统化。

1. 警务学堂与京师高等巡警学堂

1901 年清政府创办警务学堂,“兹闻该学堂经庆亲王派定川岛速浪(川岛浪速)氏为教习,三谷末治郎氏襄劳其事,拣选旗营子弟五百人练习警察新法,已于七月初一日开学,以三个月为毕业之期。准于十月初一日出五城办理警察事务,将来必能仿照日本警察办理也”。[①] 1902 年《警务学堂设立主旨》载:“其大旨在:先应大清国创办警察之急需,渐次期图扩充进步。故现今本章程内所定各肄业学期以及学习功课等事,虽略尽警务大要,然究属应一时之急需,学期既促,造诣亦浅,未免涉于粗略。须俟北京警察办有规模,及警务人员充实之后,再设高等学科,展长期限,于警察官吏中择取品学兼优者,授以深奥学业,俾得培养贯通原理、深明警务之警察官吏,以备大清政府推广警察之用。盖凡事必须由浅入深,自急至缓,秩然有序,固不可躐等躁进也。”[②]可见,其设立之初即为快速培训,应一时之急需,并计划有初等、高等学科。

根据《警务学堂章程》的规定,学堂分为初等科(从清政府提供的预选者中挑选“体格坚壮”“文理粗通”“志操坚固”“人品端正”者入学,学期三个月)、中等科(从初等科毕业生及现任巡捕中

---

① 参见《警务学堂近闻》,载《新闻报》1901 年 10 月 8 日,第 2 版。

② 《警务学堂章程》,中国第一历史档案馆馆藏档案。转引自韩延龙、苏亦工等:《中国近代警察史》,社会科学文献出版社 2000 年版,第 235 页。

“选拔品学兼优者”入学，学期两个月）、高等科三科（从中等毕业生及“现任巡捕长之中拔取品学兼优者”入学，学期两个月）。[①] 而据清朝中央警官学校校史记载，该学堂实际上仅办有初等科（1901年至1902年，每班定额120名，四个月毕业；1903年起每班定额80名，六个月毕业）、高等科（1903年设立，每班40名，先肄业六个月，然后升入研究科一年毕业）。警务学堂的学制较短，但为清末民初的警政建设培养了一批警务人员。

警务学堂由川岛浪速提议设置，并为该学堂监督。因此学堂的一切管理事务由川岛浪速负责，且聘用了町野武马、染川豊彦、前田爱之进、浅井新太郎等日本人担任学堂要职。然而，警察建设为国家内政建设的重要组成部分，托给外籍人士必然有损国家主权。因而在1905年巡警部成立后，班吉本奏请收回权限。1906年，巡警部接收警务学堂，改办京师高等巡警学堂，主要高等警官学堂由熙栋、唐家桢负责筹备办理。同年参与入学考试人员共有6000余人，足见当时警察教育影响之广。该学堂共办有正科、宗室正科、简易科、专科、专科特别班、预备科，举办六年三个月，共培养学生503人。另附设巡警教练所共培训巡警1600余人。1912年该学堂由民国政府内政部接管，改为警察学校继续办理。

2. 地方警务学堂及其他警察学校

继中央创办警务学堂之后，各省分别开始仿照创办警务学堂。地方最早开展警察教育的是袁世凯。袁世凯于1902年7月，在保定创设保定警务局，开设保定警务学堂。[②] 随后其他省份也开始

---

① 参见韩延龙、苏亦工等：《中国近代警察史》，社会科学文献出版社2000年版，第236页。

② 参见《内政纪事：直督袁奏仿西法创设保定警务局并添设警务学堂章程折》，载《选报》1902年第27期。

依照要求建立警务学堂,如1903年山西警务学堂开办;[①] 1904年安徽警务学堂开办。[②] 但同样由于并无先例且缺乏师资,地方警务学堂教官多聘请外籍人士担任,如1903年山东警务学堂与德国人施尔特订立合同聘其为教习。[③] 在地方警务学堂中,袁世凯委派赵秉多创办的北洋巡警学堂(初为天津巡警学堂,后将保定警务学堂并入后更名)较为成功,制定了警务章程,成为清末警务学堂的典范。该学堂聘请的顾问为日本人。

然而,还有部分省份开办的警务学堂初期限于人员和经费有限,十分粗糙混乱,甚至称谓上也五花八门,如在创办警务学堂的同时,还设有侦探学习馆,"考东西各国讼例,设问官以主判断,设陪审以资稽查,设律师以资辩驳,务期准情酌理剖析至当,而后狱成。所谓疑狱与众共之也。此外另设侦探若干员,伺各案踪迹之所自来补各捕,耳目所不能及,以聪明干练熟悉各处情形者充之。职务既重,俸工亦优,重大疑难无不立时破获者,实出侦探之力居多……虽近时办理巡警已有侦探之意隐喻于中,似无庸特立新名致多繁杂,然欲速于收效,必先专其责成。拟于省城设侦探学习馆一所,访聘西国之精于斯道者一二人充当教习,略仿学堂规则,选择候捕投效人员及本地二十岁外,中学已通之聪颖子弟入馆。肄业研究各国侦探各书所载案情,并随时详绎医学、化学各理推广洗冤之术,定以三年为期"。[④]

对此,清政府在成立巡警部之后,决定统一全国的警务学堂

① 参见《各省新闻:纪山西警务学堂》,载《北洋官报》1903年第190期。

② 参见《皖抚诚奏添设警务学堂并酌加训兵折》,载《秦中官报》1904年第37期。

③ 参见《时政汇纪》,载《北洋官报》1903年第105期。

④ 参见《黑龙江将军程奏江省遵行新法拟请添设侦探学习馆折》,载《南洋官报》1906年第41期。

（后称巡警学堂）规制。“谕旨饬令各省巡警督饬办理等因钦此，查各省自光绪二十七年，奉旨饬办巡警后，如直隶、四川、山西等省均经设有警察学堂、巡警局此外各省办理巡警者，亦屡见章奏，所定章程办法尚多参差，必须逐渐细核以期日进有功臣等公同酌度巡警为内治根基，民事总汇非急图整理无以保邦本而规自强。惟各省情形不同，经费有赢绌之殊，措置有难易之判，尤非考察详确，无以立整齐划一之规，当于上年十月间咨行各省，令将近年办理警察章程及警察学堂是否设立警兵共有若干经费如何筹给，并现在所办巡警实在情形转饬查造详晰清册，迅速咨部以凭考核。迄下各省查照臣部原咨，以接到部文之日起，限一个月内迅速奏覆，一面造册咨报备核，以重警政。谨附片具陈伏乞……”[①]1908 年，民政部制定《各省巡警学堂章程》，要求“所有各省会未经设立巡警学堂者，统限三个月内设立，已有者，应按此次奏明章程，更定其有仍名警务学堂、警察学堂者，亦令一律更名高等巡警学堂，各府州县应设教练所”。[②] 该章程主要统一了各地警察学校的名称、级别、招生条件、学制和课程等。此后，绝大部分省份分别应要求统一设立高等巡警学堂，有力地推动了全国警察教育的统一与规范化，对中国警察制度建设的发展包括指纹证据技术的迅速普及意义匪浅。

（二）地方警察传习所和司法讲习所

除警务学堂及巡警学堂外，另一类警察和司法官技能培训机构值得关注，即警察传习所、司法讲习所。除警察传习所外，还有监狱讲习所[③]、法政讲习所等多种讲习所。其中尤警察传习所、司

---

① 《巡警部奏请饬各省照办巡警片》，载《南洋官报》1906 年第 41 期。

② 参见《民政部奏拟各省巡警学堂章程折》，载《南洋官报》1908 年第 131 期。

③ 参见《司法部训令：正字第五十九号》，载《军政府公报》1911 年修字 4 – 修字 90。

法讲习所较为成熟、模式化。前者的培训对象为警察官吏，而后者为司法官员。

1. 警察传习所

当前史料可见，湖南省常德郡城可能最早(1905 年)建立警察传习所。[①] 后来，"湘绅聂隽威观察拟在省城创设警察传习所，试办通学，不寄食宿，使阖省士绅咸得就所讲习，晓然于警察之关系治本，使卒业后各就本境，竭力筹办以补官立学堂之不足。日前据情呈禀，抚辕批示饬即遵办矣"。[②] 该传习所成立之初，由乡绅"自捐经费开办"[③]。而浙江则是由官员自捐经费开办，"浙江省官场风气闭塞……自制不学无术……决议就薪水津贴中酌提经费，试办警监讲习所"。[④] 1909 年"嘉兴警察局经训官巡董决议，于本月望后添设传习所，招勇丁陆拾名入所，肄习两月毕业其旧有之勇丁俟考试后，分别去留，现在经费缺少，只先就城中办起"。[⑤]

警察传习所有官方组织创办的、有官绅合办的，其成立原因在于中央政府要求地方建警之后，多"不知警察为何物"，虽有警察之名，并无警察之实。只能请已接受部分警察知识的人加以传授。例如"内城巡警总厅以今日新募巡警，虽多而皆未受教育，又各厅委员多由各衙门调来，更不知警察为何物。故于旧鼓楼大街小石桥地方，特租房屋作为内城巡警研究所，内分高等、初等两班。高等以委员听讲，初等以巡警听讲。派警察毕业生为讲员。每日由各厅抽出委员巡警若干名到所听讲，俾差务不至旷废而能兼受

① 参见《建立警察传习所》，载《时报》1905 年 10 月 21 日，第 6 版。

② 参见《禀设警察传习所》，载《山东官报》1906 年第 66 期。

③ 《警察传习所开办》，载《北洋官报》1906 年第 1136 期。

④ 参见《通饬仿办警察传习所》，载《北洋官报》1906 年第 1265 期。

⑤ 《警察局设传习所》，载《新闻报》1909 年 3 月 5 日，第 10 版。

教育……"①

这种依靠有经验的人相互传授而学习的模式在各地广受欢迎。相比之下,较之警务学堂,讲习所的形式更贴合实务操作。据记载,虽然各地警务学堂的建设也在同时展开,但当时学堂学科之讲授,"多由各教员自行斟酌编定,大部分偏重学理之研究,与警察事务脱节。故毕业学生一旦担任实际工作,即感捉襟见肘,不敷应用"。以至于,有部分地区直接以警察传习所代之。例如"成都警局总办周孝怀观察,日前详请川督锡制军俟警察六班学员卒业后,即将学堂改为传习所。定六月朔日开办,通饬各属选送举贡生监各二三人到省学习,六月后发还该县,办理一切警务"。② 警务学堂和警察传习所代表的是两种完全不同的教育模式。

2. 司法警察讲习所和地方司法讲习所

几乎与警察传习所建立同时,为了建立以检察官为主导的侦查模式,以培训司法警察为目的的司法警察讲习所和以培训司法官员为目的的司法讲习所也开始建设。不同的是,二者分属警察部门与司法部门。1907 年,京师外城巡警总厅在建设巡警教练所、巡警官长讲习所的同时,成立司法警察讲习所。"本所之设以讲习法理,研究警学造就高等司法警察官为宗旨……以养成专门治人才而补助检察之职务。""本所为急需司法警察人才起见,定三月为一学期,两学期毕业"。③ 1910 年,吉林省提法使司④设立司法讲习所。"吉林提法司吴子明司使,因现在吉省高等地方审判检

---

① 《内城特设巡警研究所》,载《山东官报》1906 年第 134 期。

② 参见《创设警察传习所》,载《北洋官报》1906 年第 1905 期。

③ 参见《京师外城总厅司法警察讲习所简章》,载《政治官报》1907 年第 75 期。

④ 宣统二年(1910 年)清政府将各省按察使司改为提法使司,负责管理全省司法上的行政事务,并监督各级审判厅、检查厅及监狱。

察各厅之推事检察等官,以向时之州县委充刻,拟遵照部章一律请补实缺,但恐各员于新律未尝研究,未能及格,特呈请……开办司法讲习所,饬令凡在司法一部分充差人员,一律分日入所讲习,限以六个月毕业……"①

笔者以"讲习所"在鼎秀古籍检索平台检索发现,讲习所可能最早可见明代的记载,如"欧阳德,字崇一……以四礼弦歌满城课士以举业示,以圣贤正学儒风丕变焉,毁淫祠肇建书院为讲习所"。② 但"传习、讲习"的方式,古来有之,且所涉行业诸多。例如唐代《起复宴婚之制》中提到:"乃诏岳(刘岳)选文学通知古今之士共删定之,岳与博士段颙、田敏增损其书,而其事出鄙俚,皆当时家人女子传习所见,往往转失其本,然犹时有《礼》之遗制……"③ 宋代王應麟《玉海》亦记有"今鼓吹铙歌,虽有章曲,乐人传习,所务者声不先训以义今乐府铙歌,校汉魏旧曲,曲名时同,文字永异,寻文求义,无一可了,不知铙章何代曲也"。④ 可见,知识、技艺等以言传身教的方式传授与学习早已有之,未见规模,直至清末大变革时期,逐渐成为一种制度化、专业化的成熟模式。

传习所、讲习所实际上是一种在职人员职业培训的模式。相比高等学校教育,它的优越性十分明显,警察传习所对比警察学校:首先,培训时间短,见效快。警察传习所的学期并非完全固定,时间通常较短,教材完全由传习教师决定,甚至有些并无教材。他们回到原岗位后可以直接将所学经验知识应用到警务实践中,见效迅速。

---

① 《设立司法讲习所》,载《新闻报》1910年11月6日,第10版。

② 参见(明)李懋桧纂修:《万历六安州志》,明万历十二年刻本,卷之六,第146页。

③ (唐)白居易:《白孔六帖》,载《四库全书·卷五十九》,第1823页。

④ 参见(宋)王應麟:《玉海》,元至元六年庆元路儒学刻玉海明修本,卷一,第3858页。

相比警校的学制化教育和对教材、考核的严格要求，警察传习所的模式相对简单易操作。其次，培训人员固定，目的明确。不同于警校招生方式，警察传习所的学员多为地方在职警察。其培训的目的非常明确，即为了普及一线警务，回答实务操作问题，针对性较强。而警校的学生则通过考试选拔入校，而且毕业后的职业去向，包括警种的安排也不确定，这也同时导致前文提到的警校培养学生"与警察事务脱节"的问题。最后，培训组织灵活、成本低。警察传习所起初多为官绅根据实际需求自捐经费创办，培训时间短，比起定期培养、实施学历教育的警校来说自然成本相对较低。因此警察传习所这种在职警察职业培训模式得到广泛推广，对清末民国时期警察制度的发展和刑事证据调查技术的迅速应用起到了良好效果，甚至至今仍有影响。然而，这种功利性的传习模式的弊端也是非常明显的，因而无法取代警校的价值，也无法促进本土技术创新。

三、翻译学术著作、创办警务杂志

中国近代警察和司法制度的建设是学日本、学西方，因此清末政府对警察学术理论著作的翻译工作十分重视。巡警部成立之初，便设有警学司编辑科，掌翻译各国警察法规及各种警学专书。肃亲王善耆积极鼓励官员、各界撰写和翻译警察著作，并感慨翻译学术著作的重要性，"然立法非难，行之实难。人民无法律知识，虽有良法美意，终扞格而不相入，欲其动于法合，纯任自然，与东西各国相媲美，难矣！夫东西各国之民所以能深知法律之意者，亦赖法律专家为之解释也"。[①] 由此不难发现大量的关于日本警务的翻

---

① 参见汪有龄：《大清违警律论·序》。转引自韩延龙、苏亦工等：《中国近代警察史》，社会科学文献出版社 2000 年版，第 255 页。

译著作,如1907年商务印书馆出版的《早稻田大学政法理财科讲义》(其中有警察学专编);1908年《汉译日本议员必携》(其中有警察章节)等。报刊中也常刊载《日本警察新法》等学术类译作。

在警察思想和知识普及上,除既有《集成报》(1897年创刊)、《译书汇编》(1900年创刊)、《北洋官报》(1902年创刊)等翻译、发表了与警察学相关的各类文章外,清末至民国初期创办了大量的警察专刊,如1910年3月在南京创刊的《江南警务杂志》(江南巡警总局创办,停刊于1911年)、《广东警务官报》、《湖北警务杂志》,1911年创办的《四川警务官报》,1912年创刊的《秦省警察汇报》、《警务丛报》等。其中在上海创刊的《警务丛报》(周刊,1915年12月停刊,共出47期),其创刊词道"治天下必自警察始,夫警察非泰西独创之法,亦中国本有之法也……"仍可见"西法中源"之思想。

第四章　发展：指纹证据技术的学习与应用考据

“罗马不是一日建成的”,“冰冻三尺非一日之寒,滴水穿石非一日之功”,异曲同工的俗语告诉我们一个简单的经验事实:任何技术的创造发明并不是一蹴而就,而是需要长期地努力和积累。本书简略地梳理指纹证据技术的发明过程无非也是想证明这一点。无论是福尔茨还是赫谢尔,他们的研究都建立在一定的科学积累之上。也因此现代意义上的指纹证据技术产生于西方。同样地,技术的传播也不是简单的复制粘贴,它包括了技术信息的获取与识别,技术内容的学习与传递,技术效果的应用与接受等过程。

指纹证据技术引入中国的过程并不是一帆风顺的,而是经历了拷讯存废之争、学习催眠术等曲折。武塞蒂赫访华传学后,中国开启了官方学习和发展指纹证据技术的进程。这一时期在政府和个人的共同努力下,不同的指纹证据技术快速传入中国,并迅速在上海、南京、天津、汉口、北平、重庆、青岛等城市发展起来,并在司法实践中取得一定的成效。

第一节　指纹证据技术的传播途径

指纹证据技术在民国初期正式引入中国,为官方学习和采用,并伴随近代法制建设迅速发展起来。但在这一段时间里,不同部门学习和引入指纹证据技术的方式并不一致。数位值得铭记的历史人物在指纹证据技术的推广中作出了重要贡献。

一、发明者亲授

也许是历史的巧合,亨利制指纹分析法最早在印度和英国研究实践,然而世界上第一个应用指纹证据技术破获的案件却是在用武塞蒂赫制指纹分析法的阿根廷;虽然英国人和德国人最早在中国实践亨利制、汉堡式指纹分析法,但在中国官方最早学习和采用的却也是来自阿根廷的武塞蒂赫制指纹分析法。

图 4.1　Juan Vucetich(译作胡安·武塞蒂赫,又译作佛斯谛克)

如前所述,武塞蒂赫本人曾亲自前往中国传授其发明的指纹技术,但恐因译名不同或史料研究不详,这段历史被许多研究忽视。

据民国《政府公报》所载：

为呈报事，本部前准外交部函称，奥人佛斯谛克来华游历贵部，有欲研究指纹者，请来部晤谈等因，荆华等当奉令前往，嗣又奉令偕同监狱司及北京监狱，各员组织指纹研究会，敦请佛氏到会，讲演练习一周有余，大致略能明晰。兹将佛氏指纹法大要分项报告于后。敬乞次总长鉴核此呈。

中华民国二年五月六日①

文中并未提及"奥人佛斯谛克"的原名，但笔者经比对原名、指纹方法和查阅武塞蒂赫个人档案，可以确信文中"奥人佛斯谛克"即武塞蒂赫。然而很多关于指纹学历史的研究并未将该比较重要的信息与武塞蒂赫指纹分析法的发明信息关联起来。或许是认为世界第一位应用指纹证据技术破获案件的警务科学家来中国传授其技术的信息并不重要；或许是因为中文译名杂乱，两者之间难以产生联系，对此，笔者不得而知。但武塞蒂赫当时的到来的确影响了中国近代历史的发展轨迹，尤其是掀开了中国证据科学发展的崭新一页。

更令人感兴趣的是，武塞蒂赫为何恰巧在此时来到百废待兴的中国？阿根廷与中国遥遥相望，北京与布宜诺斯艾利斯的直线距离约为 19,290 公里。即使在当下，来往两地也是非常遥远的距离。我们很难想象在交通并不发达的 20 世纪初，两个国家是如何联系并开展技术交流的。那么武塞蒂赫来华的理由和动机是什

① 《司法部监狱司司长田荆华等呈司法部造具指纹研究会报告书请鉴核文》，载《政府公报》1913 年第 423 期。

么？或许是因为他想来到世界上最早将手印纳入证据体系的国家考证史实，传播他的技术；或许是因为天津奥租界的设立为其打开了窗口；或许二者皆有。1913 年 4 月 16 日阿根廷当地一份报纸的报道不仅与上述《政府公报》关于武塞蒂赫传授指纹证据技术的信息相互印证，而且见证了中国与阿根廷技术交流的历史。

> 随着中国政府采用他的指纹分类鉴定系统，胡安·武塞蒂赫又一次取得了成功。昨天，我们(阿根廷)内政部长收到北京的一封电报，称中国在中国司法部的协助下正式开启指纹鉴定工作。[①]

这则中国采用武塞蒂赫制指纹分析法的报道，也被阿根廷学者视为该指纹分析法在南美洲之外的世界其他国家传播的重要证据。[②] 我们也可以看到，跨国交流客观上为中国融入世界打开了窗口，加速了中国融入世界的进程。中国近代指纹证据技术的学习与发展，几乎与世界指纹证据技术前沿国家同步。

前述《政府公报》还有一个信息值得关注，即称武塞蒂赫为“奥人”，其实则为在克罗地亚出生的阿根廷人。这致使当时很多研究和官方文件都出现学习“奥人佛斯谛克指纹法”的错误信息。那么这一信息是否是导致随后中国历史上第一位具有留洋法学博士学位的警察——俞叔平，赴奥地利学习警政的缘由？如果答案是肯定的，足见在涉外文献和名称研究中标注原名的

---

① *La Dactiloscopia Argentina en China*, La Prensa, 16 de abril de 1913.

② Mercedes García Ferrari, *El gabinete de Juan Vucetich: un laboratorio de experimentación, La Plata, Argentina*: 1891 - 1901, Estudios Interdisciplinarios De América Latina Y El Caribe, 2016, 27(2).

重要性。

司法部在听取武塞蒂赫讲解后,立即在京师监狱开展指纹登记的试点工作,并制定中文学习手册,开始在全国司法系统推广武塞蒂赫制指纹分析法(见图 4.2)。

图 4.2 司法部指纹讲习会摄影

图片来源:《司法部指纹讲习会摄影》,载《司法公报》1913 年第 8 期。

二、官方办学

得益于清末建立的警察学校、司法讲习所等教育基础,指纹证据技术首先在官办学校中开始传授。

(一)司法官培训

司法部使用指纹证据技术的时间相对较早。在京师监狱试点工作开展的同时,指纹证据技术成为新组建的中央司法讲习所的重要课程之一。1914 年司法部拟定《司法讲习所规程》并得到大总统的批准,中央层面的检察官和法官培训机构——司法讲习所成立。具有留日背景的著名法学家余棨昌为司法讲习所第一任所长。余棨昌邀请了许多日本法学家来华授课。可见日本当时对中国司法系统之影响,而且直接影响到后面司法部门指纹证据技术的选用标准。依据《司法讲习所规程》的规定,司法讲习所学习的最初课程包括指纹法、法医学、证据法规比较研究、心理学等课程。① 足见当时对指纹证据技术的重视,该项技术已成为司法官员的必学课程。值得一提的是,司法讲习所的授课对象是法官和检察官,其在 1915 年扩招时曾将各级刑幕和警察官吏纳入,但随即遭到批评,政府也立即取消了警察官吏的报名资格。这说明民国时期司法官和警察在教育上,包括指纹证据技术的传授上是完全分开的。

司法讲习所仅存在了 7 年,后被司法院司法储才馆法官学校(1926 年成立)、司法行政部法官训练所(1929 年成立)、中央政治学校法官训练班替代。但自其设立之后,近代中国的法官养成制度才基本成型,且在其培训课程之中,不乏指纹学等证据调查技术内容。② 可见,民国时期的司法官员是要求懂些指纹证据技术的。

(二)警察培训

1. 指纹学为警官教育必备课程

民国政府在接收京师高等巡警学堂将其改为警察学校的同时,通令各省停止办理地方高等巡警学堂或警察学校,且严格禁止私办警察学校,③以图结束各省警察培训不一致的状态,统一全国

① 参见《法令:司法讲习所规程》,载《司法公报》1914 年第 1 期。

② 参见李启成:《司法讲习所考论——中国近代司法官培训制度的产生》,载《比较法研究》2007 年第 2 期。

③ 参见《中央文牍:内务部咨各省都督民政长请将私立警察学校改为法政专门学校并查照定章办理文》,载《浙江公报》1913 年第 365 期。

警政。鉴于1915年警察学校在校培训结束后，中央层面尚无警官教育机构，亟须短期内为中央培养警务人才以分派各省统一警政。1915年1月，民国政府制定《地方警察传习所章程》，设立地方警察传习所，另各省咨送学员，开展警察培训。“本所设立宗旨，地方之现状应时势之要求，务期实际适用，为整饬地方警政之计划，特于中央设置地方警察传习所，调取各省警务人员养成地方警察模范，俾全国警政逐渐改良为目的。”①地方警察传习所并非严格意义上的中央警察教育机构，而具有明显的临时性、师范性特征。它以“传习所”这种培训模式，短时间内迅速培养了一大批符合中央要求的警务人才派往各省，弥补了民国初期中央警察教育的真空状态。而这些警务人才回到地方后亦可将最新的知识和技术传给基层警察。由此可见，传习所培训的课程必为当时各地警察实务所需，学习之重。其中，指纹学被认为是“现代警察”的必掌握内容，“以资传授至各省警界，传授方法即由本部在地方警察传习所内添授指纹一科，俾各学员毕业返省普及传习，以便实行在案查指纹一法为司法警察侦探上必须之学科”。② 足见当时对指纹证据技术之重视。

1916年12月第一批学生毕业后地方警察传习所即取消。在取消之前，民国政府颁布《各省警察传习所章程》，要求各省于省会设立传习所以培养地方警察模范人才，快速推广基层警察教育。从而实现统一警政、传播技术的目的。当时为何中央的地方警察传习所仅办一期即取消？其实是从“传习所”形式改为学历教育，即改建警官高等学校。“传习所”形式虽然短而快，但毕竟不是规

① 《内务部呈准地方警察传习所章程》，载《浙江警察杂志》1915年第18期。

② 《公函：内务部致司法部请派娴习指纹法人员赴警察传习所讲授函》，载《政府公报》1916年第254期。

范化、系统化的警官教育，难以从基础上全面培养高层次的警务人才。1917 年，内务部警政司长王扬滨与科长李升培、胡存忠等按照 1912 年警察教育统一计划，将中央的地方警察传习所改为警官高等学校(1928 年南京国民政府执政后，称为内政部警官高等学校)。该校学制分为三种，即正科(三年毕业)、专科(两年或一年半毕业)、讲习班(三个月毕业)。该校在建校之初便在正科课程中设指纹、法医、照相等刑事证据调查技术课程，也即自 1917 年警官高等学校建校起，指纹学就被作为警察学历教育的基础课程内容(见图 4.3)。

图 4.3　浙江警官学校学生刑事实验

图片来源：《本校刑事实验摄影之二(指纹分析)》，载《警光季刊》1935 年第 2 - 3 期。

1928 年，随着国民政府政权的逐步稳固，浙江警官学校开始设立。限于当时的历史政治环境,中央警官学校成立之前,浙江警官学校与内政部警官高等学校同时承担起全国警察高等教育职能。浙江警官学校共设置正科、速成科、警官训练班和巡官训练班。其中,指纹学同样为正科警政类课程的必修课程。在 1936 年合并为中央警官学校之前,该校同样为警察机关尤其是杭州省会警察局指纹室作出较大贡献。

2. 指纹技术专业的独立设置

除正科外,尤其值得注意的是,警官高等学校于 1920 年 9 月 30 日呈准设立指纹技术专科。指纹技术成为警察教育中的一个独立专业。根据中央警官学校校史所载,其原因为:内政部警政司以警校教授科目,仅注重普通学术,尚不足以应付实际需要,由于警察职务范围甚广,专门技术尤裨实用,于是于正科之外,添设指纹技术专科。

指纹技术专科学员由各省就警察机关实职或差务人员,均为现役警察(①须年在二十岁以上,三十五岁以下,担任警察一年至三年,暨法政一年至三年毕业者;②须年在二十岁以上,三十五岁以下,现充警察机关实职或差务人员,具有相当学识或经验者,由各省选送到部复试入校,仍留原俸原职)。指纹技术专科课程除采用正科部分警察课程外,加授专门课程。专门课程包括指纹法术、指纹法论、个人识别法、刑法、侦探学、司法警察和警察法令。1921 年 2 月指纹技术专科正式招生,初招 120 人。1922 年夏,第一期指纹技术专科培训结束,李庆鑫等 97 人被分发各省实习一年,期满以警察官署技正、技士补用。这意味着当时该专科培训并非 100% 肄业,存在一定的淘汰率,要求比较严格。

指纹技术专科对中国指纹证据技术的传播影响极其深远。该专科总共办了三班,培养毕业生324人,均分配于各省市警察机关。因其所教授的内容为亨利制指纹分析法,所以许多警察机构在创设指纹部门时采用该方法,如首都(南京)警察厅在创设指纹室时,考各国指纹制度不同,“国内之指纹专家,亦莫衷一是。嗣引内政部警官高等学校,以前设立之指纹专科,系讲授英国之亨利制,毕业者约三百余人,物色该项人才较为容易。乃决采用亨利式”。①

图4.4 夏全印像

但是缘何将指纹证据技术独立设置为一门专业培养专门人才?这在当前也并未受到如此重视。究其原因,主要为该专科创始人夏全印之努力和影响。可以说夏全印为中央层面警察教育与实践中引入和发展指纹证据技术的第一人。

三、遣员学租界

为了在警察系统组建指纹证据技术部门,将该技术应用于侦查实践,1918年京师警察厅警察总监吴镜潭派遣夏全印、惠洪至上海公共租界巡捕房手印间,学习指纹证据技术。1919年夏全印学成归京,任职于京师警察厅,同时担任警官高等学校指纹技术专科主任教员。自此,在夏全印的推动下,指纹证据技术借助警官高等学校毕业生在部分城市警察部门推广起来。夏全印于1922年将指纹技术专科讲义编著成《指纹学术》一书,在序言中写道:“搜

① 《民国二十二年之建设》,正中书局1934年版,第41-42页。

罗英美法日德奥俄等国各种指纹专书，积学所得共成一册。”但查其内容，其介绍的是亨利制指纹分析法。

史料中并未有对惠洪的较多记载。从著书立说和专业影响上来看，夏全印为中央警察部门派往租界学习和推广指纹证据技术的第一人并无不妥。但是问题是内务部警察部门最早向司法部学习指纹证据技术，从时间上推断，地方警察传习所所教授指纹证据技术的内容应当为武塞蒂赫制指纹分析法。但是，为何要向租界学习指纹证据技术呢？

司法部门与警察部门对指纹证据技术的实践需求并不相同。从司法部对指纹证据技术的试点工作来看，司法部门主要将其运用于监狱系统的指纹登记中，与警察部门的实际需求存在较大差距。于是，“中央政府拟仿照上海工部局办法，于全国各警察蜀试行指模印，亟应实心考求以为京师警察厅试行指纹印之准备，将来仍需设所传习各省警察人员，俾得推行各省。夏惠两君现在正搜集各国关于指纹印法之著作，编辑一指纹印法论说，以供各省之研究云”。[①]

由此可见，民国时期警察部门指纹证据技术的实践最早以上海租界为模板。遣员学租界开启了警察部门发展指纹证据技术之路，同时吸引了不少后来者纷纷前往租界学习，如刘紫菀、王曰叟、李怡通[②]等分别前往上海公共租界、法租界巡捕房学习指纹证据技术。一些警察部门在组建指纹证据技术部门时，也直接聘用具有相关工作经验的人选。例如上海市公安局组建指纹部时，

---

① 《警员学习指模印之近闻》，载《新闻报》1919 年 3 月 31 日，第 9 版。

② 参见《上海公共租界工部局总办处关于国民党汉口市第三特别行政区公署拟派李怡通来工部局捕房学习指印检验事》，上海档案馆，档案编号：U1 - 3 - 3419。

其情形是“近以泰西各国警务当道对于案犯之指模研究不遗余力,英法捕房均设有专科,查现充本局第三科书记之宋云涛及前在公共捕房办理指模专员许某于指模一科颇有心得……现已委任许某为指模部正主任、宋云涛升任科员,为该部副主任,仍驻公安局第三科,专任犯人指模事务,业已到差视事”。[①] 在1947年全国警察部门统一指纹证据技术之前,各地实践亨利制指纹分析法的部门已占相当大的比例。这或许也是为最终选择其作为统一标准的重要原因之一。

四、派遣留学生

清末新政之时,中央政府派遣留学生赴日学习警务的举措随着办学自主权的收回戛然而止。“中央警察教育,自光绪二十七年至民国十七年,前后计二十余载,虽培育不少警察专才,但迄未选送学员赴国外留学。”[②]但各地陆续选派和自主赴日学习警务,尤其是学习法政的留学生并不在少数。这里主要考察分析中央警察教育建立之后的留学生选派状况。

1930年4月,内政部警官高等学校接受毕业生林凤楼提议开始选拔优秀学员赴日本留学,并成立留日警官讲习班,每年挑选十人保送日本内务省警察讲习所(后成为日本警察大学)留学一年。首都警察厅与警官高等学校同时选派五名现职的有警察学识和经验的警官赴日留学。该五名警官为警官高等学校、浙

① 《公安局新添指模部》,载《时报》1929年4月23日,第5版。

② 但笔者根据刘紫菀《中华指纹学》自序,1926年其留学于日本警察讲习所学习指纹技术,1928年归国。也即,除中央警察教育外,地方警察学校或其他单位亦有派遣留学生之举措,但因人数较少,史料不全,暂未统计。

江警官学校和中央军校宪警班毕业生。但限于当时政局不稳，公派赴日本留学仅办了第一批，便因经费和政治考虑等问题未能继续举办。

几乎与内政部警官高等学校派遣留学生同时，1930 年春季浙江警官学校开始选派留学生出国深造。据记载“朱家骅先生之创办浙江省尽管学校，以锐意革新警政为鹄的，故采纳民政厅奥籍警政顾问辛特莱(Sindler) 与莫克(Muck) 二氏之建议，在正科第一期同学毕业时，考选成绩优秀者三十人，分派赴日本与奥地利两国留学，学其所长，期为今后警政改进之张本”。与内政部警官高等学校不同的是，浙江警官学校不以日本为唯一派遣留学生目的国，而同时面向日本、欧洲、美国等国家和地区。1930 年春，毛文佐、俞叔平等正科一期 10 人考取浙江省官费赴奥地利维也纳警政学院学习；同时有 20 人考取浙江省官费赴日本内务省警察讲习所学习，1 人自费前往，但因 1932 年淞沪会战而提前结业回国。1933 年，正科二期的范学文公费赴德国勃莱斯劳大学攻读化学。1936 年春，冯文尧等正科三期 4 人考取公费赴德国国家警察学校学习，1938 年奉召回国参加抗日战争。其中俞叔平 1934 年秋再度官费赴奥地利留学，入维也纳大学法律系。1938 年获法学博士学位，后任中央警官学校(重庆) 实验室主任、考试院法规委员，1947 年任上海市警察局局长。① 冯文尧于 1945 年秋又赴美国密西根州立大学、肯塔基州路易维尔大学、南加州大学研究警政。

① 参见王伟:《中国近代留洋法学博士考(1905—1950)》，上海人民出版社 2011 年版，第 344 页。

1944年1月,[①]徐圣熙(正科一期)、朱光熙(正科二期)、萧家璧(正科三期)、刘德耀(正科四期)、梅可望(正科五期)5人为第一届中央警官学校公派留学生,全部赴美留学。分别去往美国国立警校、纽约市警官学校、美国西北大学交通研究所、华盛顿州立大学警察学系。自1944年至1947年,共公费派遣三届留学生24人赴美留学。数人自费赴美留学,1人(何劲洲)赴加拿大留学。也即,据记载,自1936年中央警官学校建立后至1949年以前,公派留学生除1人赴加拿大之外(自费公费不详)均赴美学习警务。(见表4.1)

表4.1　中央警察教育机构公费派遣留学生目的国统计(1930年至1947年)

年份	日本	奥地利	德国	美国
1930	10人(内政部警官高等学校)+20人(浙江警官学校)	10人(浙江警官学校)	0	0
1933	0	0	1人(浙江警官学校)	0
1936	0	0	4人(浙江警官学校)	0
1944	0	0	0	5人(中央警官学校)
1945	0	0	0	10人(中央警官学校)
1947	0	0	0	9人(中央警官学校)

① 原文刊为“民国三十六年一月”,与后文“于三十四年底及三十五年夏先后返国服务”矛盾,后查徐圣熙在《指纹学》中的自述,应为1944年赴美留学,可见,原文刊印时间有误。

而在这些留学生中，4 人获得博士学位。其中俞叔平获法学博士学位，范学文获化学博士学位，叶霞翟（自费留学）在威斯康星大学政治学研究院获博士学位，苏寿祖获得政治学博士学位。

从中央警察教育机构公费派遣留学生的目的国统计中，我们可以明显看到：1932 年以前日本为第一选择国，其次是奥地利；1933 年至 1936 年，德国为第一选择国；而 1944 年以后至 1947 年（1946 年、1948 年未派遣公费留学生），公派公费留学生目的国均为美国。可见，在 1932 年以前，日本对中国警政的影响最为深刻，是中国学习西方的样板；而在 1932 年之后，德国（当时日本主要学习德国）对中国警政的影响较大；1944 年后，美国对中国警政建设的影响最为广泛。结合历史背景，其中的原因并不难分析，主要是国际局势、外交战争、执政者背景等多个因素影响。然而，问题是这些不同国家间的法律制度文化，尤其是指纹证据技术的标准并不相同，这在一定程度上造成了各地警察部门实践指纹证据技术的不同。从中可见，留学生目的国的选择对司法、证据科学发展之影响。

五、国内与国际交流

因为指纹证据技术的教育培训和早期推广，近代指纹职业团体逐渐形成发展。夏全印于 1922 年在北平成立全国首个指纹学会。1929 年，刘紫菀于南京成立“中华民国指纹学术研究会”，7 月 1 日召集会员 200 余人，时任中央军校教育长的著名爱国将领张治中为名誉会长，张元枚博士、汪大燧硕士、法国人沙赛尔等为高等顾问,蔡元培、夏勤等为董事。[①] 该研究会以研究中外各国指纹学术与促进中华全国指纹建设为宗旨。至 1930 年,该研究会会员达 800 余人。职业团体的形成有力地推动了指纹证据技术的传播和发展(见图 4.5)。

图 4.5　中华民国指纹学术研究会上海分会成立大会摄影(1929 年 10 月 27 日)

据史料记载,民国政府在发展指纹证据技术的同时,还参与了国际相关业务的交流与合作。1923 年 9 月维也纳会议决定成立"国际刑事警察委员会",有 20 多个欧洲国家警察参加。时任江西省警察长的王固磐当选为委员,这对指纹技术起到了重要的推广作用。[②] 1930 年江苏省警官学校校长汪大燧"奉中央命,赴巴黎代表出席第五届国际警政会议,并考察欧洲各国警政"。[③] 重点考察法、英、比、荷、德、奥、意诸国之指纹学。

---

① 参见《指纹学术研究会成立》,载《法界》1929 年第 2 期。

② 参见徐同详、张瑞:《民国指纹分类演变考》,载《江苏警官学院学报》2014 年第 3 期。

③ 刘紫菀:《中华指纹学》,上海法学编译社 1937 年版,汪序。

六、个人研究传播

人类历史是一定时间的人类活动集合体。个人因素在历史发展过程中的作用始终不能忽视。而且个人的努力在近代指纹证据技术传播过程中甚至起到了关键性的作用。笔者试举三位非官方所派或非职责所在,凭借个人研究努力对推动我国近代指纹证据技术传播和发展作出突出贡献的指纹专家,以明之。

(一)夏勤

夏勤是近代著名的法学家、司法官员,同时可能是最早编著指纹学著作、在高等学校讲授指纹学的指纹专家。但或因其检察官的身份,被当前大部分侦查学、警政学等学科历史研究所遗漏。

有学者指出"民国七年(1918 年),由香港警察局警员伍冰壶撰写的指纹学专著《指纹法》出版……该书是我国第一部完整、系统的指纹学术专著"。[①] 笔者查阅《指纹法》(伍广益金山庄 1919 年版)尾页,有刊"中华民国八年六月初版"字样。有内务部 1919 年 9 月 29 日呈报的《呈一件呈送指纹法请注册给照由》即申请刊印的批文佐证。[②] 可见该书实际出版日期应为 1919 年 6 月。然而,查夏勤编纂的《指纹法》(北京东四牌楼汪家胡同发行,1918 年版)一书,尾页有刊"中华民国七年三月十日印制"字样,即该书出版于 1918 年 3 月 10 日。《北京大学日刊》1918 年 5 月 15 日载"夏勤先生学术淹博,尤精法理,近以经验与研究之所得,著

---

① 沈国文、徐同祥编著:《中国指纹史》,中国人民公安大学出版社 2015 年版,第 330 页。

② 参见《内务部批第五四三号》,载《政府公报》1919 年第 1319 期。

有指纹法一书准於暑假前出版”。与该书出版年份相佐证。查阅该书内容,共97页,分7章介绍了指纹法的概论、沿革、分类、符号、捺印、存查、实例等内容,较为完整、系统。因此,笔者认为前述观点并不精确。从现存史料上看,夏勤编纂的《指纹法》可能为我国第一部完整、系统的指纹学术专著,那么夏勤则为编写指纹学著作的第一人。

图4.6 夏勤像

然而,令人惊叹的是,他本人并不是官方派遣到国外学习警务的人员,之所以将指纹证据技术引入国内,完全是出于个人原因。夏勤(1892—1950年),原名夏惟勤,字敬民,江苏泰州人,1908年至1912年入京师法律学堂。在校期间,深得总教习江庸、教习汪有龄、大理院院长余棨昌的赏识。[①] 1911年赴日本中央大学留学,毕业后在东京帝国大学刑事法学研究室研究刑法。1917年归国后,任京师地方检察厅检察官。此后,夏勤历任京师高等审判厅庭长,大理院推事,总检察厅检察官、首席检察官,最高法院院长兼刑事庭庭长等。他还曾先后兼任朝阳大学、北京大学、国立中央大学、中央政治大学、陆军将官训练班、司法院法官训练所等教育机构的教授。留日期间,夏勤参观了日本巢鸭监狱,该监狱所使用的指纹登记法带给他极为深刻的印象。“指纹

① 参见程波:《“法学津梁”——法学家夏勤与朝阳大学》,载《朝阳法律评论》2009年第2期。

不同以证罪”，足以使犯罪嫌疑人“不讯而服、不判而决”，比当时我国刺面和西方许多国家的人身测量法更为科学，夏勤如获珍宝，于是“综览东西众籍，创为指纹法一编，藏之箧中，归国后，讲学京中各校”。[①] 把其藏于箧中归国，可见其中曲折与其爱国之心，令人钦佩。

可惜的是，现有史料中很少有关于夏勤在当时推广指纹证据技术的具体记载。但从《指纹法》一书在当时成为朝阳大学、北京大学等著名法学院校教材，可见其贡献与努力。郁嶷评价夏勤“所著指纹法一书，本其经验，宏阐理蕴。既为海内所称颂，而于刑法和刑事政策，肆力专攻。洞烛行微，节解枝莞，微引精博，亦将以次响”。[②] 或许是夏勤在理论法学研究中的杰出贡献遮盖了其在指纹证据技术推广中的努力，因而为多数指纹学历史研究所不识。但在1936年内政部与司法行政部决定聘请三位全国知名指纹学专家成立指纹调查委员会时，夏勤不仅为其中一员，而且名列最左，[③]为司法行政部权威专家，足见其在当时指纹学研究领域之地位和影响。

但是借助知网平台检索学术界关于夏勤的相关研究，均为理论法学领域；而在侦查学、警政学、指纹学或物证技术学等相关学科的近代历史研究中，未找到关于夏勤的介绍。由此可以窥见，关于侦查学、警政学、指纹学、物证技术学等学科领域的近代史研究，往往着墨于对近代警察的研究，而遗漏对理论法学家，尤其是清末

---

① 夏勤：《指纹法》，北京东四牌楼汪家胡同1918年版，自序。

② 夏勤、郁嶷：《法学通论》，朝阳大学出版部1919年版，第2页。

③ 参见《公函：内政部、司法行政部聘书：零零一三八零号、公字第二四四号（二十五年三月二十八日）：函聘夏勤等为指纹调查委员会专门委员由》，载《司法公报》1936年第107期。

民初的侦查权主体——检察官的研究。同样地,理论法学尤其是诉讼法学、证据法学的研究,不可忽视对侦查学、警政学、物证技术学等行为法学研究成果的了解。证据科学为司法价值实现的重要方式,理应成为法学研究体系中不可或缺的重要内容。

(二)伍冰壶

伍冰壶的《指纹法》虽然比夏勤的作品晚了一年出版,但它是近代第一部介绍亨利制指纹分析法的专著。而且令人钦佩的是伍冰壶编撰该著作的原因,与夏勤一样非出于官方指派,而是出于个人的爱国之心和民族情怀。伍冰壶自述其任香港"侦探部通译,兼掌指纹事至今十有余年矣……苦思积虑,将十余年之经验,折衷于诸家学理,辑为是编,以饷祖国"。[①]

图 4.7 伍冰壶像

伍冰壶于 1917 年至 1928 年间,在香港警队担任四等文员。[②] 伍廷芳视其为宗侄,为其作序。翻阅该书,同时对比 1900 年亨利的《指印的分类与功用》,伍冰壶不仅将亨利原著翻译成中文(书中图例多摘自英文原版),而且借助当时香港指纹证据技术的实践资源,将亨利制指纹分析法的具体操作方法、编号方法、指纹纸保管方法以及其在我国香港的实践情况等悉数收录于

① 伍冰壶:《指纹法》,伍广益金山庄 1919 年版,自序。

② 香港特别行政区政府新闻公报,载 https://www.info.gov.hk/gia/general/199906/19/0619065.htm,最后访问日期:2019 年 10 月 30 日。

其著作之中。该书在内地的出版传播,对全面深入地了解亨利制指纹分析法和其在我国香港地区的实践情况具有重要意义。

(三)张元枚

史料中关于张元枚的介绍并不多,而且并未查到其有关指纹学的著作或文章。但在近代报刊中,张元枚曾被称为“中国第一指模专家法学博士”。[①]

图 4.8　张元枚像

张元枚,字亮吉,江苏江阴人,1922 年毕业于东吴大学法科,随后作为该校留学生赴美国密西根大学攻读法治硕士(L. L. M)学位,毕业后转到底特律法学院取得法律博士(J. D.)学位。[②] 1926 年回国后在上海等地从事律师业务。时任学者称,上海律师中擅长指纹学者唯有张元枚律师。[③] 1934 年,张元枚被聘为复旦大学法律系法学教授,作为仅有的几名法学教授之一,讲授犯罪研究和监狱学。

之所以称其为“中国第一指模专家”,经查询,是因为张元枚在 1925 年读取 J. D. 学位期间,曾赴加拿大参加万国指模师周年大会,并发表演讲,成为万国指模师会正式会员,因此,华人中被举入会者以张博士为第一人。[④] 是否名副其实,可能有吹捧之嫌,限

① 参见《指纹专家由美返国》,载《民国日报》1926 年 9 月 24 日,第 6 版。

② 参见王伟:《中国近代留洋法学博士考(1905—1950)》,上海人民出版社 2011 年版,第 76 页。

③ 参见持平:《指纹学在法律上之重要》,载《福尔摩斯》1929 年 11 月 8 日,第 2 版。

④ 参见《指纹专家由美返国》,载《民国日报》1926 年 9 月 24 日,第 6 版。

于资料有限,无从考证。但笔者后来查到,学者毛起鹏在论及指纹学之基本概念时,多列举张元枚的学说以为凭证,[①]可见其学术影响和地位也不小。而且作为复旦大学法律系少有的法学教授,从其犯罪研究和监狱学的课程来看,他对近代指纹证据技术的传播起到了重要推动作用。

杰出人物的出现及其在历史上的作用,体现了历史发展必然性与偶然性的统一。所谓的杰出,不同的角度依然有不同的评价标准。就近代指纹证据技术传播而言,以上三位学者是杰出的。此外,还有夏全印、王曰叟、刘紫菀、俞叔平等人,他们对指纹证据技术推广之贡献不应该为历史发展和学术史研究所忽视。

第二节　指纹证据技术的实践情况

法律的生命在于实施,证据科学的价值在于司法应用。尤其是近代法制大变革时期,新法的颁行,拷讯的废除,使得对新证据科学技术应用的渴望极为强烈。甚至毫不夸张地说,以指纹证据技术为代表的新证据科学承载了近代司法改革和近代法制文明转型的希望。“以愚见观之,指纹法当为司法界之重要学科,凡法庭检察裁判监狱其须用指纹之处甚多。”[②]孙中山先生甚至认为在国民党党员和公民身份证件中都需要应用指纹证据技术。他在1914年12月5日《批释加盖指模之意义》中指出:“故第三次成功之后,欲防假伪,当以指模为证据。盖指模人人不同,终身不改,无

---

① 参见毛起鹏:《指纹学之基本概念》,载《社会科学杂志(上海)》1930年第4期。

② 夏全印:《指纹学术》,光华美术印刷公司1922年版,刘邦骥序。

论如何巧诈,终不能作伪也,此本党用指模之意也……总之,指模一道,迟早要盖,今日为党人不盖,他日为国民亦必要盖。"足见民国时期对指纹证据技术应用之重视。

民国时期指纹证据技术在证据调查中的应用主要在司法行政部门和警察部门。因此本节主要从这两个领域并结合个案和问题考察和总结这一时期指纹证据技术的实践情况。

一、司法行政部门

民国时期的侦查权由隶属于司法行政部门的检察官行使。检察官为法定侦查权的主体,进行证据调查。虽然检察官在司法官职业培训时也学习指纹证据技术的内容,但由于其以公诉监督职权为主且人员有限,实际上证据调查工作多由司法警察完成。而司法行政部门对指纹证据技术的应用主要在监狱管理上,并由各省监察厅督办。

(一)实践原因

监狱系统最早实践指纹证据技术的缘由并不难理解。因为指纹证据技术得以应用的前提是获取能够进行指纹比对的样本和检材。因而,能否建立指纹样本库,以及样本库范围的有效性,决定了指纹证据技术是否能够应用及其得以应用的程度。在近代的证据科学条件下,获取潜在犯罪嫌疑人的指纹样本如同大海捞针。但是,从犯罪心理学的角度分析,依据心理强化理论,原有犯罪心理会经过犯罪行为的实施、犯罪体验的加深、犯罪经验的积累而得以巩固和加强,从而很容易再犯罪。对此,中国传统司法实践中有刺面、割耳等方法惩罚犯人、识别再犯。但人的面相可改,名字可改,指纹证据技术恰恰可以解决这个难题。

同时依据《暂行新刑律》[①]第19条:“已受徒刑之执行,更犯徒刑以上之罪者,为再犯。加本刑一等。”《刑法草案》第65条:“受有期徒刑之执行完毕,或受无期徒刑,或有期徒刑一部之执行,而免除后五年内,再犯有期徒刑以上之罪名者,为累犯。”再犯、累犯需要加重刑罚。但是在证据调查之时,或在公诉审判活动中如何发现犯罪嫌疑人为再犯、累犯的证据,成为该法律条款能否实现的关键所在。因此,首先获得在押犯人的指纹样本,不仅针对性强,操作相对方便,而且对发现再犯、累犯的法律意义重大。于是,指纹证据技术的应用首先在监狱系统广泛开展。

(二)监狱试点

1913年4月,司法部监狱司司长田荆华在组织听取武塞蒂赫的讲解后。随即组织指纹研究会,于5月呈报《司法部监狱司司长田荆华等呈司法部造具指纹研究会报告书请鉴核文》。[②] 司法部旋即发布《司法部训令北京监狱实行研究指纹学以促进刑事审判改良文》,令京师第一监狱“试办佛斯谛克(武塞蒂赫)制指纹法”,开启了近代指纹证据技术在中国的官方实践历程:

> 本部前准外交部函称,奥国驻华公使函称有阿根廷警长佛斯谛克为指纹学大家。今兹游历来华,愿与中国研究斯道者晤谈,请派员来部接洽等因,当即派司长田荆华等前往晤谈。嗣又令饬监狱司及北京监狱各员组织指纹研究会,敦请佛氏到会讲演。兹届研究期满,该会呈报前来于佛氏指纹大

---

① 民国时期北洋政府于1912年4月30日颁行。

② 参见《司法部监狱司司长田荆华等呈司法部造具指纹研究会报告书请鉴核文》,载《政府公报》1913年第423期。

旨，略已得其要领。查指纹一事，实为个人识别最良之法，其适用之广，例如户籍登记，及其余各种法律关系皆可藉指纹以证明人格，而于刑事政策关系尤非浅鲜，唯应用指纹法于一般国民，各国多经立法机关通过法案方可施行。兹特自司法一部先行试版，以促进刑事审判之改良步趋学术竞争之大势。为此，令饬北京监狱按照讲习所得根据学理，参酌情势，着手实行，以观后效，并将施行之成绩随时报部，以副本部改良刑事整顿司法之至意。此令。

中华民国二年五月二十七日 司法总长许世英[①]

司法部批令："原具报告书监狱司司长田荆华等。报告书悉所称各节于指纹法大要尚属明晰，当即令饬北京监狱即日试办以观成效，此批。"[②]仅 6 个月后，获得 530 名在押犯人的指纹，[③]试点有所成效。

（三）全国展开

1915 年 5 月，民国政府（北洋政府）发布《着手实行指纹法令》令"司法一部先行试办"。[④] 经过对试点工作的考察，司法部发现武塞蒂赫的方法中有规定指纹纸、储藏柜以及指纹记号，尚有不易记忆之处。随后司法部稍加改良，于 1916 年 11 月制定《办理指纹须知》作为指导手册以将其固定、统一下来，以备全面推广。司法

① 《司法部训令北京监狱实行研究指纹学以促进刑事审判改良文》，载《政府公报分类汇编》1915 年第 20 期。

② 《司法部批第三百零四号》，载《政府公报》1913 年第 423 期。

③ 参见王元增：《京师第一监狱报告》，（出版者不详）1915 年，第 61 页。

④ 参见《增订司法例规（下册）》，出版年月不详（书前有章宗祥、张耀增等人序），第 402 页。

部于1916年12月16日发布第三九六号训令《试办指纹法令》,[①]认为指纹对刑事政策的执行意义重大,要求各省高等检察厅检察长转令所属新监狱按照《办理指纹须知》试办指纹法,并将试办的情形随时呈报备案。[②] 这标志着指纹证据技术在中国司法行政机关全面推行的开始。

《办理指纹须知》的影响极大。从严格意义上讲它并不是中国第一部有关现代指纹证据技术的专著。但是它是中国第一本传播指纹证据技术的指导手册。该须知共30页,以文字和清晰捺印的指纹图例等形式,讲述了根据武塞蒂赫制简化的指纹分类、指纹记号、指纹捺印、指纹的储藏和检查方法等内容,规定了指纹纸的格式、指纹柜的摆放计数方法。它成为中国早期指纹证据技术传播的范式和蓝本。

(四)实践成效与问题

《试办指纹法令》颁布后,浙江、江苏、山西、广西、云南等主要省份监狱系统开始学习和实践指纹证据技术。如前所述,监狱系统应用指纹证据技术最大功效在于发现再犯、累犯,甄别犯罪嫌疑人意欲隐藏的身份。这种功效很快在实践中得到验证。例如1927年《呈一件呈报核对指纹发生李长发再犯送院加等情形由》载:"有一名犯人李长发,送交浙江第二监狱执行录入指纹时,发现与曾被判处四等徒刑的张荣生所印指纹种类号数均符合,经比对

---

① 有学者将司法部训令第三九六号与《试办指纹法令》区分描述,原因可能为前者刊登于《政府公报》1916年第344期,后者载于《司法公报》1917年第70期,二者标题不同,且后者有附《办理指纹须知》。经笔者核查,二者内容相同,且后者文中标题有释"《试办指纹法令》五年十二月十六日训令各高检厅第三九六号(登十二月十八日政府公报)",可见二者所述为同一法令。又查《民国法令大全》(商务印书馆编译所著,1924年版),所载该法令标题为《各省试办指纹法令》,亦为同一法令。

② 参见《司法部训令第三九六号》,载《政府公报》1916年第344期。

纹路特征亦无差异，虽然本人予以狡辩否认，但以指纹特征确定为同一人。”①

根据司法部发布的年度报告统计，浙江省在指纹技术推广中成效尤为显著，如司法部 1918 年发布的报告显示，浙江高等检察厅呈报，第一监狱通过指纹技术查处再犯数名，成效尤为可观。② 1919 年 1 月，浙江高等检察厅再报，第一监狱核对方汉卿指纹发现再犯，四月迭据呈报第一监狱发现再犯陈连生、金鸡年、陈阿宝、王得信、陈金奎五名，成效甚有可观。③ 相比之下，1918 年的统计显示，山西、广西、云南等省高等检察厅推广指纹技术稍欠明了，山东高等检察厅办理情形在令其整改后基本符合要求。④ 1919 年报告，江苏吴县监狱办理颇称合法。⑤

从司法部的统计报告中可以看出以下几点问题：其一，报告内容极为简略，缺乏数据支撑，未有实证性统计。仅有的成效统计在数量上也是严重不足。其二，报告所统计的省份极少。一则说明多数省份并未全部按照司法部训令呈报指纹办理情况；二则说明当时可能缺乏执行指纹证据技术应用之人才。可见，受时局影响，或因政令不通，或因教育不足，当时指纹证据技术在全国的推广并不顺利，各地办理指纹技术的步伐也并不统一，如 1918 年浙江高等检察厅已得应用且初见成效，而直至 1925 年，河南第一监狱才开始正式建设。⑥

此外，1916 年《办理指纹须知》中要求采用的是武塞蒂赫制指

① 参见《呈一件呈报核对指纹发生李长发再犯送院加等情形由》，载《浙江省政府公报》1927 年第 93 期。

② 参见《司法部六年度办事情形报告（下册）》，载《司法公报》1918 年第 98 期。

③ 参见《司法部七年度办事情形报告（下册）》，载《司法公报》1919 年第 110 期。

④ 参见《司法部六年度办事情形报告（下册）》，载《司法公报》1918 年第 98 期。

⑤ 参见《司法部七年度办事情形报告（下册）》，载《司法公报》1919 年第 110 期。

⑥ 参见《河南第一监狱附设指纹传习所》，载《法律评论（北京）》1925 年第 102 期。

纹分析法,而前述夏勤在朝阳大学、北京大学等法政学校讲授的为日制汉堡式指纹分析法,再查1932年司法行政部法医研究所一份指纹鉴定书中所使用的鉴定方法亦为日制汉堡式。司法行政部门是否后来又在全国范围内改变所采用的指纹证据技术标准呢?笔者并未查到相关史料。但至少可见,在指纹证据技术的推广实践中标准出现了变动。

二、警察部门

警察部门是民国时期案件侦查任务的实际承担者。中央和地方警察部门对指纹证据技术的应用也极为重视。

(一)中央警察层面

中央警察层面指纹证据技术的学习与应用最初由司法部门主导。"查指纹事项,曾于五年十一月由部(司法部)订定《指纹须知》一书,经咨送内务部交警察传习所讲习。"①前述内务部地方警察传习所初设指纹学课程时,授课教师由司法部派员担任。例如1916年9月13日《公函:内务部致司法部请派娴习指纹法人员赴警察传习所讲授函》载:

> 本年三月十二日,准贵部函称,现拟采用指纹法,亟思与贵部互相讨论一致进行等因到部,当由本部派出佥事李升培等前赴贵部商议,结果拟即采用奥国指纹法,由监狱司撰指纹须知一书,以资传授至各省警界,传授方法即由本部在地方警察传习所内添授指纹一科,俾各学员毕业返省普及传习,以便实行在案查指纹一法为司法警察侦探上必须之学科。惟我国仿行伊始,法界警察尤须取同一之途径。斯应用不涉两歧,现

① 《司法部五年度办事情形报告(下册)》,载《司法公报》1917年第82期。

在警察传习所毕业在迩，拟请贵部派娴习奥国应用指纹法人员，赴所传习，实于司法警察前途裨益匪浅。如邀赞同，即希见覆以便饬所与派请人员接洽，酌定授课班次可也，此敬！[①]

由此可见，中央警察机关起初学习的指纹证据技术为武塞蒂赫制。然而中央警察机关在筹建指纹证据技术部门时，并没有采用此制，而是在1918年派遣夏全印等人前往上海公共租界学习亨利制指纹分析法。也就是说，虽然高等警官学校是在地方警察传习所基础之上建立起来的，但是地方警察传习所设置指纹一科学习武塞蒂赫制指纹分析法后，高等警官学校指纹专科讲授的却是亨利制指纹分析法。从其中转变可以窥见检警关系之变化，我们在最后一章再作探讨。

遗憾的是，夏全印被派往上海公共租界学习指纹的初衷，即在中央警察层面设置指纹技术部门并没有实现。该部门建设计划"未能实行……内务部高等警官学校内添设指纹专科已聘请其为主教矣"。[②] 仅做到在警察教育上开展指纹证据技术的培训。

1937年国民政府内政部警政司计划组建中央指纹局，但因战争搁置。战后，1946年内政部成立警察总署，并接受中美合作所的器材并运到南京开始建设刑事实验室，设有指纹、法医等八组。[③] 指纹组配有指纹捺印匣、尸体捺印盒、手提现场指纹箱、实验指纹箱、指纹照相机、指纹分析镜、血迹鉴定盒等。[④]

---

① 《公函：内务部致司法部请派娴习指纹法人员赴警察传习所讲授函》，载《政府公报》1916年第254期。

② 《指纹学开始研究》，载《时报》1921年2月11日，第13版。

③ 参见《南京警察总署：刑事实验室内幕》，载《大侦探》1947年第13期。

④ 参见陆泉：《警讯：本署刑事实验室参观记》，载《警政导报》1947年第9期。

(二)地方警察层面

民国时期地方警察在学习和实践指纹证据技术时,同样存在标准前后不一的问题,且较为混乱,如司法部1919年度报告显示,江苏警察传习所请江苏吴县监狱代印《办理指纹须知》颁发给学生,以资研究。[①] 这可能是受中央层面地方警察传习所讲授内容的影响。然而到了1922年,也就是高等警官学校设置指纹专科,讲授亨利制指纹分析法之后,江苏警察传习所亦"呈请定印《办理指纹须知》八百五十部以为讲授课"。[②] 这意味着江苏警察在1922年仍在学习武塞蒂赫制指纹分析法。但根据统计,1930年后江苏警察实践中应用的指纹证据技术方法为亨利制;据1933年的调查显示,江苏警察当时多采用中华式指纹分析法。从中可见地方警察实践指纹证据技术过程中的混乱状态。

1. 上海警察最早实践指纹证据技术

从现有资料上看,国内最早设立指纹技术部门的地方警察机关为上海。"侦查犯罪人之手续,尤以鉴别指纹为要素。近闻陆警厅长鉴于指纹一事,关于侦缉,至为重要,当以英法捕房办理完善,即经饬令司法科长遴选干员,分往参观研究,以资借镜,而便日实行。"[③] 1924年3月,淞沪警察厅委任前江苏第二监狱典狱长宝家桢在司法科专办指纹,[④]"凡有人犯,如须送请检厅讯办者,即日起一律盖印指纹"。[⑤] 同时"饬派警员常驻闸北司法科专管犯人指纹事宜,所需纸张药水等费,令该司法科长于罚款项内开支,按月报销"。[⑥] 这

---

① 参见《司法部七年度办事情形报告(下册)》,载《司法公报》1919年第110期。
② 参见《司法部九年度办事情形报告(下册)》,载《司法公报》1922年第163期。
③ 《警厅办指纹事》,载《时报》1924年3月2日,第10版。
④ 参见《警厅委任指纹专员》,载《时报》1924年3月9日,第10版。
⑤ 《警厅开始创办指模科》,载《民国日报》1924年4月5日,第11版。
⑥ 《闸北司法科添设指纹员》,载《民国日报》1924年4月20日,第11版。

是地方警察机关应用指纹技术的开端。

但当时淞沪警察厅的指纹设备较为简陋，且分类贮藏的方法尚不科学。[①] 其采用的指纹纸（见图 4.9）较为特殊，为中英文并用，以便与租界内警察机关交换。可惜的是，在 1927 年国民革命军抵达上海之前，多数指纹档案被损毁，指纹证据技术在上海地方警察的实践曾一度中断。[②]

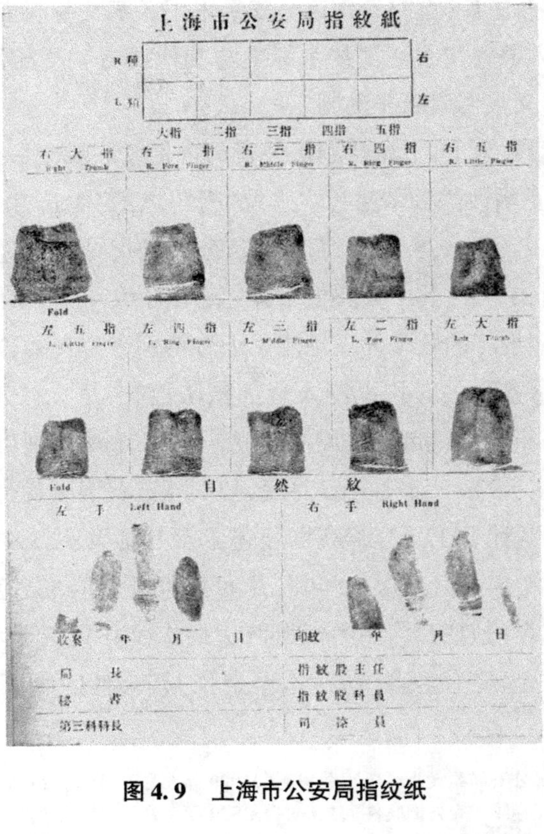

图 4.9　上海市公安局指纹纸

① 参见沈国文、徐同祥编著：《中国指纹史》，中国人民公安大学出版社 2015 年版，第 332 页。

② 参见《指纹识别法之研究》，载《新闻报》1928 年 3 月 8 日，第 19 版。

1927年7月,淞沪警察厅改名为上海特别市公安局,沿袭原来的指纹室编制和方法。1928年,上海特别市公安局内设刑事科,并为指纹室保留了专门的编制和专职人员(共2人)。1929年3月,上海特别市公安局扩充指纹室,在第三科内设指纹股,设主任1人,综理指纹事宜;科员1人,办事员1人,分掌分析、储藏、检查;司捺员2人,专司捺印,书记1人,专司纪录,另设摄影员。但在1929年改组后,上海特别市公安局采用武塞蒂赫制指纹技术,[①]即上海地方警察指纹证据技术标准与其他地方一度相反,先使用亨利制,复又采用武塞蒂赫制。

在实践效果上,上海特别市公安局自指纹股成立后至1929年4月,查出更名改姓隐藏身份之人及"窃犯之王"王长林等再犯、累犯不下50名。[②] 1935年,上海特别市公安局指纹股通过指纹查出再犯、累犯817人,其中查获更名异姓者204人。[③] 但实际上,指纹技术使用和推广的效果并不理想。上海特别市公安局曾反复通令要求全市警察机关对拘讯犯人全部捺印指纹,每日(较远区所三日)将印毕指纹纸送市公安局指纹股。但是,上海特别市公安局业务报告显示,1929年1月至6月底,公安局破获刑事现行犯应付法律决策者,共计1927起,缉获绑匪盗犯及其他要犯339名。而指纹股自1929年3月至1929年6月底共印摄人犯536名。[④] 自通令以来"迄今已逾三月,而各区所队送局指纹共只三百六十余张,其中以第二区署为最多,计送八十余张,其余各区所队自举办以

---

① 参见《公安局添设指纹股》,载《申报》1929年6月15日,第20版。

② 参见《指纹上查处旧案件》,载《时报》1929年9月14日,第5版。

③ 参见上海市政府秘书处编:《上海市行政统计概要》,上海市政府秘书处发行1936年版,第97－99页。

④ 参见《上海特别市公安局业务报告:关于刑事案犯之解送及印记指纹摄影事项》,载《市政公报副刊各局业务汇报》1929年第5期。

来,竟有仅送一二张者,核与各该区所队送局处理案件日报表所载刑事案件,多未捺印人犯指纹,复查一二两区及各分所暨水巡队,亦未曾照前令按日将印毕指纹汇送来局,以致再犯累犯无从稽考”。[①] 无奈之下,1931 年上海特别市公安局再次重申:“近查各区所队认真办理者固多,疏漏不印者亦复不少,合再重申前令加以注意。”[②]然而,甚至到了 1947 年,仍有部分地区不遵规定捺印呈报指纹。[③] 可见实践中,上海警察指纹证据技术推广并不充分,未印、漏印指纹的问题持续存在。

2. 浙江警察

浙江省地方警察机关指纹证据技术实践的时间也比较早,且同时享有警官高等学校和浙江警官学校教育之便利,为指纹证据技术的推广奠定了人才基础。1924 年,浙江省公署发布训令第 2004 号,令警务处、内河外海水上警察厅接收警官高等学校正科第四、五两班,即指纹专科第二班学员,呈明援案分发各省区实习。[④] 1929 年,浙江省会公安局设立指纹股,当年共捺印指纹 2440 份,查获再、累犯 69 人;1930 年,捺印指纹 3624 份,查获再、累犯 212 人;1931 年,捺印指纹 3090 份,查获再、累犯 299 人;1932 年捺印指纹 2846 份,查获再、累犯 355 人;1933 年,捺印指纹 3067 份,查获再、累犯 535 人;1934 年,捺印指纹 4863 份,查获再、累犯 725 人;1935 年,捺印指纹 7401 份,查获再、累犯 1209 人;1936 年,捺印指纹 6092 份,查获再犯、累犯 1342 人。[⑤]

---

① 《公安司催送捺印人犯指纹》,载《民国日报》1929 年 10 月 3 日,第 11 版。

② 《训令:令区所队为饬知认真办理指纹由》,载《公安旬刊》1931 年第 11 期。

③ 参见《事由:为呈报新泾分局不遵规定将刑犯按捺指纹由》,上海档案馆,档案编号:Q131 - 5 - 8972。

④ 参见《浙江省长公署训令第二〇〇四号》,载《浙江警察杂志》1924 年第 86 期。

⑤ 参见《侦缉制度》,载《浙江省会公安局年刊》1936 年。

3. 南京警察

首都(南京)警察厅指纹室开办于 1930 年 7 月,隶属于司法科,设管理员 1 人,技士 2 人,办事员 2 人,捺印警 26 人,均毕业于警官高等学校指纹专科。1931 年 3 月改隶侦探警察队,8 月复归司法科,扩充为指纹股,仍隶属于司法科,始称第三股(见图 4.10)。

图 4.10 首都(南京)警察厅司法科指纹股照片(1933 年)

至 1933 年 8 月底,储存指纹纸共计 32,654 张,因此发现累犯 3696 人。第三股在犯罪现场"发现指纹、掌纹或足掌纹者,不下三十余起,由该项指纹或掌纹而查获正犯者共四起"。① 1930 年,第三股通过指纹发现累犯 427 人,占当年查捕罪犯人数 6.96%;1931 年,发现累犯 576 人,占当年查捕罪犯人数 8.35%;1932 年,由指纹发现累犯 1486 人,占当年查捕罪犯人数 15.43%。② 但可惜的是,受战争影响,"前首都警察厅,于十九年(1930 年)创设指纹室,隶司法科,积贮指纹纸近十万张,事变时悉毁于火,指纹器具亦荡然无存"。③

4. 其他地方

其他地方警察机关开展指纹证据技术实践的时间并不一致。例如较早起步的汉口市公安局于 1931 年在第三科(司法科)添设指纹股,专司捺印及鉴别罪犯指纹事项④(另据浙江省会警察局统计,汉口市实践指纹技术的时间较早,外交部汉口第三特别区市政管理局警察署于 1920 年应用亨利制指纹分析法);湖南省会公安局于 1932 年 4 月组织成立指纹股(见图 4.12);⑤河北省会

图 4.11　指纹照相机(河北省会公安局)

① 净禅:《首都警察厅办理指纹之过去现在与将来》,载《现代警察》1933 年第 2 期。

② 参见中国国民党中央统计处编:《民国二十二年之建设》,正中书局 1934 年版,第 44 页。

③ 南京警察厅:《南京警察概况》,1939 年,第 454 页。

④ 参见《呈请添设指纹股》,载《新汉口:汉口市市政公报》1929 年第 1 期。

⑤ 参见《呈民政厅报告指纹股组办经过情形由》,载《警察汇刊》1933 年第 1 期。

公安局①、天津市公安局②则直到 1933 年 11 月方成立指纹室。其他地方则或成立更晚,或史料未载。

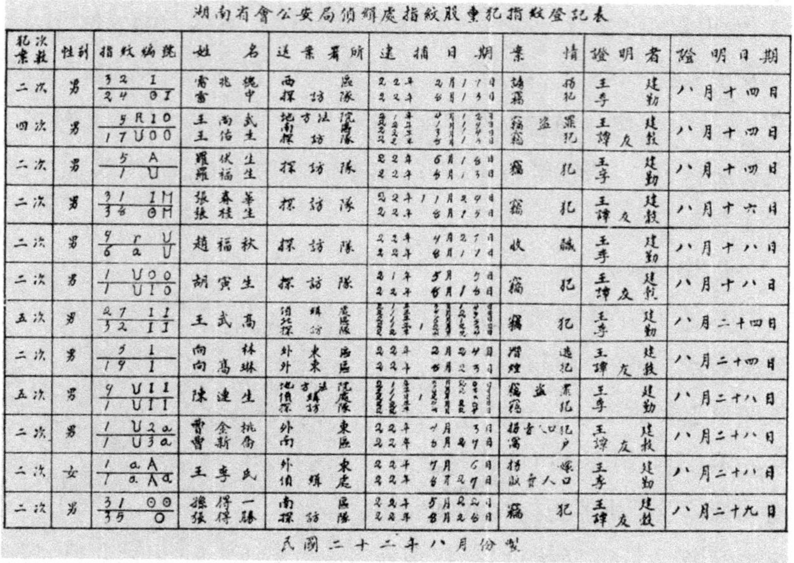

湖南省會公安局偵緝處指紋股重犯指紋登記表

犯案次數	性別	指紋編號	姓名	送案署所	逮捕日期	案情	證明者	證明日期
二次	男	32 I 24 OI	雷兆純 雷 中	西 區 探訪隊	22年 2月17日 22年 6月13日	詐 騙 竊 犯	王 建 李 勤	八月十四日
四次	男	5R10 17U00	王尚武 王佑生	地方法院 南 [illegible] 探訪隊	[illegible]	竊盜 累 竊 犯	王 建 諱友教	八月十四日
二次	男	5 A 1 U	羅伏生 羅福生	探訪隊	22年 6月16日 22年 6月13日	竊 犯	王 建 李 勤	八月十四日
二次	男	31 IM 36 OM	張春華 張桂生	探訪隊	22年11月29日 22年 6月15日	竊 犯	王 建 諱友教	八月十六日
二次	男	9 r U 6 a U	趙福秋	探訪隊	22年 4月27日 22年 6月14日	收 贓	王 建 李 勤	八月十八日
二次	男	1 U00 1 UI0	胡寅生	探訪隊	21年 5月 7日 22年 6月16日	竊 犯	王 建 諱友教	八月十八日
五次	男	27 II 32 II	王武高	偵緝處 北 [illegible] 探訪隊	[illegible]	竊 犯	王 建 李 勤	八月二十四日
二次	男	5 1 19 1	向 林 向高琳	外東區 外東區	22年 2月24日 22年 6月23日	潛 逃 煙 犯	王 建 諱友教	八月二十四日
五次	男	9 UII 1 UII	陳連生	地方法院 偵緝處 探訪隊	[illegible]	竊盜 累 竊 犯	王 建 李 勤	八月二十八日
二次	男	1 U2a 1 U3a	曹金桃 曹新衡	外 東 南 區	22年 [illegible]月 3日 22年 6月27日	拐賣人口犯 窩 戶	王 建 諱友教	八月二十八日
二次	女	1 aA 1 aAa	王李氏	外 東 偵緝處	22年 7月 6日 22年 6月27日	拐 婦 販賣人口	王 建 李 勤	八月二十八日
二次	男	31 OO 35 O	孫得一 張得勝	南 區 探訪隊	22年 5月22日 22年 6月26日	竊 犯	王 建 諱友教	八月二十九日

民國二十二年八月份製

图 4.12 1933 年湖南省会公安局侦缉处指纹股重犯指纹登记表(含指纹编号)

值得一提的是,与民国政府统治区差不多时间,伪满政府在东三省地区开展了指纹实践活动。1934 年 2 月 7 日,伪满政府在东三省等地区公布指纹法规,通令该区域办理指纹事务,选拔各县优秀警察传习指纹证据技术。而且受指纹作为证据调查技术的影响,指纹也在其他领域作为安全管理的重要凭证,如 1913 年银行以指纹代替个人签字。③

① 参见《河北省会公安局特务总队指纹室成立缘起与经过》,载《河北月刊》1934 年第 7 期。

② 参见鄂立斌:《天津市警察局办理指纹概况》,载《警务月刊(天津)》1937 年第 4 期。

③ 参见《银行以指模代签字》,载《进步》1913 年第 4 卷第 5 期。

三、刑事案例考察

随着警察指纹专业教育的发展,指纹证据技术应用于案件侦查的时间要早于技术部门的设立。京师警政厅的平国恩曾写两个指纹应用案例:

> 当前清末叶余长警察区署时一日巡逻夜半归署,忽见床头浮置衣包不翼而飞,当以区署被窃,诚可骇,异澈夜研究自非外贼无疑,查考各处痕迹,惟于休息室后厦原有一门通连茶役宿舍,向以洋锁局之,久不开启,以灯射照于磁柄上,灰尘扑满指纹显露,当取捺各茶役指纹晰别印证,果有其人焉,于是案经破获矣。又于民国三年,常德会官旅客皮箱内贮衣物被窃,当诣检验被窃痕迹,见该箱被撬铜荷叶遗置床下,轻取视之,手纹满布,证以馆役箕斗,于是而得真像又一矣。此均实地经验知指纹一学有补助司法之力大矣哉。[1]

从上述时间记载上看,"前清末叶余长警察区署时",虽未查到该人,但该案应当最早发生在1901年。因1901年始巡警部在京师划定警区。这是否意味着我国在清末就已经开始应用指纹证据技术破案了呢?如果是,则几乎与印度、英国同步。但通过前文对现代指纹技术引入历程的分析,我们不难推测,答案是否定的,当时并无指纹证据技术之说。而且从其记载的第二个案例来看,"证以馆役箕斗,于是而得真像",可见当时用箕斗来进行个体识别已应用非常广泛。但亦如前所述,它虽然有一定的科学性,但毕

---

① 夏全印:《指纹学术》,光华美术印刷公司1922年版,平国恩序。

竟还是经验,与近代指纹证据技术还相差很远。

除了我国香港地区警察1904年的实践外,笔者从现有史料中翻阅到最早的上海公共租界巡捕房应用指纹技术破案的案例:

> 民国七年十二月二十七日晚间,南京路日本人所开之御木本珠宝店之钱柜内,忽被人窃去价值大洋六万余元之珠宝钻石,至翌晨,该馆察知后报告捕房,当即请余驰赴该铺侦查。在该铺钱柜上,用药粉发现指纹两处暨手掌纹一处,均行照下以为根据。又在钱柜左近发见俄文新闻纸一张,依此推想,本案之罪犯与俄国人不无关系,乃电嘱各捕房对于俄国人特加注意。后在虹口小旅馆内侦得新由哈尔滨来沪之俄人三名,形迹殊有可疑之处,即将该三俄人带至捕房依次捺印。其中有一俄人之指纹与钱柜上之指纹核对相同无异,可证明此案系该俄人所为,奈俄国人坚不承认,又因裁判权之关系,当将该三俄人交与驻沪俄领事管讯。迨次年二月三日晨,据三号西捕报称,在二白渡桥万国公园瞥见一俄人在园中掘取埋藏珠宝钻石,立即上前质问,言语支吾,即扭送捕房捺其指纹与以前所悬各案之指纹核对,洽与御木本珠宝店被窃悬案内钱柜上发现之指纹相同。此时人赃并获,俄人亦无法再狡,据该俄人供称,俄领事因人证不全将其释放送回哈尔滨,嗣因所窃之珠宝钻石埋在上海万国公园中,乃潜来沪上掘取赃物,孰知被捕等情不讳。捕房乃将此俄人送解俄领事馆严加罚办,一面将赃物交御木本珠宝店,本案至此始告段落焉。[①]

① 夏全印:《指纹实验录》,中国印书局1926年版,第1-2页。

“与以前所悬各案之指纹核对”,可见上海公共租界在1918年已有一定量的指纹库并应用于案件侦查之中。1918年恰巧是夏全印赴上海公共租界学习指纹证据技术的时间,因此该案件收录其著作中。而上海公共租界自1910年起,已设立指纹间,可以推测在1918年之前已有较多应用指纹证据技术破获的案件,但尚未寻得相关案件较为完整的资料。

1919年夏全印学成返京后,不仅成为警官高等学校指纹专科主任教员,而且成立指纹鉴定事务所,在侦查实务中成为指纹检验专家,如其参与侦办的轰动一时的法商克威洋行被窃案:

> 去冬(1925年)北京东交民巷克威洋行被窃一案经北城扁担厂指纹鉴定事务所指纹师夏全印前往检视,当在犯事地点发现职位四处,其后曾经各地访缉计捕获该案嫌疑犯四起,业见各报,惟因所有人犯之指纹俱与该案无涉。因此案悬半载杳无踪影。前晚使馆界巡捕局忽在台基厂法国教堂隔壁十七号门口先后缉获行窃未遂之俄人上满拉夫次、来威赤等二名,当在身旁搜出行窃器具多件,遂终于发现之指纹逐一核对,现闻鉴定结果,认定上满拉夫次之右手大指指纹与前在置放象牙木梳之玻璃盒盖上所发现之一个指纹完全相同计有相同特点十三处,已将鉴定书切结,等一并函复该局,不日即可据以判罪云。①

根据该案的描述,夏全印当时以单指纹13个特征点为依据,认定指纹同一,案件据以破获。该案同时收录于夏全印的著作《指

① 《指纹竟破获悬案》,载《安徽警务杂志》1926年第1期。

纹实验录》之中。该书总共收录了21件应用现代指纹技术破获的案件:上海地区3件;北京地区14件;奉天3件;黑龙江1件。其中上海地区的案件均为上海租界巡捕房破获的案件,而其余多数为夏全印参与侦办的案件。其中有一案,较为特殊:

> 民国十三年四月二十七日,黑龙江高等审判庭受理诉马奎元于民国元年拦路劫掠马匹银洋,并称光绪二十八年在绥化为盗被官庭逮捕判处徒刑、入狱后乘隙越狱潜逃之马永奎与今之马奎元为一人案。推事据情审讯,因事隔多年而马奎元坚不承认有强盗行为及即光绪二十八年之马永奎情事,并有马奎元之左右近邻为彼具结担保无为盗等事。推事虽将数十年前之案件调齐查阅,奈无法辨别,至迁延数年无从判决成为悬案后,该庭长忆及鉴定指纹有辨别真伪相同与否之效能,即将光绪二十八年在绥化犯强盗行为之马永奎捺有大拇指之供词与被诉到庭之马奎元捺印之指纹一并寄来,请余鉴定。当核对光绪二十八年供词上所捺马永奎之大拇指指纹与被诉到庭马奎元所捺大拇指指纹相同无异,即将原件暨鉴定之指纹载明特点以资识别寄还黑龙江高等审判庭,闻该庭已照鉴定之指纹判处马奎元刑罚矣。

该案的特殊性主要体现在两个方面:其一,马奎元不承认与马永奎为同一人及其强盗行为,有犯罪嫌疑人的供述和左右近邻的证人证言为证据。但法官采纳了夏全印的指纹鉴定结论,推翻了犯罪嫌疑人供述和证人证言,即以物证和鉴定结论推翻言词证据,可见当时指纹证据不仅为法官采信,而且证明力超过了口供等言词证据。其二,案件虽然依靠指纹证据技术得以侦破,但盗窃案的主要物证为1902年马永奎供词上的大拇指指纹,即指纹样本为前清历史档案资料。一则说明清末并无指纹鉴定,或者确切地说并无通行的指纹鉴定技术,其将大拇指捺印在供词之上的目的更多是宣誓性。正是指纹证据技术的缺乏,导致该案虽有指纹,却成为十几年的悬案,“至审讯无虚日,案卷若山积,涉讼至数十年而不能决一狱、判一囚终成疑案矣”。二则说明,虽然指纹证据技术自民国二年(1913年)开始应用,但在保存下来的前人司法档案中的指纹材料(如图4.13),亦可以成为后世研究之证据,甚至可以为当今相关史实的进一步考证提供方向。

图4.13　1935年上海市公安局指纹股在盗窃案现场提取的指纹

(图片来源:《利用指纹破获窃案》,载《警察月刊》1935年第3卷第12期)

除了以上案件外,还有其他重大案件均涉及指纹证据及指纹证据技术的应用,如1926年的一场涉外重大刑事案件——斐师恒案,德国商人斐师恒在青岛被杀害,胶澳商埠警局在哈埠警察厅的协助下,依靠指纹查获已更名的逃犯瓦列次几、古德林;[①]1932 年杭州刘梦莹案,地方法院聘请专家检验厨刀血痕指纹;[②]1935 年曲湘珊巨窃案[③]等。同时,1932 年林几在上海成立司法行政部法医研究所,承接全国各类法医、指纹鉴定事宜。

四、指纹证据技术实践的问题

随着指纹证据技术的推广,指纹提取和显现的技术水平不断提升。不仅有了较为成熟的粉末显现法,而且出现了多种化学显现指纹的方法,如硝酸银显现法、弗化水素显现法、清显水显现法、赤青墨水显现法等,比较完善,已经具备现代指纹技术的雏形。[④]“指纹法发明以来,犯罪者之退订得以至明且速。惟其法发明以来,时口尚浅,故种种需用之技术与器械手续繁多。目下,惟大警察蜀得应用之,若小警察蜀未能也。目下德意米也罕警务课长罗夫乃尔氏,发明最轻便之指纹法,随时随地皆可应用。其法大要如左:盖人之指面常有汗脂肪之分泌物,犯罪人一握此物,其分泌物自然附着。警察官推测之法,即用加里铁粉等涂于其上,凡分泌物之处辄附着成痕。用写真机以摄影。其部分若有不明白之处,用强力之射光线,一例明晰……”[⑤]

然而,伴随着指纹证据技术在主要城市的推广应用,实践中出现了警察收集指纹的人权保护争议和指纹证据技术应用带来的新型犯罪问题。

---

① 参见《斐案始末记》,(作者出版社不详)1928 年版,第 95、161 - 163 页。

② 参见《血迹指纹杀死刘梦莹》,载《时报》1932 年 5 月 11 日,第 5 版。

③ 参见《天津巨窃案》,载《时报》1935 年 2 月 25 日,第 6 版。

④ 参见徐同祥、陈丽:《民国指纹显现与提取技术之演进考略》,载《档案与建设》2013 年第 12 期。

⑤ 《新指纹法》,载《时报》1914 年 3 月 9 日,第 16 期。

(一)侵犯人权的担忧

近代法制的建设推进了民权思想的萌生与发展。警察广泛地采集公民指纹引发了侵犯公民人权的担忧,如“上海市公安局自办理刑事人犯捺印指纹以来,成效颇著。惟漫无限制,殊非慎重人权之道,兹将应捺印人犯指纹者订定条文,呈请市政府核准,于昨通饬各区所一体遵照……”①上海特别市公安局为了防止指纹采集中对公民人权的肆意侵犯,明确限制了应当捺印犯罪嫌疑人指纹的案件种类。这一担忧即使在当下也是一个值得探讨和研究的法律问题,那这一问题在当时是否具有普遍性呢？检索发现相关资料十分稀少。但这至少折射出当时法制观念和人权保护的进步性。

(二)伪造指纹证据与警员渎职

既然口供不可信,可以信凭指纹证据断案,那么是否会存在伪证？也即我们可以完全相信客观证据吗？当下关于该问题的讨论几乎未见,实践中也尚未看到是否存在相关案件的报道。但据近代报刊记载,这一问题竟在民国时期的司法实践中发生,如“新近也有人发明,以白蝙套指端,作成假指纹,更能淆乱侦探目光”。遇有精细之犯罪嫌疑人,也开始携带手套作案以求不留痕迹或嫁祸他人。②与伪造指纹证据相似,还有指纹盗窃和指纹渎职等新型犯罪问题,如“近来上海竟发生了窃盗指纹纸的案件,张金荣、陈明亮等贿赂警察局雇员殷敦禄窃取指纹纸,收受酬金八万元”。③ 最后,这些渎职警员被判有期徒刑1年。④

---

① 《市公安局慎重人权捺印指纹》,载《时报》1931年2月6日,第7版。

② 参见友如:《指纹和最后底瞳神》,载《申报》1932年8月31日,第21版。

③ 《警员利用职权抽出扒手指纹》,载《和平日报》1946年8月22日,第4版。

④ 参见《盗窃指纹单》,载《新闻报》1946年11月16日,第4版。

此外,在民国时期的资料中还有一些译著,介绍了指纹证据技术使用中的问题和担忧,如指纹捺印不同方式带来的纹线变化问题、再生指纹与指纹磨损可否鉴识问题以及犯罪嫌疑人利用指纹的磨损、手术改变以逃避追捕等问题。①

任何技术的发展都具有两面性,证据科学也不例外,况且科学本身就很难存在达到100%确信的结论。与民国时期的科学技术水平相比,当下证据科学之发展不可同日而语,伪造证据与工作人员渎职也绝非难事。如此说来,上述民国时期指纹证据技术实践中产生的问题是否值得当下继续思考或者带来些许借鉴呢?

---

① 参见汉承按:《指纹制度之严重问题》,启枢译,载《宪兵杂志》1934年第9期。

第五章　分歧：哪种指纹证据技术适合中国国情？

20世纪30年代，指纹证据技术已成为法制建设和社会教育中不可或缺的重要组成部分。其为“治国最要之一种科学，不惟能防止社会上一切恶幕，且能统治及保障全国之人民……如立法方面，无指纹则无所根据。司法方面，无指纹则无确着（确凿）证据，证明累犯再犯等。行政方面，无指纹则无法以统计人民而施以统治方针。至于考试选举工商军营等，无指纹则不能证明确切”。1929年，教育部通令全国各国立大学、私立大学、省教育厅，“法学院或法科应于可能范围内，酌设该项学科，以资选习”。[①] 并且，在1932年至1935年高等考试试题中，已设立指纹学命题，如：“一、试将指纹之特性及其关于各方面之

① 《令：训令：第一二五五号（一八，九，二六）：令国立大学，私立大学，省教育厅：为通令各大学酌设指纹学科由》，载《教育部公报》1929年第1卷第10期。

功用,详细分述之;二、试详述指纹之分类并绘图说明之;三、残缺指纹,应如何分析并举例说明。”①可见指纹证据技术在当时之受重视和普及程度。

然而,各地指纹证据技术实践标准的不同给跨区域警务司法合作带来较大阻碍。随着经济社会的快速发展和国家建设的向前推进,指纹证据技术标准的统一问题成为民国中后期指纹证据技术发展的核心问题。

第一节　争议基础——各地实践差异

指纹证据技术为舶来品,“拿来”过程中中央部门与部门之间不同、中央与地方不同,各地有各地的办法,各自为政且反复无常,十分混乱。而且这种混乱随着中央集权的发展愈演愈烈,直接影响指纹证据技术的交流与合作。而解决这一混乱和争议的前提是摸清各地实践状况。

一、标准不同,实践受阻

司法部虽然在1916年京师第一监狱试点成功后发布《试办指纹法令》通令全国司法行政部门开始实践武塞蒂赫制,但因“经费困难与运用未得人”,普遍之计划成为泡影。② “警察机关先后效仿(外国)建立指纹制度,但采用种类每多不同,派别分歧,促进为

① 考试院考选委员会编印:《二十一年至二十四年高等考试试题汇刊》,考选委员会秘书处1936年版,第469页。

② 参见冯文尧:《指纹学之历史考证》,载《上海警察》1948年第3卷第1期。

难。"[①]对此，在司法部要求普及武塞蒂赫制之时，时任北京高等侦探处长兼署勤务督察长钱锡霖就提出，"附呈上海巡捕房通行式样尤为简明，应如何与司法监狱互相研究，藉资参考之处"。[②] 可见，当时指纹证据技术的发展是混乱的，不但司法部门、法警察部门之间的技术标准大不相同，而且监狱之间、警察内部的实践标准亦不相通，分歧严重，杂乱无章。

然而，随着国家的发展，社会交流的频繁，交通工具的发展，20世纪初期，犯罪呈现出跨区域发展特征。"犯罪者利用近代交通工具去作奸犯科，亦日渐增加……现在犯罪问题，已非一区一市之本身问题矣。"[③]部分地区已经开始认识到交换指纹档案的必要性，如1933年2月天津市公安局与英法工部局签订交换指纹办法，[④] 1934年9月，北京市公安局还开展了互换犯人指纹活动，以扩展指纹库。[⑤] 但是，指纹技术标准的不一，给各地区侦查部门交换指纹或通过指纹通缉犯罪嫌疑人带来极大障碍，难以发挥通过指纹技术破获案件之功效。

1930年，江苏省警官学校校长汪大燧在为刘紫菀《中华指纹学》作的序中言道："吾国指纹之学尚未发达，各地公安机关间亦有指纹之设备，而苦无统一之办法与集中之处所，于是自生自灭，各自为政。结果点缀应时而已。未有能尽指纹之功用，而谋统一之方者也。"[⑥]

---

① 《公安：填报指纹调查表案》，载《市政公报》1930年第357期。

② 《批督察长钱锡霖详陈罪犯印取指纹各节应研究最新法术徐图施行文》，载《内务公报》1914年第14期。

③ 谢灏龄：《全国指纹情况调查》，载《警光季刊》1936年第1卷第4期。

④ 参见鄂立斌：《天津市警察局办理指纹概况》，载《警务月刊（天津）》1937年第4期。

⑤ 参见《警政：互换犯人指纹》，载《内政消息》1934年第2期。

⑥ 刘紫菀：《中华指纹学》，上海法学编译社1937年版，汪序。

上海特别市公安局等曾在内政会议上提议内政部会商司法行政部,“早一核定统一办法,俾利侦查进行”。[①] 统一国内指纹证据技术标准,已成为20世纪30年代初之共识。但究竟该采用何种指纹证据技术,何种技术制度更适合中国国情,必须从实践中获得答案。因而统一的第一步,应当调查国内实践指纹技术的基础和现状。

实际上,自1930年开始内政部已要求江苏、广东、浙江等省政府统计各级公安机关办理指纹所采用方法,但在当时部分地区如江门市等均称尚未办理指纹,无从填报。而夏全印、浙江省会警察局等个人和单位也开始努力进行全国指纹证据技术实践情况调查。1931年司法行政部要求各高等法院统计司法系统办理指纹所采用方法。[②] 1933年,内政部与司法行政部呈请行政院召集指纹专员会议。当年8月15日,行政院102次会议通过《为准内政、司法行政部咨送召集指纹专员会议规程暨秘书处规则议事规则提案办法仰知照由》,文载:“本内政部复核,认为指纹之功能,贵在交换,我国法警两方,办理指纹,所采方法,迄未统一,既难互证,自鲜实效,经本部等会商二次结果,决定由两部会同召集指纹专员会议,讨论划一办法,以宏效用。”[③]但因经费未拨发问题,指纹专员会议一度暂停。[④]

---

① 《咨内政部为准咨送内政会议决议指纹统一办法案关于审定委员会之组织应请主持进行由》,载《司法公报》1931年第113期。

② 参见《令各省高等法院院长、江苏高等法院第二分院院长:为准内政部咨送办理指纹调查表由(附表)》,载《司法公报》1931年第118期。

③ 《为准内政、司法行政部咨送召集指纹专员会议规程暨秘书处规则议事规则提案办法仰知照由》,载《察哈尔省政府公报》1933年第277期。

④ 参见《电民政厅厅长准司法行政部内政部梗电为十一月一日指纹专员会议现以经费尚未拨发不能如期举行俟领至经费再行定期召集等由仰知照并转饬知照由》,载《浙江省政府公报》1933年第1964期。

二、各地实践情况统计

关于各地不同指纹证据技术标准实践的情况，并未寻得官方的统计记录。即使是指纹调查委员会，其调查也是对各地指纹类型的统计，对指纹证据技术实践的情况未有涉及。但根据夏全印、浙江省会警察局的调查报告，可见端倪。

夏全印等12人转呈内政部转咨司法院提交全国司法会议的提案中，列举了其在1933年调查的各省市警察机关办理指纹的情况（见表5.1）。①

表5.1　1933年各省市警察机关办理指纹情况

机关名称	指纹技术	主任人员信息
江苏省会公安局	中华式	—
湖北省会公安局	夏全印制	毛家驹 警官高等学校指纹班毕业
湖南省会公安局	夏全印制	—
山东省历城县、潍县公安局	夏全印制	—
首都警察厅	夏全印制	徐慧 警官高等学校指纹班毕业
上海市公安局	武塞蒂赫制	会树德 北平法政专门学校毕业
青岛市公安局	亨利制	安德河 德国人
（广东）中华指纹学会	中华式指纹及英、法、奥、德、日等国指纹氏科	—

① 《据警官高等学校呈为前指纹专科主任教授夏全印等请求统一指纹学术咨请提交全国司法会议》，载《内政公报》1935年第8卷第19期。

但是表 5.1 中将大量省市警察部门实践的指纹证据技术计为夏全印制。这源于这些地方警察部门从事指纹证据技术实践工作的警员多为警官高等学校指纹专科毕业生,所学指纹证据技术均为夏全印所授,内容为夏全印所编著的《指纹学术》。但查其《指纹学术》内容,与亨利制指纹分析法略有不同,但并无实质上的区别,尤其是指纹编号等方式大同小异。该报告又未指出其与所载青岛市公安局亨利制指纹分析法有何区别。实际上青岛市公安局施行的德国汉堡式指纹分析法,也源自亨利制。因此,为了研究便利和统计全国指纹制度实践情况需要,暂将夏全印制归为亨利制较为妥当。

另外,1935 年 9 月,浙江省会警察局设计委员会曾向全国各省市警察局调查指纹情况:省会公安局方面,有浙江、江苏、安徽、江西、湖北、湖南、四川、西康、广东、广西、青海、陕西、察哈尔、绥远、福建、贵州、云南、河南、河北、山东、甘肃、新疆等省;市县公安局方面,有南京、上海、北平、天津、九江、汉口第三特别区、青岛、威海卫、厦门、汕头、庐山、江苏江宁、山东菏泽、浙江兰溪及宁波等共计 39 份,收回调查表 21 份。其中,省会公安局方面,有浙江、福建、广东、江西、湖北、江苏六省已实践指纹技术;山西、山东、甘肃、陕西及河北五省未实践。其余各省市因无回信无从统计。市县公安局方面,有首都(南京)、上海、天津、汉口、北平、重庆、青岛、庐山、汉口第三特别区已实践指纹技术;厦门未实践。具体调查结果如表 5.2 所示。①

① 参见谢灏龄:《全国指纹情况调查》,载《警光季刊》1936 年第 1 卷第 4 期。

表 5.2 1935 年各省市警察机关办理指纹情况

机关名称	指纹部门	设立时间	指纹技术	指纹张数	备注
外交部汉口第三特别区市政管理局	警察署	1920 年	英·亨利制	10,000	—
青岛市公安局	特务督查处指纹室	1924 年	德·汉堡式	40,000	1905 年设立;1914 年指纹信息被日本人带走;1926 年重新设立单指纹制度
上海市公安局	第三科指纹股	1929 年 5 月	武塞蒂赫制	50,675	拟改用爱蒙培尔制
浙江省会公安局	第三科指纹股	1929 年 7 月	英·亨利制	25,758	有单指纹制度
首都警察厅	司法科第三股	1930 年 7 月	英·亨利制	69,753	—
江苏省会公安局	司法科指纹室	1930 年 9 月	中华式	27,000	—
汉口市公安局	第三科指纹股	1931 年 1 月	英·亨利制	23,000	—
广东省会公安局	指纹处	1931 年	英·亨利制	55,000	单指纹制度正在筹备中
湖北省会公安局	第三科指纹室	1933 年 9 月	英·亨利制	5100	—
北平市公安局	第三科指纹室	1933 年 11 月	德·汉堡式	16,000	有单指纹制度
天津市公安局	侦缉总队部指纹室	1933 年 11 月	法·爱蒙培尔制	22,776	有单指纹制度

续表

机关名称	指纹部门	设立时间	指纹技术	指纹张数	备注
江西省广山管理局警察署	指纹室	1934 年	英·亨利制	1585	—
江西省会公安局	司法科指纹股	1935 年 3 月	法·爱蒙培尔制	12,180	—
福建省会公安局	司法科指纹股	1935 年 5 月	英·亨利制	860	—
重庆市公安局	—	1935 年 11 月	武塞蒂赫制	—	尚在试办期

注:浙江省会警察局统计。

综合以上两次调查,虽然时间上有间隔,当时各地施行的指纹证据技术有反复更替之嫌;地域上并不能覆盖全面,以此为准,难免有管中窥豹可能,但是二者调查时间较为相近(相隔不足两年),基本涵盖了当时经济较为发达和较早实践指纹证据技术的警察部门。因此,表 5.1 和表 5.2 的调查结果对我们了解当时全国指纹证据技术实践的大致情况有所帮助。笔者综合两次调查,加以调查补充河北省会公安局、湖南省会公安局等指纹办理历史,统计如表 5.3 所示。

表 5.3　1935 年前各省市警察机关办理指纹情况汇总

机关名称	指纹部门	设立时间	指纹技术	指纹张数
外交部汉口第三特别区市政管理局	警察署	1920 年	英·亨利制	10,000

续表

机关名称	指纹部门	设立时间	指纹技术	指纹张数
青岛市公安局	特务督查处指纹室	1924 年	德·汉堡式	40,000
上海市公安局	第三科指纹股	1929 年 5 月	阿根廷·武塞蒂赫制	50,675
浙江省会公安局	第三科指纹股	1929 年 7 月	英·亨利制	25,758
首都警察厅	司法科第三股	1930 年 7 月	英·亨利制	69,753
江苏省会公安局	司法科指纹室	1930 年 9 月	中华式	27,000
汉口市公安局	第三科指纹股	1931 年 1 月	英·亨利制	23,000
广东省会公安局	指纹处	1931 年	英·亨利制	55,000
湖南省会公安局	指纹股	1932 年 4 月	英·亨利制	—
湖北省会公安局	第三科指纹室	1933 年 9 月	英·亨利制	5100
北平市公安局	第三科指纹室	1933 年 11 月	德·汉堡式	16,000
天津市公安局	侦缉总队部指纹室	1933 年 11 月	法·爱蒙培尔制	22,776
河北省会公安局	特务总队指纹室	1933 年 11 月	法·爱蒙培尔制	—
江西省广山管理局警察署	指纹室	1934 年	英·亨利制	1585
江西省会公安局	司法科指纹股	1935 年 3 月	法·爱蒙培尔制	12,180
福建省会公安局	司法科指纹股	1935 年 5 月	英·亨利制	860
重庆市公安局	—	1935 年 11 月	阿根廷·武塞蒂赫制	—
山东省历城县、潍县	—	不详	英·亨利制	—

除此之外，虽然当时指纹证据技术普及和实践的程度并不乐观，但是各地仍有虽有实践但未记录的情况，如根据史料，《令龙口

公安局长侯鸿山:呈一件呈报办理指纹报告表由》载“呈表均悉。查所呈表式样,尚无不符!惟仅报一份,不符存转。仰迅补造二份,呈送来厅,以凭存转!”[①]可推测山东龙口公安局也有实际办理指纹的情况,但可惜并无详细记载其办理的实际情况。

从表5.3可以看出:在指纹制度选择上,共涉及19个警察部门(广东中华指纹学会未计入),包括山东省(2个警察部门)、浙江省、江苏省、广东省、湖北省、湖南省、江西省(2个警察部门)、福建省、四川省(重庆市)、河北省10个省,以及汉口、青岛、南京、上海、北平、天津6个特别市。其中采用德国汉堡式、阿根廷武塞蒂赫制的均有2个部门,分别占比10.52%;采用法国爱蒙培尔制的有3个部门,占比15.79%;而大多数采用英国亨利制,共有11个部门,占比57.89%。其中江苏省会公安局所采用的中华式,该称呼在当时争议较大,我们后面再探讨。值得注意的是,虽然绝大多数省会公安局所采用之指纹制度为亨利制,但其具体实践方法仍不一致。在部门设置上,指纹技术部门多隶属于司法科(第三科),其他单位则分别设置于特务督察处、侦缉总队部、特务总队。在设立时间上,除租界外,1931年之前只有上海、浙江、首都(南京)及江苏四处设立了指纹技术部门,其他均在调查前设立不久。

20世纪40年代,解放区政府也较为重视指纹证据技术的建设。1948年东北解放区政府在哈尔滨筹建哈尔滨市公安局行政科指纹室,并举办东北解放区指纹干部训练班,学员70余名,学期3个月,学员毕业后大多成为1949年之后指纹证据技术工作骨干。根据1949年至1951年接管、清理、整顿的国民党政府遗留的

---

① 《令龙口公安局长侯鸿山:呈一件呈报办理指纹报告表由》,载《山东民政公报》1934年第178期。

指纹档案，据于绍文、马建华、赵向欣、杨兴国、刘玉琴、许永持、彭丽萍等新中国第一代指纹技术专家回忆，共接收指纹档案 100 多万份。其中北京市警察局 5 万份，上海市警察局 50 万份到 60 万份（内含单指卡），上海法租界 20 万份，南京首都警察厅 4 万份，武汉市警察局 477 份，重庆警察局 10 万份，天津市警察局 10 万份，浙江省警察局 4.2 万份，伪满洲国 50 万份，另有铁路警察局 4 万份。[①] 其中当然不能包含国民政府败走前带走或损毁的部分，但大体上可以窥见民国时期主要城市办理指纹证据技术的规模。

然而，某一种指纹技术的普及并不代表该技术具有适用性。抑或说，技术有先进和落后之分，而技术标准的选择又是一个客观现象与文化现实交织的问题。各国在应用指纹技术过程中，不约而同地会根据本地人口指纹特征和本土文化调整技术应用的适用规范，也就是具体技术标准。因此，即使同样是汉堡式指纹法、亨利制指纹法，德国与日本相比，英国与美国相比，具体应用情况也有所差别。

第二节　争议焦点——技术标准之差

不同指纹证据技术标准之间究竟有何差异？或许唯有搞清楚各类指纹证据技术标准之间的差异点，方能看清当时技术争议的焦点及争执背后的推力。限于篇幅和分析必要，笔者就以应用较为普遍且资料相对翔实的亨利制、武塞蒂赫制、汉堡式、爱蒙培尔

---

① 参见赵向欣主编：《中国刑事科学技术大全·指纹技术》，中国人民公安大学出版社 2004 年版，第 24－25 页。

制、中华式的十指指纹分析[①]的分类、编号为例,分析五种指纹分析方法之不同。

一、亨利制指纹分析法

亨利制指纹分析法将指纹分为三类九种,即弓形纹、箕形纹和斗形纹三种典型类型,弓形纹分为弧形弓和帐形弓;箕形纹按照不同方向分为反箕形纹和正箕形纹;斗形纹分为环形斗、中心囊状箕形斗、侧面囊状箕形斗、双箕形斗和杂形斗。

(一)初步分析法

初步分析,又称一部分析、十指综合分析或基本分析,笔者理解为该分析方法为斗形纹特征计算。该分析方法本质上是一种指纹分类的计数方法。即将指纹类型分为两大类:弧、帐、箕三种纹形为第一类,不计数字,等于0;斗形、囊形、双箕形、杂形等斗类指纹则分别因其所属手指的位置计数。在食指指位者,无论何种纹形皆用大写,其余小写,以便计算分数。斗类指纹在各指的数字代码,具体规定如表5.4所示。

表5.4 亨利制指纹初步分析编码

指位	第一对	第二对	第三对	第四对	第五对
	右拇指、食指	右中指、环指	右小指、拇指	左食指、中指	左环指、小指
计数	16	8	4	2	1

计算时将单数手指之数目相加之总和作为分母即1、3、5、7、9五指相加(1右拇指、3右中指、5右小指、7左食指、9左环指)后再

① 当时部分地区已经实践单指指纹分析技术。

加1，即为初步分析所得之分母，然后再如法将双数手指相加之总和作为分子，即2、4、6、8、10五指相加（2右食指、4右环指、6左拇指、8左中指、10左小指）然后再加1即为初步分析所得之分子，分母分子求得后，初步分析即告完成。例如：

$$(1)\frac{1W2W3/4/5/}{6W7W8W9/10/}\rightarrow\frac{\text{单数指纹计数}+1}{\text{双数指纹计数}+1}=$$

$$\frac{16+0+0+2+0+1}{16+0+0+2+0+1}=\frac{19}{19}$$

$$(2)\frac{1/2W3W4W5W}{6/7W8W9W10/}\rightarrow\frac{16+8+0+2+0+1}{0+8+4+2+1+1}=\frac{27}{16}$$

$$(3)\frac{1W2W3W4W5W}{6W7W8W9W10W}\rightarrow\frac{16+8+4+2+1+1}{16+8+4+2+1+1}=\frac{32}{32}$$

$$(4)\frac{1/2/3/4/5/}{6/7/8/9/10/}\rightarrow\frac{0+0+0+0+0+1}{0+0+0+0+0+1}=\frac{1}{1}$$

该方法实际上是跳指相加。这种计算模式是建立在食指指纹卡平面捺印基础之上的，但在实践操作中，有地方将其更改，如表5.5所示。

表5.5　亨利制指纹初步分析编码(更改版)

指位	第一对	第二对	第三对	第四对	第五对
	左右拇指	左右食指	左右中指	左右环指	左右小指
计数	16	8	4	2	1

分母分子式：左手各指相加之总和再加1为分母，右手各指相加之总和再加1为分子。例如：

$$\frac{1W2W3/4/5/}{6W7W8W9/10/}\rightarrow\frac{16+8+4+0+0}{16+8+4+2+0}+\frac{1}{1}=\frac{29}{31}$$

（二）二步分析法

按照第一步分析，人类指纹应当有2^{10}即1024种可能。因此应当进一步分析。二步分析,即左右两手食指纹形分析。右手为分子、左手为分母,食指用大写字母标识,其他指用小写字母标识,具体如表 5.6 所示。

表 5.6 亨利制指纹二步分析编码

指纹类型	弧(Arch)	帐(Tenred Arch)	反箕(Radial Loop)	正箕(Ulnar Loop)	斗(Whorl)	囊(Central)	双箕(Double Loop)	杂(Accidental)
标记符号	食指 A 其他 a	食指 T 其他 t	食指 R 其他 r	食指 U 其他 u	食指 W 其他 w	食指 C 其他 c	食指 D 其他 d	食指 X 其他 x

如果食指指纹为后四位,计数斗类指纹,则不标记,以待后续分析。因此,二步分析只用 A(a)、T(t)、R(r)、U(u)四组字母标记。

(三)三步分析法

三步分析,即以左右两手食指、中指、无名指为对象的箕形纹与斗形纹的分析,其他型种不作分析。

首先,对箕形纹的分析。该分析以箕形纹线内外端计算,即纹线数量计算,具体可参见第二章图 2.2 中的 SB 线。以 SB 线的多少来标记,具体如表 5.7 所示。

表 5.7 亨利制指纹三步分析编码

指位	1—9 线	10 线以上	10 线以下	11 线以上	13 线以下	14 线以上
食指	I	O	O	O	O	O
中指	I	I	I	O	O	O
无名指	I	I	I	I	I	O

右手在上为分子左手在下为分母,列成分式写在二步分析之后。

其次,对斗形纹的分析。斗形纹根据追踪线纹线流向位置分为内流、外流、交流三种,分别以“I”“O”“M”标识,参见第二章图 2.2。

除此之外，还有四步分析，即对左右两手小指的分析；五步分析，即对左右两手拇指的分析；六步分析，即对左右两手拇指、食指、中指、环指等八指的分析（除两小指外，八指间第一个箕形纹的分析）；七步分析，即箕形纹三步分析之再分析（以 L、M、S 等标记符号对纹线多少进一步细化）。

夏全印是亨利制指纹分析法的拥护者，并主张其作为全国统一之技术。他在提交全国司法会议审议，请求统一指纹学术的报告中认为理由有三：一是警察机关多采用亨利制，司法机关亦改为亨利制，委托警察机关办理指纹更为便捷。“如果指纹制统一，则司法机关之指纹事件，可由最近公安机关办理，其敏捷便益，可预卜也”。二是采用亨利制是与国际接轨的需要。“英美等三十余国，多数采取亨利爱德华制，无论行政、司法，一律援用，其制之良，可见一斑。”而司法机关欲采用的卢锡尔制（汉堡式）与英美各国现行指纹制不合。三是因为我国前内务部警官高等学校已依照亨利制培养毕业生三百余人，经前内务部分发各省公安机关服务者，为数甚多，“采用斯制，均有成效，久为社会所赞许”。[①]

二、武塞蒂赫制指纹分析法

（一）基本分析

武塞蒂赫制指纹分析法的指纹分类（见图 5.1）实际上采取了高尔顿观察指纹三角形的办法，如第二章所述，其按照三角形的有无、位置和多少，分为四大类：弧形纹（无三角形）、内箕形纹（右边有三角形）、外箕形纹（左边有三角形）、斗形纹（两个三角形）。司

① 《据警官高等学校呈为前指纹专科主任教授夏全印等请求统一指纹学术咨请提交全国司法会议》，载《内政公报》1935 年第 19 期。

法部初将其译为弧线、内圆角线、外圆角线、圆线。[①] 以上指纹型种分别用大写字母“A”“I”“E”“V”代表左右手大拇指,其余各指分别用阿拉伯数字“1”“2”“3”“4”代替。

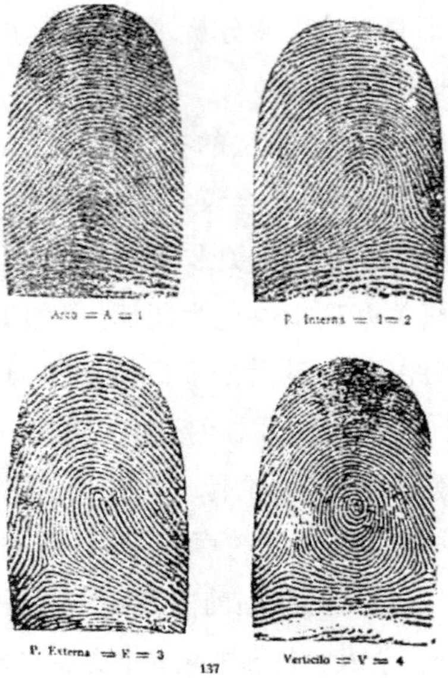

图 5.1　武塞蒂赫制指纹分类

资料来源:See Juan Vucetich, *Dactiloscopia comparada. El nuevo sistema argentine*, Establecimiento Jacobo Peuser, 1904:138.

例如,右手自大拇指开始分别为斗形纹、斗形纹、外箕形纹(亨利制正箕形纹)、外箕形纹、外箕形纹,左手自小拇指开始分别为内箕形纹(亨利制正箕形纹)、内箕形纹、内箕形纹、斗形纹、斗形纹,则计作:

亨利制初步分析:$\frac{1W2W3/4/5/}{6W7W8W9/10/} \rightarrow \frac{19}{19}$;武塞蒂赫制标记$\rightarrow \frac{V4333}{V4222}$

① 参见《司法部监狱司司长田荆华等呈司法部造具指纹研究会报告书请鉴核文》,载《政府公报》1913 年第 423 期。

(二)附属分析

武塞蒂赫制的基本分析方法非常简单，几乎不需要计算，但问题是无以应对较大的指纹量。在基本分析法的基础上增加附属分析。即在基本分析之后，将弧形纹、内箕形纹、外箕形纹、斗形纹四种纹形，再分别加以分析并用数字标明特征。将弧形纹分为自然的弧形纹、内向的弧形纹、外向的弧形纹、帐形弧形纹、不规则的弧形纹；将箕形纹分为自然的箕形纹、内带有结合纹线的箕形纹、中心近似囊形者的内向的箕形纹、中心近似囊形者的外向的箕形纹、不规则的箕形纹；将斗形纹分为自然的斗形纹、双箕形斗形纹、椭圆形斗形纹、囊形斗形纹、亲形斗形纹，各五类，分别以"5""6""7""8""9"代替。

(三)次附属分析

次附属分析，顾名思义，是在附属分析之后的进一步分析，同样用数字标识。方法是将右左两手食指及小指之箕形线用"5""10""15""20""25"作为阈值，来标识纹线的数量。纹线数量的计算方法与亨利制指纹分析第三步相同。但是不标识具体数字，而是将1至5线，计为5；6至10线，计为10；11至15线，计为15；16至20线，计为20；21至25线，计为25。如以下格式：

基本分析	附属分析	次附属分析
V4333	77857	(5)(10)
V4222	76786	(15)(25)

三、汉堡式指纹分析法

汉堡式指纹分析法实际上由亨利制简化而来，其方法非常简单，全部以数字标识，较为简明。汉堡式指纹分析法将指纹分为三种：弓形纹(亨利制弧形纹与帐形纹)、蹄状纹(亨利制箕形纹)、涡状纹(亨利制斗形纹)。其中蹄状纹又分为甲种蹄状纹(亨利制反箕形纹)、乙种蹄状纹(亨利制正箕形纹)；涡状纹再分为纯涡状纹、环状纹、二重蹄状纹(中心的一个隆线形成2条以上蹄线,其隆线流于同一方向)、双胎蹄状纹(中心的一个隆线形成2条以上蹄线,其隆线流于反方向)、有胎蹄状纹(蹄线内有弧状线或钩状线,其凸部成弓状与蹄线口相对)、混合纹(有2个以上纹样形成一个)、变体纹(不属于任何种类的变形指纹)7种。

在指纹分析中,全部以数字代替指纹型种及其纹线数量多少、追踪纹线流向位置。(如表5.8所示)弓形纹用"1"标识;甲种蹄状纹用"2"标识;乙种蹄状纹内外端纹线数量1至9条,用"3"标识;乙种蹄状纹内外端纹线数量10至13条,用"4"标识;乙种蹄状纹内外端纹线数量14至16条,用"5"标识;乙种蹄状纹内外端纹线数量17条以上,用"6"标识;涡状纹追踪线在右三角形以上,中间纹线4条以上的,用"7"标识;涡状纹追踪线在右三角形以上或以下,中间纹线不足4条的,用"8"标识;涡状纹追踪线在右三角形以下,中间纹线4条以上的,用"9"标识;模糊、缺指等无法分类的用"0"标识。

表5.8 汉堡式指纹分析编码

弓形纹	甲种蹄状纹	乙种蹄状纹纹线数量				涡状纹三角形隔线			其他
		1—9条	10—13条	14—16条	17条以上	以上	中间	以下	
1	2	3	4	5	6	7	8	9	0

值得指出的是,各种指纹分析方法在具体实践中因传承发展或实际变通之因,有所不同,如日本明治四十一年(1908年)十月采用德国汉堡式指纹法。[①] 日本在采用汉堡式指纹分析法时,经过统计考量,发现日本人手指指纹纹线相比德国人较少。因此,日制汉堡

---

① 参见[日]南波奎三郎:《犯罪搜查法》,徐苏中译,上海法学编译社1932年版,第212页。

式指纹分析法，以数字“3”表示乙种蹄状纹内外端纹线数量 1 至 7 条；数字“4”表示乙种蹄状纹内外端纹线数量 8—11 条；数字“5”表示乙种蹄状纹内外端纹线数量 12—14 条；数字“6”表示乙种蹄状纹内外端纹线数量 15 条以上。[①] 因此，笔者也据此推断出，1932 年 12 月 7 日司法行政部法医研究所出具的那份《本部法医研究所准河北天津地院请鉴定张刘氏所按印纸之指纹是否与借据中指纹相符鉴定书》所使用的方法为日制汉堡式指纹分析法。

四、爱蒙培尔制指纹分析法

爱蒙培尔制指纹分析法由法国巴黎警察爱蒙培尔（Edmond Bayle）在 1923 年发布，1926 年上海法租界巡捕房开始采用该方法，笔者观其方法实际上是在亨利制的基础上，吸收了汉堡式的编码方法。

（一）初步分析

分类上，爱蒙培尔制将指纹分为五大类：弧形纹、左箕形纹、右箕形纹、斗形纹、双箕形纹。分别用数字“1”“2”“3”“4”“5”代替。毁坏指纹用“6”代替，残缺指纹用“7” 代替。每只手有五个指纹，即有五个代替数字。将左手大拇指连接右手大拇指并行平放，从左到右分别编号，中间用短横线隔开，如左手手指指纹全部为弧形纹，右手手指指纹全部为左箕形纹，则编号为“11111－22222”。该初步分析非常简单，易操作，但二步分析则相对复杂一些。

（二）二步分析

初步分析中相同之编号满十数以上时，即进行二步分析。爱蒙培尔制的二步分析基本上与亨利制相似，分为斗形纹分析、双箕形纹分析、箕形纹（包括左、右箕形纹）分析、弧形纹分析。

---

① 参见邵希康：《日本指纹分类规程（一九三二年八月十七日日本司法省训令第二号）》，载《现代司法》1937 年第 2 卷第 9 期。

当左右手指均为斗形纹,或者左右二食指及中指均为斗形纹时,则进行斗形纹二步分析。左手或右手同手食指为内(I),中指也为内(I)时,编号为“1”;同手食指为内(I),中指为遇(M)时,编号为“2”;同手食指为内(I),中指为外(O)时,编号为“3”;同手食指为遇(M),中指为内(I)时,编号为“4”; 同手食指为遇(M),中指为遇(M)时,编号为“5”;同手食指为遇(M),中指为外(O)时,编号为“6”;同手食指为外(O),中指为内(I)时,编号为“7”;同手食指为外(O),中指为遇(M)时,编号为“8”;同手食指为外(O),中指为外(O)时,编号为“9”。具体斗数表见表5.9。

表5.9　爱蒙培尔制斗数表

食指+中指	I+I	I+M	I+O	M+I	M+M	M+O	O+I	O+M	O+O
编号	1	2	3	4	5	6	7	8	9

当左右手指均为双箕形纹,或者左右二食指及中指均为双箕形纹时,与斗形纹计算方式相同。除了以上两种情况外,其余情形均只对右手手指指纹进行二步分析。

当右手手指为箕形纹时,包括右手五指均为箕形纹,或仅右拇指为箕形纹时,按照亨利制箕形纹纹线数量计算方法计算右拇指纹线,在右拇指下方标注纹线数量。若右拇指不是箕形纹,则计算右食指。以此类推,右拇指、右食指不是箕形纹,计算右中指;右拇指、右食指、右中指不是箕形纹,计算右无名指;右拇指、右食指、右中指、右无名指不是箕形纹,计算右小指。如果食指及中指均为斗形纹或双箕形纹时,则不计右拇指纹线数量,直接依照斗形纹或双箕形纹进行二步分析。

当右手手指均为弧形纹时,即进行二步分析。方法更为简单,即分别查找这五个指纹的三角形个数。如果全都没有,则标记“全无”;

有则在该指纹编号下一行标记具体数量,如"1""2"等(见表 5.10)。

表 5.10　爱蒙培尔制弧形纹标记

右手指指纹	1	1	1	1	1
三角形数	—	—	1	—	2

(三)三步分析

二步分析中相同之编号满十数以上时,即进行三步分析。三步分析是在二步分析基础上进一步分析编号。

箕形纹三步分析,则是向右方向,继续对右手的第二个指纹进行纹线数量计算,并将结果标识于上方。如十指指纹初步分析为 24244 - 53134,二步分析为 8,三步分析为 16,则三步分析编号如表 5.11 所示。

表 5.11　爱蒙培尔制箕形纹三步分析编号

三步分析	—	—	—	16	—
左手指	2	4	2	4	4
右手指	5	3	1	3	4
二步分析	—	8	—	—	—

斗形纹与双箕形纹的三步分析,则根据三角形纹线计算,不再赘述。

值得注意的是,爱蒙培尔制指纹分析方法为笔者根据对徐慧、王曰叟等人的著作的理解予以分析、整理,笔者纠正了部分错误。其他三种均有原文论著参考,但笔者并未寻到爱蒙培尔制指纹分类或分析方法的原文介绍,并且利用谷歌、CAIRIN INFO 等检索平台以"Edmond bayle""classification d'empreintes digitales""l'histoire de la police scientifique"等关键词检索也未找到相关原始资料。爱蒙培尔制指纹分析方法究竟如何,值得进一步研究。

五、中华式指纹分析法

除了以上四种典型的指纹分析方法之外,当时还出现了本土化的指纹分析方法——中华指纹学。中华指纹学由第一任全国指纹协会会长刘紫菀(见图5.2)于1929年创设,创设原因在于“尤感各国指纹,乃依指纹特性及习惯关系,而各别发明其式样也。故无能适用于我国者”。[①] 其创设本身、提法对当时而言,意义匪浅,标志着现代指纹技术本土化探索的开始。其内容究竟如何,值得分析研究。

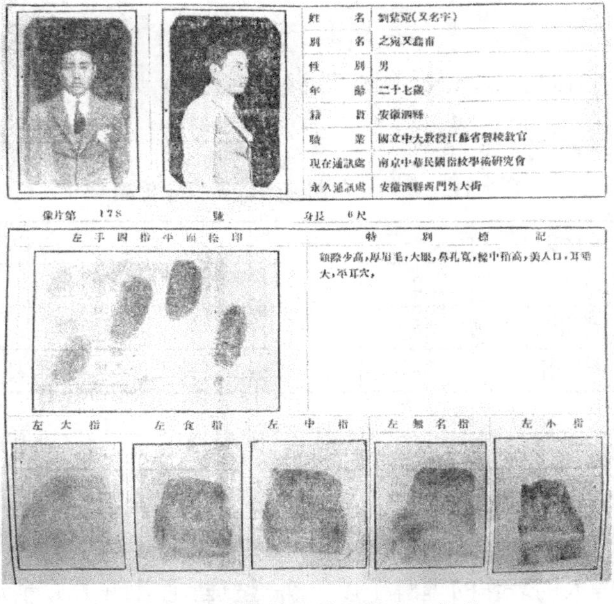

图5.2　刘紫菀照片及其左手指纹

中华式指纹分析法将指纹分为弓形纹、箕形纹和斗形纹三种典型类型。弓形纹不细分,称为“弧”;箕形纹分为“左箕”(ulnar

---

① 刘紫菀:《中华指纹学》,上海法学编译社1937年版,自序。

loops）和“右箕”（radial loops）两类；斗形纹分为斗、曲、杂三类，即该指纹分析方法将指纹一共分为三种六类。在分类上，尤其是在各类指纹类型的英文注释上，中华式指纹几乎与爱蒙培尔制指纹分类方法保持一致，同时吸纳了亨利制分类方法。只是斗形纹少了中心囊状箕形斗、侧面囊状箕形斗两类。为何采用亨利制的英文标识、爱蒙培尔制的法文标识，却减少了分类，在《中华指纹学》中并未寻得解释。笔者进一步研究，甚至发现该分类竟有一些不伦不类之处：

如其对箕形纹中左箕与右箕的区分：左箕，“所谓左者，乃已印于纸上或任何物体上并不分为左右手其箕头向左，三角形在左下方，箕之起点及落点，皆偏于右方是也。但其箕形线，须三根以上……若于右手指上观察，则箕头系向大指，箕之起点落点向小指……若于左手指上观察，则箕头系向小指，三角在小指头下方，箕之起点落点向大拇指”。[①] 右箕，反之，不作赘述（见图 5.3）。

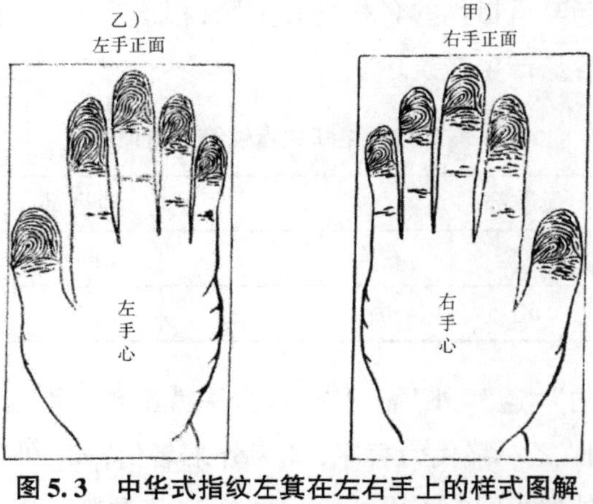

图 5.3　中华式指纹左箕在左右手上的样式图解

资料来源：刘紫菀：《中华指纹学》，上海法学编译社 1937 年版，第 181、183 页。

---

① 刘紫菀：《中华指纹学》，上海法学编译社 1937 年版，第 180 页。

由图5.3可见,该方法区分左箕、右箕,是以捺印后指纹的方向来判断,即捺印后,箕头朝左即为左箕;箕头朝右即为右箕。这种区分方法对从指纹捺印纸上判断箕形纹类型来说是非常方便的,源自爱蒙培尔制指纹分类方法。但是,中华式、爱蒙培尔制的左箕(boucles à gauche),当在右手上时,为亨利制的反箕;当在左手上时,为亨利制的正箕。亨利制的正箕、反箕之分本意上是从箕头朝向尺骨(ulnar)还是桡骨(radial)上加以区别。而中华式指纹分析法将左箕(boucles à gauche)标识为"正箕",右箕(boucles à droite)标识为"反箕",明显没有完全搞懂亨利制指纹分析法。

在指纹编号简记上,中华式指纹分析法提出了有别于其他国家指纹标记的中华式方法。以"甲"字代"弧"字;以"乙"字代"左箕"二字;以"丙"字代"右箕"二字;以"丁"字代"斗"字;以"戊"字代"曲"字;以"己"字代"杂"字,如表5.12所示。仅以汉字天干编排,字义上与其所指代的名称毫无关联,相比亨利制,中华式简记更易混淆,容易产生错误。

表5.12 中华式指纹编号简记

无数部			有数部		
弧	左箕	右箕	斗	曲	杂
甲	乙	丙	丁	戊	己

而在"内""遇""外"简记中,该方法就出现了明显的错误,如"外端以'外'之一字代为替字,凡为外端者,皆曰'外'"。[①] 根据该书解释,外端为图5.4甲处所示端点,与亨利制外流斗形纹"O"

① 刘紫菀:《中华指纹学》,上海法学编译社1937年版,第217页。

不同，但在斗形纹二步分析时却又将“外”解释为三角形外三根线以上，前后矛盾，令人费解。

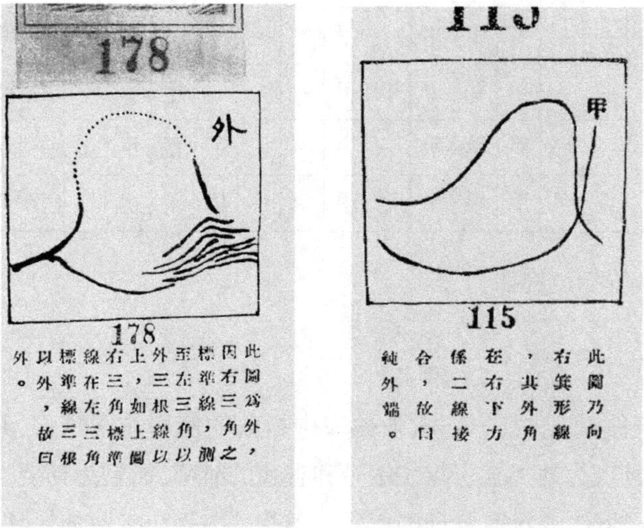

图 5.4　中华式指纹“外端”与“外”标图例

在指纹编号方法上，中华式指纹分析法总共分为四步。第一步分析，完全采用亨利制初步分析法。第二步分析，以亨利制左右两手食指纹形分析为主，但在标识上有所改变，如“若每类标记于食指时，则须于左食指头上加一点‘·’并将字体书大二分之一，其他指之代替字体皆小，使全步有所中心，便于检查及储藏……若左右两食指为弧，其余指杂有左箕右箕或斗曲杂时，只须将两大指及中指无名指上之左右箕及斗曲杂五类之代替字标出即可矣，若为重数时，则以‘2’‘3’字标于某种代替字之右角”。[①] 详见表 5.13、图 5.5。

---

① 刘紫菀：《中华指纹学》，上海法学编译社 1937 年版，第 244 页。

表 5.13　中华式指纹弧数表

指位	1	2	3	4	5	6	7	8	9	10	11	12	13	14	15	16
小拇指	—	—	—	甲	甲	—	甲	甲	—	—	—	甲	甲	—	甲	甲
无名指	—	—	甲	—	甲	甲	甲	—	—	—	甲	—	甲	甲	甲	—
中指	—	甲	甲	甲	甲	—	—	—	—	甲	甲	甲	甲	—	—	—
食指	甲	甲	甲	甲	甲	甲	甲	甲	甲	甲	甲	甲	甲	甲	甲	甲

具体标记例如：

$$\frac{\text{乙甲乙乙丙}}{\text{丙甲乙乙乙}}=\frac{1\ \text{乙}\dot{\text{甲}}\text{乙}^{2}}{1\ \text{丙甲乙}^{3}}$$

该种标识方法，首先，弧数表中指数的使用非常难记，并不实用，而且人为地加长了指纹编号和查找的时间，而且为何要以指数的形式标注，并没有合理的解释。其次，“·”和指数的标注方法，在实际应用中非常繁琐，容易导致书写错误。第三步(右小指分析)、第四步(左小指分析)亦有诸多问题。而且在关于该方法的著作中，为了凸显指纹证据技术的价值，作者甚至不惜将照相、人体特征特性、人体解剖、笔迹、印章列为片面识别方法，认为这些方法不精确，不能进行个人识别。该论述明显显露出作者对其他科学欠失了解，研究并不充分，表达亦不严谨。

因此，该指纹分析方法在当时即遭到强烈的质疑，如净禅认为，该指纹分析方法“误谬之处过多，实罄竹而难书”。① 夏全印在呈报公文中即写到“刘紫莞(菀)之中华式指纹法，(按刘系淞沪侦探学校六个月毕业者)更属滑稽之至，其法之如何，实无讨论

① 净禅：《评刘紫菀著中华指纹学》，载《现代警察》1934 年第 1 卷第 4 期。

之价值也”。①

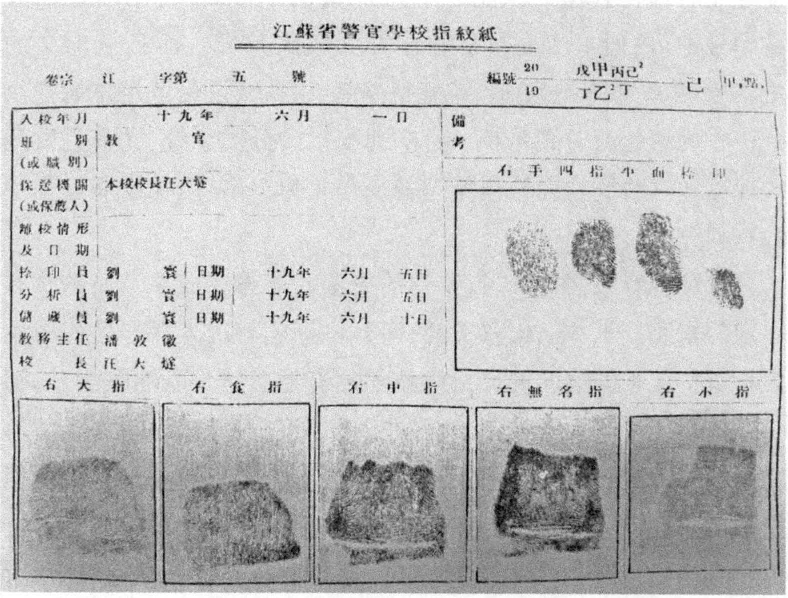

图 5.5　江苏省警官学校校长汪大燧指纹(中华式指纹编号)

六、几种分析方法的评述

由以上分析和对比可以发现，在分类上，武塞蒂赫制最为简单，基本分析仅有四大类，但难以应对较大的指纹样本量，因而附属分析又分十六种，难免前者过于简单，后者又过于复杂。汉堡式与亨利制指纹分类基本相同，在斗形纹的区分上有所差别。在编号上，武塞蒂赫制依然最为简单，但查找起来每次至少要找出五个号码，而亨利制第一步仅需确定技数或不计数即可。如果到第二

---

① 《据警官高等学校呈为前指纹专科主任教授夏全印等请求统一指纹学术咨请提交全国司法会议》，载《内政公报》1935 年第 8 卷第 19 期。

步继续查找,武塞蒂赫制恐怕要找出二十五个号码,而亨利制四个号左右即可查出。相比之下汉堡式也非常简单,用阿拉伯数字编号即可,但本质上与亨利制并无较大差异。而且从前文的史实梳理中,我们也知道,武塞蒂赫制、汉堡式及爱蒙培尔制指纹分析方法均起源于高尔顿——亨利制指纹分类系统,尤其是纹线的计算和三角形位置的判断等表现得尤为突出,但在发展过程中各有利弊。

依笔者看来,中华式指纹学的提法和著作完成在当时是具有一定的指纹技术本土化意义的,而且也标志着国人探寻适应中国人自身特征和国情的现代指纹技术的有益尝试。既然是尝试,那么书中出现谬误在所难免,仅需进一步纠正、讨论、完善,必定能够在中国技术史和学术史上,甚至是世界史上留有重要的地位。但是如前所述,该方法不仅在没有明确理解亨利制、爱蒙培尔制方法便将其粗暴地合一,令人难以理解,恐怕有理论堆砌之意,无科学研究之实。而且其最核心的问题是没有建立在对国人指纹特点包括型种特征、纹线特征等,广泛调查研究的基础之上,恐怕徒有本土创新之名,于事无补,绝非技术本土化探索。尽管当时也有支持者称中华式指纹的分类是综合了满汉蒙回藏五族统计特点,但并未提供实据,且笔者也并未查到相关统计资料,同时结合后来内政部与司法行政部的不完全统计工作,该说法并不可信,否则为何不在几次著作中指名分类依据呢?或者更准确地说,该分类至少没有广泛的调查基础。当然中华式指纹分析法的本土化探索是非常值得肯定的。可惜的是,笔者并未寻到中华指纹学改善之举措,或因20世纪30年代的战乱致使相关研究仍有很长的未尽之路。

第三节　争议背后——学说派系之争

技术是系统的知识。任何有关技术的争议，都是不同人的主张。而任何不同人的主张，都不可避免地受到个人认识的有限、学源关系甚至是人脉关系的影响。这种影响一旦形成学说派系，那么看似技术的争议往往就可能超过技术争议本身了。

一、师承关系与学源背景

师承关系与学源背景实际上是被包含与包含的关系，前者包含于后者之中。但是师承关系在中国传统文化的独特影响下，尤其是在尚未形成系统性的教育体系的民国时期，有着较为浓厚的伦理色彩。师承往往发展为师门，师门往往发展为派别。伦理下的师承关系对人们的认知，尤其是对知识的由来、知识对错与否的判断具有极为重要的影响。这种影响既有“以先入之语为主”①的认知习惯，更有“弟子事师，敬同于父”②的伦理价值观。在其影响下形成的指纹师生团体和职业团体，对指纹证据技术的标准，难免作出“师命难违”和于己有利的选择了。

（一）警官高等学校指纹专科与朝阳大学

在指纹证据技术知识的传播中，师承关系最突出的当属警官高等学校指纹专科了。在前述夏全印上呈请求统一指纹学术要求采用亨利制的提案中，联名成员中就出现了11名各地司法机关服

---

① 《汉书·息夫躬传》。

② 《太公家教》。

务人员的,即徐慧、吴望云、孟志奇、缪文忠、李硕夫、李侃、韩丙炎、方其蔚、敖培才、盛建雄、王江盛。笔者查阅指纹专科毕业生名录,发现这些人多为指纹专科毕业生,也就是夏全印的学生。其中徐慧、吴望云、盛建雄、王江盛为指纹专科第三班学员,毕业后分别就职于京师警政厅、浙江全省警务处(2 人)、浙江外海水上警察厅;缪文忠为指纹专科第二班学员,毕业后任职于山东青岛警察厅;李侃、韩丙炎、敖培才、方其蔚为指纹专科第一班学员,毕业后分别就职于江苏省会警察厅、江苏水上警察厅、浙江宁波警察厅、安徽全省警察厅。[①] 可见,夏全印的主张,有着强大的学生团队基础。而且,指纹专科共办了三班,培养了毕业生 326 人。夏全印培养的这些学生绝大多数毕业后被分往各地警察部门,可谓占据了警察部门指纹实践的"半壁江山"。1933 年、1935 年两次全国各省市警察机关办理指纹情况的统计表中可见一斑。其中更有诸多省市,直接标注其所实践的指纹证据技术方法为"夏全印制",足见其在实务部门学生中的权威性。

当然,不能简单地认为夏全印的所有学生都会支持亨利制,如根据 1935 年前的统计,其学生所在的山东青岛市公安局、北平市公安局依然在实践汉堡式指纹分析方法;甚至也有部分地区,事实上未按照内政部的要求委任警官学校毕业生相关职位。[②] 但从总

① 参见《咨:内务部呈大总统为警官高等学校指纹警犬两科毕业学员李庆鑫等援案请分发各省区实习缮单呈鉴文》,载《政府公报》1922 年第 2368 期;《咨:内务部呈大总统为警官高等学校指纹专科第二班毕业学员赵光宇等援案请分发各省区实习缮单呈鉴文》,载《政府公报》1924 年第 3035 期;《咨:内务部呈大总统为警官高等学校指纹专科第三班毕业学员武维洲等援案请分发各省区实习缮单呈鉴文》,载《政府公报》1926 年第 3827 期。

② 参见《公牍:警政部训令:保训会字第一号(中华民国二十九年八月十三日):令江苏省警务处、浙江省警务处、安徽省警务处等:令仰在分发该地办理指纹人员中遴选谙练指纹学术者兼充警士教练所指纹学术概要教官由》,载《警政公报》1940 年第 11 期。

体情况上看,夏全印主张亨利制为全国统一指纹分析方法,有着庞大的、忠实的学生拥护团队。对这些大部分指纹专科毕业生来说,汉堡式、武塞蒂赫制、爱蒙培尔制以及中华式指纹分析方法的差异点和优劣之处恐怕就没那么重要了,他们过去所学和他们的老师所主张的胜过技术本身。

除夏全印外,司法行政部门同样存在一个较为明显的师承关系,即朝阳大学的夏勤与其学生。当然夏勤只是编写《指纹法》教材,在朝阳大学讲授汉堡式指纹分析方法,并未像警官高等学校那样有针对性地、成批次地培养专职指纹技术人员,但其学生在司法系统中的影响也是尤为关键的,如在当时,"全国各地法院普遍有朝阳毕业生的席位,'无朝不成院',成为当时司法界广为传播之语"。[①] 这样一种师承关系同样为日后司法行政部门拟改用日制汉堡式指纹分析方法奠定了基础。

除了警官高等学校和朝阳大学在警界和司法界的影响外,同时还有刘紫菀 1929 年成立的"中华民国指纹学术研究会"的影响。该协会的影响,主要是其组织成员和会员对中华式指纹分析法的发展的影响,同样值得关注。该协会的高等顾问之一,法国人沙赛尔为上海法租界工部局侦探长,也是刘紫菀的实习老师,中华式指纹分类采用爱蒙培尔制的原因;另一高等顾问汪大燧,时为江苏省警官学校校长,这或许可以帮助我们理解,为何江苏省会公安局司法科指纹室初建时(1930 年)采用中华式指纹分析方法。该指纹协会在江苏、东三省、上海、浙江、安徽、山西、广东等处开设分会,[②]并

---

① 程波:《"法学津梁"——法学家夏勤与朝阳大学》,载《朝阳法律评论》2009 年第 2 期。

② 参见郑国屏:《广东指纹学会筹备成立的经过与历次实习的成绩及今后的希望》,载《指纹杂刊》1930 年第 2 期。

收取会费,高峰时自称会员有800余人。当然这些会员是否均支持中华式指纹分析法,是充满疑问的,毕竟其并没有像警官高等学校和朝阳大学那样有相对成熟的教育体制和师承关系。但在这些分会中,广东省分会,又名广东指纹学会,是刘紫菀中华式指纹分析方法的支持者,如全国指纹协会的专刊《指纹杂刊》第二期,即为广东省分会专刊,根据记载,刘紫菀曾多次赴广东传学。另一位关键人物易元兆的影响也值得关注。易元兆时任广东警校筹备处委员、总务部主任,①是广东警校筹备建设的主要人物。他曾发表《中华式指纹确立的理由》,②认为中华式"参合各国各式底方法,采其精华,去其糟粕"。这也是广东省采用中华式指纹分析方法的关键因素。

(二)租界

那么,夏全印的指纹证据技术从何习来呢?夏全印"民国七年(1918年)十二月,奉吴总监镜潭派赴上海,于英工部局手印间专心研究指纹之学术"。③ 而且,刘紫菀等人也曾赴上海公共租界学习。

刘紫菀虽曾留学日本学习指纹技术,"留学日本时,于未入陆军士官学校之先,拟入警察教习所读书。而所专心者,乃指纹学也。故时至其指纹部实习。唯其所用指纹之制度腐旧,并只用于警察一事,非人口众多、土地广大之中华民国。于此科学落后之际,所宜采行者,遂再专意研究德、奥、英、美等国指纹法"。但其中华式指纹分析法和其所著《中华指纹学》,并未看到日本汉堡式的

---

① 参见《广东民政厅令:兹委任易元兆为警官学校筹备处委员此状》,载《广东民政公报》1929年第48期。

② 易元兆:《中华式指纹学确立的理由》,载《指纹杂刊》1930年第2期。

③ 参见夏全印:《指纹学术》,光华美术印刷公司1922年版,自序。

较多影响。

"当民十七年(1928 年),由日归国……及法国式指纹学发明家爱蒙培尔氏门生,任上海法租界侦探长,淞沪侦探学校教官,法人沙赛尔氏。并实习于法英两工部局指纹部后,尤感各国指纹,乃依指纹特性及习惯关系,而各别发明其样式也,故无能适用于我国者。"①原文文字并不通顺,大意是,刘紫菀归国后在淞沪侦探班学习。当时的教官是法国人沙赛尔氏,沙赛尔氏恰巧是爱蒙培尔的门生。毕业后,刘紫菀又实习于法英两工部局指纹部。这就为我们很好地解释了为何前述中华式指纹分析法既采用了爱蒙培尔制指纹分类方法,又采用了亨利制指纹初步分析方法。王曰叟也曾在上海法租界巡捕房指纹部实习多时,因而其著说认为爱蒙培尔制指纹分析法为最简便适宜之法。②

但是,租界始终是帝国主义侵略中国的桥头堡。这些人员前往租界学习指纹证据技术的时间并不长,恐怕也可能不深入。夏全印时间最久,也不足 9 个月(1918 年 12 月至 1919 年 8 月);刘紫菀学习时间为 6 个月,也成为夏全印批评其学艺不佳的理由之一。

(三)留学团体

相比之下,赴外留学人员学习指纹证据技术的时间则相对较长,成本较高,但同样对技术的传播和标准的选择影响较大。

如前所述,夏勤有留日背景,因其所学指纹学为德国汉堡式指纹分析法(查其著说内容,指纹纹线编号为德式),主张"考若休氏(汉堡式)之分类法明显简要,实在其他学者之上。我国监狱现虽

① 刘紫菀:《中华指纹学》,上海法学编译社 1937 年版,自序。

② 王曰叟:《指纹学研究》,世界书局 1930 年版,第 17 页。

采用奥人佛斯蒂克所授指纹法,将来仍以采用若休氏之分类法为宜”。[①] 俞叔平所著《指纹学》“原为作者在维也纳大学刑事学研究所及奥国首都警察厅指纹局实习笔记”。[②] 1938 年归国后,加以整理,并选取上海市警察局的实例,作为中央警校的教材。但是有意思的是,查其《指纹学》内容,指纹分类以弓形纹、箕形纹和斗形纹三种典型类型为主,十指指纹分析以初步斗形纹分数分析、二步食指弧帐箕分析、三步箕形纹线计算与斗形纹追踪线分析、四步右小指箕形纹线计算分析。足以证明,俞叔平著说内容为亨利制指纹分析方法。由其自序也可推断,当时奥国施行的是亨利制指纹分析方法。徐圣熙自述“民国三十三年(1944 年)作者就读于美国司法部联邦调查局国立学院,并在联邦调查局指纹处实习指纹业务,所采指纹制度系亨利制,不过稍加改良”。[③] 道理是显而易见的,这三位指纹专家的留学学源背景决定了其指纹证据技术的类型。而且,留学目的国的变化,即前文所论述的由日到美的过程,对何种技术类型在中国传播,以及民国将采取何种技术标准来统一的问题都产生了直接影响。

二、人事关系

除师承关系外,不同部门、不同组织的人事关系也对指纹证据技术标准的分歧产生较大影响。例如,司法部在武塞蒂赫来华讲授其指纹技术之后,即下令全国司法行政部门开展武塞蒂赫制指纹分析方法捺印指纹。“查佛氏指纹法类别简单,检查便利。如果采用实行,自能收提纲挈领之效,唯据佛氏所称,此法须用于一般

---

① 夏勤:《指纹法》,北京东四牌楼汪家胡同 1918 年版,第 7－8 页。
② 参见俞叔平:《指纹学》,远东图书股份有限公司 1947 年版,自序。
③ 徐圣熙:《指纹学》,大光印书馆 1955 年版,自序。

人民,而吾国今日了然于指纹法之利便者,尚属少数,且兹事体大,将来必须另定法律始可适用于一般国民。此时,似宜仅就法院及监狱一部提前实行,于司法前途裨益非浅鲜也。"[1]尽管受当时政治环境等因素影响,其政令执行率并不高,但是在应用指纹证据技术的各省监狱和法院中基本采用该制。

而至1935年,司法行政部"有鉴于该法分类太简,检查不便,采取卢锡尔制(汉堡式)拟定方式,通令各省高等法院,转饬遵照在案。同时又设监狱训练班,并教授指纹一科"。[2] 为何采取汉堡式而不是当时已被较多警察部门采用的亨利制指纹分析方法?夏勤的影响再次凸显。当然不仅是他的学生因素,而且跟他的职位等人事关系相关。夏勤不仅曾为总检察厅首席检察官、朝阳学院教务长,而且曾是最高法院院长、朝阳学院副院长、朝阳学院校董事会成员。同为该学院校董事会成员还有其日本留学时的好友司法院院长居正、立法院院长孙科、司法行政部部长谢冠生、行政院院长张知本等。此外,夏勤后被任命为全国指纹调查委员会专门委员中的三位之一。司法行政部拟定改用夏勤在朝阳大学所教授的汉堡式指纹分析法,是否受其本人及其人事关系影响?即使答案是很难肯定的,但也难以否定其关联。

三、著说情况

任何学术和科学标准的争议,若要成为气候必然需要学术研究成果的支撑。为进一步了解民国时期指纹证据技术争议的

---

① 《司法部监狱司司长田荆华等呈司法部造具指纹研究会报告书请鉴核文》,载《政府公报》1913年第423期。

② 《据警官高等学校呈为前指纹专科主任教授夏全印等请求统一指纹学术咨请提交全国司法会议》,载《内政公报》1935年第8卷第19期。

情况,笔者收集了1918年至1949年出版的有关指纹学方面的书籍,并根据其内容分析了指纹证据技术渊源,具体如表5.14所示。

表5.14 指纹学著说情况(1918年至1949年)

作者	出版物	出版时间	主要渊源	用途
夏勤	《指纹法》	1918年	德·汉堡式	朝阳大学
伍冰壶	《指纹法》	1919年	英·亨利制	—
夏全印	《指纹学术》	1922年	英·亨利制	京师警察厅
刘紫菀	《中华指纹学》	1926年	法·爱蒙培尔制 英·亨利制	首都警察厅侦探训练班;国立中央大学
王曰叟	《指纹学研究》	1930年	法·爱蒙培尔制	—
卢政纲	《最新侦探学》	1932年	法·爱蒙培尔制	浙江警官学校
[日]南波奎三郎著,徐苏中译	《犯罪搜查法》	1932年	日·汉堡式	—
[日]田中祐吉著,上官悟尘译	《近世法医学》	1932年	日·汉堡式	—
阮光铭	《犯罪搜查法》	1935年	英·亨利制	浙江警官学校
孙雄	《狱务大全》	1935年	汉堡式	—
邓藩可	《指纹法学》	1935年	不详	—
郭正福	《指纹法之理论与实习》	1937年	日·汉堡式	伪满政府奉天地方警察学校
张恩书	《警察实务纲要》	1937年	法·爱蒙培尔制	河北省警官学校

续表

作者	出版物	出版时间	主要渊源	用途
师连舫、蒋天擎等	《刑事警察·违警罚法·行政执行法》	1941 年	英·亨利制	内政部中央训练委员会,县各级干部人员训练教材
俞叔平	《刑事警察与犯罪侦查》	1946 年	不详(非着重介绍指纹学)	—
冯文尧	《刑事警察科学知识全书》	1947 年	英·亨利制	—
俞叔平	《指纹学》	1947 年	英·亨利制	中央警校教材
余秀豪	《现代犯罪侦查》	1947 年	英国;美国(非着重介绍指纹学)	—
徐圣熙	《实用指纹学》	1947 年	英·亨利制	中央警校教材
中央警官学校编审处	《刑事警察合编》	1947 年	英·亨利制	中央警校教材
东北公安总处	《指纹学参考材料》	1948 年	不详	东北解放区

其中,邓藩可 1935 年曾著《指纹法学》,蔡元培等为其作序。[①]但未找到该书资料,所述指纹技术种类不详。在著说内容上,早期的成果如夏全印的《指纹学术》对指纹的功能多有介绍,然对指纹技术的应用、提取技术、鉴别技术等无所涉及。随着时间的发展、认识的深入和技术的进步,指纹学著作中对现场勘查中指纹痕迹的显现、提取,指纹特征的比对等内容逐渐增多。

在技术选择上,由表 5.14 可以分析出,1930 年以前,有关指纹

① 参见《指纹法学下月出版》,载《上海商报》1935 年 6 月 10 日,第 2 版。

学的著作,有汉堡式、亨利制、爱蒙培尔制。1930年至1940年,爱蒙培尔制与汉堡式成为著作中的主流。综合前文分析,笔者推测:一是因为爱蒙培尔制经上海法租界传入我国后,作为新的科学研究成果及其在亨利制基础上的简化发展,受到学术研究的关注,所以其相关著说集中在20世纪20年代末至30年代初;二是受当时政治环境影响,日制汉堡式指纹分析方法的译著和著作集中在这一时期出现。1940年之后,国内关于指纹学的著说基本以亨利制为主。这一时期指纹学著作中的技术标准内容基本上与留学生去向一致。

四、地域差异

此外,在师承关系、人事关系、著说等因素影响指纹技术标准选择的同时,地域差异也是指纹证据技术适用产生分歧的原因之一。尤其是在名为统一事实上分裂割据的民国时期,中央政令不通,各省市各自为政。当然这种地域的差异,源于政治的分裂,但中国地域的广袤同时为这种分裂提供了地域环境。地域的差异促使指纹证据技术的不同发展,如在1935年的调查中,指纹证据技术的选择基本上各省有自己的做法。更有部分省市,尤其是中西部地区甚至尚未在实践中应用指纹证据技术。伪满政府控制的东三省部分地区,以及其他被外来侵略者控制的地区均呈现不同的技术发展样态。即使是国民政府统治区规定技术标准,从全国范围来看也是未统一状态。

第四节　指纹证据技术统一之努力

随着统一的呼声越来越高,面对不同技术标准的分歧,如何选择适应中国国情和中国人特征的指纹证据技术,成为这一时期政府官员和专家学者必须直面且亟须解决的问题。

一、技术标准的选择

1933 年内政部与司法行政部呈请行政院召集的指纹专员会议虽然未能如期举办,但在各方的呼吁下,指纹证据技术标准统一已经成为两部的重要工作。各方纷纷提案,如谢瀛洲、夏全印均提案采用亨利制,但"惟司法行政部对此事,正从事研究,尚无所决定,并谓关于指纹制,世界本有三种,一种英式爱德华制,二为德式汉堡制,三为奥式佛思谛克制,三制中以英制发源最先,但繁复难用,奥制出现较后,且较简单,德制则系采取两制之长,而去其短,系最近发明。三制虽互有短长,要皆就各该国之人种指形纹出现状况而制订,律以中国人种之指形纹出现状况,并不适宜"。[①]

其中"中国人种之指形纹出现状况",事实上当时已有多个部门开展研究,如民国时期国立中央研究院历史语言研究所"为研究本国人手纹与指纹型之特点,及与他种民族有无异同诸问题,拟从各大都市之机关学校公役与工厂工人方面搜集手纹指纹,以资研究",[②]研究

---

① 参见《司法行政部研究统一全国指纹制,将研究万人指纹特制本国制》,载《警高月刊》1935 年第 3 卷第 5 期。

② 参见《令市立、私立各中小学校:为奉令转准中央研究院派员调查手纹及指纹型令仰知照并予以搜集便利由》,载《上海市教育局周报》1935 年第 296 期。

结果如何,并未看到其最终报告。但以司法行政部的调查为例,其谓“中国人,(一千人)弓形纹3.83%,箕形纹45.34%,斗形纹50.20%;美国人,(一千人)弓形纹5.20%,箕形纹62.70%,斗形纹32.20%;英国人,(五百人)弓形纹6.50%,箕形纹67.30%,斗形纹26.00%;德国人,弓形纹7.40%,箕形纹63.50%,斗形纹30.20%……可知英德适用之制,并不适用于我国”。[①]

但是仅仅以一千人,甚至五百人为样本,是否具有代表性,是否科学?这是非常值得怀疑的,甚至并无太大价值。尽管如此,以中国人指纹特征为方向探索中国式指纹分析方法的研究方向,无疑是正确的。这又让我们关注到刘紫菀的中华式指纹分析法。前文已论述该方法存在较多问题。“当时国内专家彭德威、谢灏龄、鄞裕坤、梁翰芬及徐慧精等,皆评论新法(中华式)太复杂,且复有许多可议之点,以为不宜采用。余(余秀豪)亦觉其不可行,恐有弄巧反拙之虞。向蒋部长签呈,当局有见于此,故未予采用。”[②]

一时间,内政部与司法行政部未能达成统一之办法,各自为政,如在1935年,司法行政部依然发布第2776号训令,“因先行指纹方式(武塞蒂赫制)分类太简,检查不易,要求各监狱统计在押人犯指纹,以准备研究制定部内统一办法,并在训令中统一了指纹纸,要求不得折叠”。[③] 从训令中可见,该部统一办法依然局限在“部内”。

---

① 参见《司法行政部研究统一全国指纹制,将研究万人指纹特制本国制》,载《警高月刊》1935年第3卷第5期。

② 余秀豪:《现代犯罪侦查》,商务印书馆1947年版,第44-45页。

③ 《令各省高等法院院长、江苏高等法院第二、三分院院长:转饬所属新监押捺在监人犯指纹呈部令》,载《法令周刊》1935年第258期。

二、技术统一计划

直至1936年，在行政院的召集下，内政部、司法行政部决定先设指纹调查委员会，正式开展全国指纹技术标准统一工作。根据指纹调查委员会组织规程，该调查委员会的工作事项包括调查国内各机关应用指纹法状况，明晰指纹分类、指纹核对、指纹复核、指纹对照等内容，解释指纹疑义，拟定指纹统计表格，考核各官署造送之指纹统计表册，收集与编译各国指纹法制度之参政资料，拟定统一指纹法草案等。①

（一）指纹调查委员会及其统一计划

指纹调查委员会认为，确定统一的指纹技术，必须“依据中国人民之指纹出现状况”②而定。随即，指纹调查委员会将调查全国指纹型种特征作为统一指纹技术标准的第一步，暂定为期1年。同时，内政部、司法行政部颁发聘请决定，我国历史上第一个全国性的指纹调查委员会成立：③

> 查我国警察与司法两方办理指纹所采方法分歧不一，既难互证，自鲜实效。本部等有鉴于此，经会商决定：共设指纹调查委员会，从事指纹调查工作，以便确定我国应采之统一指纹方法。并将该会组织规程分别呈经行政、司法两院核准备

---

① 参见《内政部、司法行政部指纹调查委员会组织规程》，载《广州市政府市政公报》1936年第533期。

② 《内政司法行政部指纹调查委员会工作报告（八月份第一期总报告）》，载《现代司法》1936年第2卷第1期。

③ 《公函：内政部、司法行政部聘书：零零一三八零号、公字第二四四号（二十五年三月二十八日）：函聘夏勤等为指纹调查委员会专门委员由》，载《司法公报》1936年第107期。

案,并公布各在案,按照该会组织规程第三条之规定,应置专门委员三人,由本部等选聘专家充任之。素仰先生对于指纹学术富有研究,拟请担任该委员会专门委员一席,相应检同聘书一件,函请查收为荷！此致

夏勤、夏全印、梁汉承先生。

内政部部长蒋作宾

司法行政部部长王用宾

根据指纹调查委员会工作计划,拟定分三步完成全国指纹调查工作:第一步,自1936年3月起至同年8月止,完成调查指纹型种工作;第二步,自1936年9月起至12月止完成计算隆线工作;第三步,自1937年1月至3月,根据第一、二两步所得结果制定指纹法式。

与此同时,1936年,伪满政府也开始在我国东北地区开展指纹统一工作。“警务司为统一指纹行政,成立指纹本部,划全东北为三变(编),将指纹本部改为中央指纹局,下设六个指纹警察区。同时召开指纹会议,统一指纹登记和搜查办法。”①

(二)统计调查方法及其结果

然而,我国人口众多,地域分布广泛,民族系统复杂,不同地域、不同民族指纹型种的情况是否一致,是非常值得考虑的问题。“自应由各别调查入手以求其共通点奇特异点,然后斟酌取舍,制定一适合中国人民之指纹法式,庶将来编号有适当之标准,储藏检查亦能得平均与便利之效果。”那应当以民族为主开展调查？还是

① 《日伪政情:统一指纹行政:成立中央指纹局,整备指纹搜查网》,载《东北通讯》1935年第3卷第5期。

以地域为主开展调查？我国疆土辽阔，人民杂处，各个民族系统殊难辨别，相对而言，以地域为标准着手调查更具可操作性。于是，指纹调查委员会决定“以省份及男女性为各别调查之标准，唯恐所得结果或系出于偶然，故复继之以混合调查俾得互相比较，以期正确”。在调查对象上，调查委员会则认为，当时研究最需要者，应在“犯罪预防及扑灭，故本会以犯人指纹为研究之对象，以期与本会设立之本旨相合”。[①]

经过近八个月的准备和调查，指纹调查委员会共调查全国十八省，六万三千人。大致结果如下：其一，就个别调查言之，箕形纹与斗形纹二者之出现状况，在男性中，除山东、湖南、广西、福建、四川、甘肃、察哈尔七省箕形纹多于斗形纹外，其余各省皆斗形纹多于箕形纹；在女性中，除湖北人斗形纹多于箕形纹外皆箕形纹多于斗形纹。其中指纹系数（$\frac{W}{R+U}\times 100$）结果显示：在男性中，指纹系数最大者为106.58，最小者为78.75，平均系数为102.62；女性中系数最大者为108.41，最小者为78.89，平均系数为87.73。其二，就混合调查言之，在男性中斗形纹亦多于箕形纹，女子则相反；男子之指纹系数为101.13，女子为83.88。其三，就全部被调查者之总结果而言，其斗形纹仍多于箕形纹，总平均系数为101.09。相比之下，该调查结果显示，中国人与同时代美国人、英国人、法国人、日本人等指纹本土调查有较大差异（见表5.15）。其四，无论斗形纹多于箕形纹或箕形纹多于斗形纹，其百分差常极微小，在男性中不超过3%，于女子中不超过11%。

① 《内政司法行政部指纹调查委员会工作报告（八月份第一期总报告）》，载《现代司法》1936年第2卷第1期。

表 5.15　各国人种指纹型种统计

<table>
<tr><th rowspan="3" colspan="2">人种
及性别</th><th rowspan="2">弓形纹</th><th colspan="3">箕形纹</th><th rowspan="2">斗形纹</th><th>指纹系数</th><th rowspan="3">调查人数</th><th rowspan="3">调查者</th><th rowspan="3">报告年度</th></tr>
<tr><th>内箕形纹</th><th>外箕形纹</th><th>共计</th><th rowspan="2">$\frac{W}{R+U}\times 100$</th></tr>
<tr><th>A</th><th>R</th><th>U</th><th>R+U</th><th>W</th></tr>
<tr><td rowspan="6">中国人</td><td>男</td><td>3.65</td><td>2.71</td><td>44.27</td><td>46.98</td><td>48</td><td>102.17</td><td>59,137</td><td rowspan="2">指纹调查委员会</td><td rowspan="2">1936</td></tr>
<tr><td>女</td><td>4.39</td><td>2.08</td><td>48.67</td><td>50.75</td><td>43.73</td><td>86.17</td><td>3863</td></tr>
<tr><td>男</td><td>4.01</td><td>2.69</td><td>43.08</td><td>45.75</td><td>49.3</td><td>107.76</td><td>2142</td><td rowspan="2">邵哲夫</td><td rowspan="2">1935</td></tr>
<tr><td>女</td><td>4.72</td><td>1.79</td><td>47.38</td><td>49.17</td><td>45.76</td><td>93.06</td><td>447</td></tr>
<tr><td rowspan="2">男女混合调查</td><td>1.4</td><td>2.66</td><td>45.03</td><td>47.69</td><td>50.66</td><td>106.23</td><td>300</td><td>久保</td><td>1918</td></tr>
<tr><td>2.0</td><td>2.70</td><td>45.30</td><td>48</td><td>49.9</td><td>103.96</td><td>308</td><td>椎野,三上</td><td>1922</td></tr>
<tr><td rowspan="4">日本人</td><td>男</td><td>2.5</td><td>3.5</td><td>48.3</td><td>51.8</td><td>44.1</td><td>85.13</td><td>6500</td><td rowspan="2">藤井</td><td rowspan="2">1922</td></tr>
<tr><td>女</td><td>3.4</td><td>2.9</td><td>52.1</td><td>55.0</td><td>40.2</td><td>73.09</td><td>1000</td></tr>
<tr><td rowspan="2">男女混合调查</td><td>1.81</td><td>3.84</td><td>48.92</td><td>52.76</td><td>45.16</td><td>85.59</td><td>1057</td><td>异同识别调查会</td><td>1913</td></tr>
<tr><td>6.76</td><td>5.77</td><td>49.56</td><td>55.33</td><td>37.91</td><td>68.51</td><td>17,226</td><td>司法省指纹部</td><td>1927</td></tr>
<tr><td rowspan="3">朝鲜人</td><td>在中国之儒民</td><td>3.13</td><td>3.73</td><td>43.81</td><td>47.54</td><td>49.33</td><td>103.76</td><td>134</td><td>三宅</td><td>1926</td></tr>
<tr><td>男</td><td>3.41</td><td>3.75</td><td>48.77</td><td>52.52</td><td>44.78</td><td>85.26</td><td>1000</td><td>久保</td><td>1918</td></tr>
<tr><td>女</td><td>3.66</td><td>2.83</td><td>51.47</td><td>54.36</td><td>41.90</td><td>77.16</td><td>300</td><td>久保</td><td>1918</td></tr>
<tr><td colspan="2">琉球人</td><td>1.9</td><td>2.5</td><td>49.4</td><td>51.9</td><td>46.2</td><td>69.01</td><td>218</td><td>金关</td><td>1930</td></tr>
<tr><td colspan="2">巴琉岛人</td><td>1.8</td><td>1.5</td><td>47.5</td><td>49.0</td><td>49.2</td><td>100.40</td><td>170</td><td>滕又</td><td>1930</td></tr>
<tr><td colspan="2">苏门答剌人</td><td>1.72</td><td>—</td><td>—</td><td>53.13</td><td>45.14</td><td>84.91</td><td>500</td><td>KI. de zwaan</td><td>1911</td></tr>
<tr><td colspan="2">日本桦太土人</td><td>2.9</td><td>3.8</td><td>61.40</td><td>65.2</td><td>31.8</td><td>48.61</td><td>55</td><td>长谷部</td><td>1918</td></tr>
<tr><td colspan="2">前印度人</td><td>1.6</td><td>2.7</td><td>59.2</td><td>61.9</td><td>32.1</td><td>58.48</td><td>27</td><td>Schlaginhanfen</td><td>1906</td></tr>
<tr><td colspan="2">呢士岛人</td><td>2.39</td><td>—</td><td>—</td><td>62.88</td><td>34.73</td><td>55.23</td><td>1300</td><td>KI. de zwaan</td><td>1911</td></tr>
<tr><td colspan="2">犹太人</td><td>4.2</td><td>3.00</td><td>50.0</td><td>53.0</td><td>42.7</td><td>80.56</td><td>200</td><td>Cummins midlo</td><td>1929</td></tr>
</table>

续表

人种及性别		弓形纹	箕形纹			斗形纹	指纹系数	调查人数	调查者	报告年度
			内箕形纹	外箕形纹	共计		$\frac{W}{R+U}\times 100$			
		A	R	U	R+U	W				
俄国人	男	6.5	4.4	57.53	61.73	32.12	50.03	11,000	Semenowski	1926
	女	8.44	3.6	60.67	64.27	27.39	42.46	11,000	Semenowski	1926
美国人		5.2	3.3	50.4	62.7	32.1	51.19	100	Cummins midlo	1927
德国人	巴法利亚人	4.1	5.1	58.4	63.5	30.2	47.5	100,000	R. Heindl	1921
	沙克逊人	4.1	5.1	59.6	64.7	30.6	47.2	100,000	R. Heindl	1921
德国本部人		7.4	5.1	57.9	63.0	29.2	46.34	100	gasti	1907
		5.3	5.0	60.0	65.0	30.0	46.15	15,000	Roscher	1905
法国人		5.0	5.0	60.0	65.0	30.0	46.15	不明	R. Heindl	—
英国人		6.5	—	—	67.3	26.0	38.63	500	Galton	1892
		4.8	5.6	63.7	69.3	25.3	36.51	5000	伦敦警察厅	1905
意大利人		3.7	3.7	53.7	57.41	39.3	68.49	100	Gasti	1907
		4.72	4.44	54.0	58.44	36.46	62.38	1579	Falco	1908
挪威人		7.40	5.81	61.14	66.95	25.65	38.31	24,518	Bonnevie	1922
波兰人		12.0	7.0	56.0	63.0	24.0	38.09	107	Loth	1910
印第安人		2.3	2.6	52.9	55.5	42	75.68	37	Cummins	1930
非洲西部黑人		3.6	1.0	56.3	57.3	38.9	67.92	100	Cummins	1930
印度人		4.5	—	—	65	30.5	46.89	2000	Collins	1913
丹麦人		5.4	5.5	59.3	64.8	29.7	45.83	100,000	T. N. Bugge	1932

资料来源:《内政司法行政部指纹调查委员会工作报告(八月份第一期总报告)》,载《现代司法》1936年第2卷第1期,第十八表,有删选。

对于我国究竟应当采用何种指纹分类制度而言,指纹调查委员会的第一期实证调查工作是非常科学的,即根据指纹型种的客观事实,而非具体分类制度的优越性,来制定指纹分类政策及相关法律法规,可以说是法律实证主义的一个重要体现。这意味着客观事实和科学方法开始成为法律规范和决策的重要依据。

然而,该调查结果的科学性也是具有争议性的。首先,从调查对象上看,指纹调查委员会只收到全国十八省的指纹样本,其他省份特别是边远地区的指纹统计情况缺失,调查数据不足全国的2/3,能否代表或推测全国人口的指纹型种呢?指纹调查委员会也考虑到这个问题带来的真实性考量,所以选取两万人不分省市混合,统计指纹系数,其结果与总结果基本相似,相差甚小,因此据以推断,足证全国情况。但是,该调查对象集中在东中部省市,西部及其他边远地区几乎没有调查结果反馈,而这些地方往往是交通不便、人口稳定、少数民族相对集中的区域。相比之下,其生理特征反而具有稳定性。缺乏这些地区的研究必然是无法代表全国现实的。尤其是在至今我们也未从科学上认识到指纹型种产生的生理原因以及指纹为何人各不同的情况下,直接抽取少数样本调查,其科学性自然应当受到质疑。其次,从指纹样本量上看,上述调查的科学性也存在值得怀疑之处。如1936年,内政部为筹办国民大会代表选举,统计全国各行政区人口,查各省市上报户口实数,结果显示当时全国人口总数约为416,336,664人。[①] 而该调查的样本仅有六万多人,相差实在较大。即使是以在押犯人为对象,以图提高指纹型种调查结果的针对性,但查其样本最多的省份为江苏省11,700人,最少省份为甘肃省100人,那么甘肃省的这100人能否代表全省在押犯人和虞犯的特征呢?答案是否定的。

但总体而言,限于当时的技术手段和样本的匮乏,如1947年5

① 参见内政部:《人口统计》,中华年鉴社1948年版,第1-4页。

月的统计中，33 个警察机关中仍有广西省会警察局、江苏省会警察局、安东市警察局未有指纹设备、未开展相关工作，该调查结果已然迈出了科学调查和研究的第一步，对我们掌握部分地区尤其是我国东部地区人口指纹型种的分布状况，具有一定的参考价值。通过其不充分的调查，我们也可以看到，指纹型种的分布，恐因国别、地域不同而不同。而且同一民族、同一地域人们的指纹型种特征会不会随着时间、气候的变化而发生改变也是值得研究的问题。

在同年 12 月的第二期报告中，指纹调查委员会根据第一期的调查样本，进一步完成了计算隆线工作。主要是择取了三角形较为明显的指纹一万张，计算外箕形纹和斗形纹的隆线数。该项调查的目的在于确定指纹编号的标准。调查显示：外箕形纹中，隆线数以 14 线内外为最多，34 线以上者最少。斗形纹中，追踪线流于右三角内侧者（I），其隆线以 4 至 13 线为最多，32 线以上者仅有 13 个；追踪线流于右三角外侧者（O），其隆线数无者为最多，19 线以上者最少。

三、形式上的仓促统一

可惜的是，指纹调查委员会并没有完成关键的第三步，也就是根据第一、二两步所得结果制定指纹法式。可能是 1937 年日本全面侵华战争的开始，导致工作搁置。但也有记载指出，“内政部及司法行政部曾合组指纹调查委员会，调查中国人之指纹实际状况，准备另定适合国情之指纹分析法，结果因人事关系，迄未达成任务”。什么人事关系原因？史料并未交代。笔者推测或是战事致使政府部门人事调整的影响。值得注意的是，在此期间，内政部与司法行政部并未停止各自部内探索指纹统一的工作。

1936 年 4 月 13 日，内政部拟定《统一各省市警政纲要》决定统一全国警政,后由李士珍建议,统一警官教育为统一警政之先决条件,行政院通过《整理警政原则》,其中第7条规定:“警官教育,应统一于中央警官学校。”由此,警官高等学校与浙江警官学校合并,改为中央警官学校。但限于当时的政治环境,全国的警政仍然只是形式上的统一。尽管如此,中国警政自此开启统一发展的进程。中央警官学校成立之时,即在教务处下设警鸽室、警犬室、指纹室、照相室、验枪室、理化室、编译室、课程股。① 查其指纹室建设内容和当时中央警官学校的教材中可看出,采用的是亨利制指纹分析法。中央警官学校的设立,标志着中央警察教育,包括中央层面证据科学培训的初步统一,这为日后的技术统一奠定了基础。

1940年,警政部公布《各机关办理指纹暂行规则》。② 该规则第3条规定:“指纹制度,依据我国固有手指箕斗,参照亨利式定为二部八类。”即第一部分为三类:箕类、帐类、弧类;第二部分为五类:斗类、囊类、绞类、偏类、杂类。捺印方法一律捺印十指三面印及十指平面印,代押证者一律捺右拇指或右食指三面印。指纹用纸及色素全部由内政部统一式样。指纹鉴定必须制定鉴定书,由鉴定人员负责,鉴定书格式由内政部统一制定。但因日本侵华战争的发生,这种形式上的统一也遭到严重破坏。然而,战争中指纹证据技术的应用并未完全停滞,如1944年,四川、福建等省政府因地处边远地区或战时影响,以致地方缺乏照相器材,所以内政部通令指纹代替相片。③

---

① 1946年这些类目改设入刑事实验室。

② 《法令(甲)法规:各机关办理指纹暂行规则》,载《中华法令旬刊》1940年第17期。

③ 参见《咨送指纹代像片暂行办法请查照一案令仰知照由》,载《四川省政府公报》1944年第269期。

几乎与内政部同时，1936 年，司法行政部查各省新监办理指纹人员捺印填载大部分未尽得法，令各省高等法院（湖北除外）酌调人员到部里练习。[①] 1937 年，司法行政部之指纹练习班业已练习期满，分发四川、江西、湖北、山东、江苏各省监狱。[②] 1946 年，《首都（南京）地方法院检察处、警察厅会订刑事案件各项笔录捺印指纹办法》规定，刑事案件各项笔录，应捺印受讯问人或在场之人左拇指指纹，且应当三面捺印。[③]

可见，内政部与司法行政部依然在各自系统内自行其是。甚至内政部与司法行政部 1936 年 3 月 30 日公布的《内政司法行政部指纹调查委员会组织规程》，也在 1944 年 3 月被废止。[④]

抗战胜利后，国家百废待兴，指纹证据技术标准的统一也再次成为政府建设的重要议题。1947 年 5 月 23 日，内政部警察总署在南京召开指纹会议。会议"决十指指纹采用亨利埃德华式，单指指纹采用白脱里式，至指纹用则采用卡片立体式（长宽各八英寸，选用重磅白光道林纸印制），嗣后，全国各级警察机关及警察教育机关一律采用，以期划一"。[⑤] 自此，经过多年的统一工作，内政部的这一决定，似乎成为中国指纹证据技术发展史上的里程碑。

然而问题是该统一之命令由内政部作出，司法行政部有没有

---

① 参见《为令调各省新监候捕看守长到部练习指纹由》，载《司法公报》1936 年第 138 期。

② 参见《法讯：法部委派指纹人员》，载《法令周刊》1937 年第 353 期。

③ 参见《首都地方法院检察处、警察厅会订刑事案件各项笔录捺印指纹办法》，载《国民政府公报》1946 年第 2695 期。

④ 参见《命令：训令：通案：秘一字第二九九二号（三三，三，七）：通令：准内政、司法行政部函为奉令将司法行政、内政部指纹调查委员会组织规程会同公告废止一案令仰知照由》，载《四川省政府公报》1944 年第 233 期。

⑤ 王耀武：《公牍：准内政部电为确立全国指纹制度案仰遵照一律采用由》，载《山东省政府公报》1947 年复刊第 73 – 76 期合册，第 9 页。

认可呢,指纹证据技术是否实现了统一?“民国肇建四十余年,司法机关,向无统一之指纹制度,最高检察署,有鉴于指纹在司法业务上地位之重要,特请美国联邦调查局出身之指纹专家徐圣熙君主持调查事务,与四十一年七月首创已决犯指纹调查制度。”[①]可见,并没有。也就是说,此次指纹技术标准的统一,仅限于内政部警察总署,依然是“部内”统一。

但是,另一个问题是,此次统一为何选择亨利制?是不是根据战前指纹调查委员会的调查结果而作出的呢?抑或有没有结合中国人指纹型种的特点来选择和制定标准?

警政总署选择亨利制的原因是多方面的。既有前述警察机关多采用亨利制的现实考量,如 1946 年至 1947 年间,首都(南京)、重庆、上海、广州、北平等地警察机关的指纹设备,全是采用亨利制度,而且已经储藏了数十万张指纹卡。[②] 也有战后国民政府与美国的紧密政治关系影响。正如前文所述,当时出国学习警政的留学生多以美国为目的国,美国联邦调查局所施行的方法即为亨利制。不仅当时警政总署的大部分设备资源均由中美合作所搬至南京,而且战后中国的警政建设大多效仿美国,如 1945 年,上海市警察局曾函询美国华盛顿警察局有关指纹及罪犯鉴定用具,以为参照。[③]

但是否根据战前指纹调查委员会的调查结果,以及结合中国人指纹型种的特点来选择,却未在相关报告和史料中寻得相关支持材料。当时就有专家对内政部警政总署的决定提出了质疑。

---

① 徐圣熙:《指纹学》,大光印书馆 1955 年版,赵琛序。

② 参见徐圣熙:《指纹学》,大光印书馆 1955 年版,赵琛序。

③ 《上海市警察局函询美国华盛顿警察局有关指纹及罪犯鉴定用具》,上海档案馆,档案编号:Q131 -5 -9075。

“集合了京沪的专家们，在警察总署开了半天的会议……一下子把几十年来不能解决的问题完全给他解决了……听说这一次的会议，除了警察总署本身，事先会有过一点准备之外，其余的所谓专家，事先根少（本）不知道要有这么一回事，临时接到了通知，临时参加了会议，迅雷不及掩耳般的提出了问题，少数左右了多数的决议……现在的专家不一定集中在京沪两地，和会议期间的如此匆忙短促，一切情形，我们认为无论如何都应该有重新予以检讨的必要。”①

而且，内政部警察总署即便是在内部决定统一，也未曾明确亨利制指纹分析法的具体标准。如前所述，夏全印 1940 年编制的《各机关办理指纹暂行规则》等对亨利制指纹分析法有所变通，各地实践之具体方法亦有不同。简单的决定有利于指纹技术标准统一的实现，但未必能在实际上达成统一之效。

总之，指纹证据技术的分歧问题与统一努力，既有历史的经验和教训，也有许多未竟之路，值得我们深思。

① 净禅：《对于指纹统一会议的一点小贡献》，载《警声月刊》1947 年第 1 卷第 10 期。

第六章　反思：证据科学技术的发展与问题

人类社会的历史并非过眼云烟，而是在循环往复中向前推演。考证与梳理历史，不仅在于努力还原史实，更重要的是能够从历史的现象中汲取经验，反思当下。

1904 年至 1949 年指纹证据技术在中国的引入、发展和分歧的历史留下了经验与教训，其中，中国文化与人文环境下证据科学应用与法律实践中产生的问题很有可能在当今社会或多或少地存在。如何透过指纹证据技术的引入、发展与分歧来思考其发展特点、发展问题、影响因素和当今启示，反思检警权力关系、证据科学与司法的关系等，对还原历史、丰富研究成果、总结历史经验具有重要创新意义。

第一节　指纹证据技术发展的特征与启示

回顾1904年至1949年指纹证据技术在中国的引入、发展和分歧的这段历史，总体可以总结出以下几点特征以更深刻地探讨其问题和经验。

一、指纹证据技术发展特点

(一)盲目性

清末民国时期，指纹证据技术的引入和推广，甚至在技术标准的分歧争议中，未考虑客观实际，存在盲目性发展问题。

首先，对指纹证据技术的认识存在一定对盲目性。不可否认的是，西方多数文献中记载了中国古代对指纹的应用成为印度和英国等国家和地区的学者研究指纹应用价值的重要线索。但从指纹证据技术的发展基础、学科奠基和发展步骤上看，西方国家和地区发明指纹证据技术，使人类对指纹的认识成为一门科学，具有必然性。放大镜和人体解剖学等科学工具和自然科学的发展，为科学地观察和认识人体指纹打开了窗户。清末民国时期的文献中，有的仅凭西方的部分著作就简单地认为世界指纹证据技术起源于中国，难免有“西法中源”说之嫌，没有看到科学技术发展的普遍性。而且研究指纹稳定性的第一人赫谢尔也否认其研究受到任何来自中国的影响。同时，也有文献甚至是官方文件认为“吾国手印之式倡行最古……然多为迷信与仪式之关系”。[1] 这种认识也是不全面的,如前所述,中国古代确实存在能够依指纹纹线特征断案的案例。如同对西学引入的文化解释,回避或未能正面地回答中学与西学的关系,认识上的盲目性必然导致实践的无序,并不利于技术的推广甚至探索。

其次,指纹证据技术的推广也是盲目、混乱的。民初司法部为最早(1913 年)引入和推广指纹证据技术的中央政府部门,起初采用的是武塞蒂赫制指纹分类系统,而后司法讲习所第一任所长余棨昌邀请日本法学家来华授课时讲授的却是德国汉堡式,几年之后旋即考虑推广日制汉堡式指纹分类系统;内政部警察部门的指纹证据技术推广则更为混乱,在中央层面先向司法部学习武塞蒂赫制,后又选派夏全印等人赴上海公共租界学习亨利制,在地方上更是各自为政,直至 1947 年才实现形式上的统一。从整体上而言,清末民国时期中国指纹证据技术的引入和推广官方与民间都是无序的。

最后,指纹证据技术标准的分歧争议也是盲目的。查阅夏全印等人力争采用亨利制指纹分类系统统一国内指纹制度的论据,主要在于“卢锡尔制(汉堡式)与英美各国现行指纹制不合”,[2]且国内多数警察机关采用亨利制,从头至尾未见任何关于国人指纹特征或适用性的论证。所谓本土化创新研究中华式指纹分析法,也只见其为多种指纹分类技术的融合,既未说明融合过程技术标准选择的理由,也未见关于本土化的实质研究。可惜的是指纹调查委员会的统一工作,有着本土化的研究计划和措施,但也仅仅是

① 《司法部监狱司司长田荆华等呈司法部造具指纹研究会报告书请鉴核文》,载《政府公报》1913 年第 423 期。

② 《据警官高等学校呈为前指纹专科主任教授夏全印等请求统一指纹学术咨请提交全国司法会议》,载《内政公报》1935 年第 19 期。

昙花一现。

（二）重复性

这一时期指纹证据技术在盲目发展的同时存在重复性建设。重复性建设实质上是与盲目性相关联的。不知西方指纹证据技术缘何而起，只谓“德国的一位学者布尔景译式在一八二三年的时候发明了指纹”①，便将其翻译、介绍、阐释和应用。因而在具体技术标准选择中，往往在人事调整、政局变动后推倒重来。这种重复性建设在最早一批实践指纹证据技术的城市尤为明显，如 1924 年上海淞沪警察厅开办指纹登记业务，采用亨利制；1927 年多数指纹档案被捣毁，国民革命军抵达之后，淞沪警察厅改名为上海特别市公安局，先沿袭原来的指纹室编制和方法，后改用武塞蒂赫制；1929 年指纹统计时期又称拟改为爱蒙培尔制。

（三）世界性

世界性在民国时期的指纹证据技术发展中尤为明显：一方面，从技术标准的实践上看，英国亨利制、阿根廷武塞蒂赫制、法国爱蒙培尔制以及德制、日制汉堡式等世界前沿指纹分类系统都在中国得以引入和实践；另一方面，从指纹技术人员的培养上，政府不仅选派留学生出国学习，积极参与国际交流，而且还聘请外籍人士担任警校教官。此外，在具体技术标准的选择上，英国、美国普遍使用亨利制也成为民国政府考量的主要因素。然而这种世界性的引入和发展并不是全面的，存在局限性。这种局限性表现为技术发展上的依赖性。

（四）依赖性

民国时期的指纹证据技术在无序发展的过程中，尽管呈现

① 王曰叟：《指纹学研究》，世界书局 1930 年版，自序。

出一定的世界性、前沿性,出现各种指纹证据技术同时得以在一个国家内施展的独特现象,但是却是一种“博采西学”的拿来主义。仔细翻阅民国时期大部分指纹学相关论著和研究,它们或多或少回答了指纹证据技术从何而来、有何特征和价值以及如何运用的问题,对于指纹证据技术应用的研究林林总总,而经过30多年的引入发展,对于该技术如何得以发明产生、产生运用的过程是否存在以及存在哪些问题、未来研究的趋向等却几未提及,更未见任何对指纹证据技术真实性、可靠性的验证研究和指纹鉴定标准的具体研究。实际上可以看出这一时期指纹证据技术的发展几乎没有本土化的研究,停留在技术移植的低级阶段。因此其技术发展甚至是工具的使用必然依赖西方,如1945年上海市警察局函询美国华盛顿警察局有关指纹及罪犯鉴定用具,以为参照。

二、指纹证据技术发展的问题与文化因素

文化对人行为的影响往往是深不可测,难以估量的。如同第一章所阐释的,法律改革的命运在根本上取决于文化建设的成败,说到底文化是影响指纹证据技术发展的最大因素。要从根本上理解和探讨指纹证据技术引入和发展的因素,就不得不深究文化的影响。文化的概念是非常大的,大到至今也未能以语言精准地描述。“文化,就是吾人生活所依靠之一切”,①包括国家政治、法律制度、宗教信仰、历史风俗等多个部分。中国文化为中国数千年历史所创造,又铸成了中国人的个性。文化始终是在借鉴和发展中的。“哪怕是学习一种技术,接受其相应的观念也是势所必然

① 梁漱溟:《中国文化要义》,上海人民出版社2011年版,第7页。

的……一个民族吸收外来文化，如果不能使之与本土文化相融合，难免陷入尴尬境地：旧的业遭破坏，新的却无以产生。”①如此一言，再谈文化对指纹证据技术发展的影响，笔者自觉学识和智力都无法驾驭，而且甚至可以包含以下政治需求、学科教育等因素，又不得不因其对指纹证据技术发展影响之深特点之明，仅就时人对该技术的认知问题略谈之一二。

（一）引之不谓来由

“指纹学之入中国乃随欧洲之法律学以俱来。”②前文（第一章）已阐释过清末民初学习西学的文化解释，解释的重点在于如何看待西学，而非是何。中国人勤于思考，却怯于质疑。科学的认知是首先要解决指纹证据技术是什么的问题，但中国人的传统思维是化物为事。因此如何讨论都不能解释为何抛弃中学以及如何中西合用这个“事”。它既违历史，也于“礼”不通。解释讨论的过程未能自洽，但结果最终随着现实的改变而被动地达成相对共识，逐渐放弃自信，直至开始走向“照搬”之路。然而“照搬”的动机也绝不是消化知识，而是救亡图存。这种文化认知的态度在指纹证据技术引入的过程中表现得较为明显。起初夏勤、夏全印等人或将书“藏之箧中归国”或专门求学，其心可佩，其行可嘉。所著的指纹学著作论及其应用价值，“人各不同，终身不变”，可用于“立法、司法（包括检察、审判、侦缉、监狱、尸检）、行政（包括户政、城市管理、特种营业管理等）、军事、商业（包括银行、商旅等）、社会（包括契约订立、家产分析等）”。③ 相似之关于技术应用的讨论繁见于不同著作、报刊甚至法令之中。但至于该技术是建立在何等科学

① 梁治平：《寻求自然秩序中的和谐》，商务印书馆2013年版，第231页。
② 俞叔平：《指纹学》，远东图书股份有限公司1947年版，戴传贤序。
③ 参见夏全印：《指纹学术》，光华美术印刷公司1922年版，第4－16页。

基础之上,为何“人各不同,终身不变”,有何佐证,是否适用于中国人种等问题却未见讨论。倘若是因为当时的皮肤学、解剖学以及统计学等学科尚未起步发展,但引入近半个世纪以来也未见基础性的探讨。或许自始就将指纹证据技术视为一种西方发明的工具和方法,无所谓科学研究,更遑论本土化探索。

(二)发展不问现实

“中国文化有些从心发出来,便不免理想多过事实,有不落实之病。”[①]中国传统文献之中,很少有对社会现象的研究。而技术的发展在于实际应用,如果应用脱离了现实,那么盲目与重复的建设自是必然,指纹证据技术的发展过程便是如此。

首先,教育发展脱离实需。以指纹技术专科为例,该专科是夏全印自上海公共租界学成返京后于1920年在警官高等学校呈准设立,招录现役警察培训,共培养三期,毕业生324人。该专科的举办以及毕业生在指纹证据技术发展历史中的重要影响和积极意义前文已有较多阐述。然而,有两个问题一直回绕在笔者脑海。以指纹为独立专业,足见当时对指纹专业教育的重视,甚至为至今所不能及,所以让笔者好奇,这个专业教什么学什么。经查阅资料,其科目包括《指纹法术》《指纹法论》《个人识别法》《刑法》《侦探学》《司法警察》《警察法令》七门,学制一年半至两年。与其他专科和正科相比科目最少。且查其指纹学教材主要为夏全印所著《指纹学术》,其内容无外乎民国时期技术水平下的指纹特征、指纹分类、指纹编码、指纹存储几个部分,为何要学习两年之久?从课程设置和学制本身上看,该指纹技术专科的设置是否有空中楼阁之嫌?此外,这324人据内务部报表均援案分配各省市警察部

① 梁漱溟:《中国文化要义》,上海人民出版社2011年版,第271页。

门实习,但事实上实务部门有这么多现实业务需求吗?截止到1935年的统计,全国仅有约19个警察部门设立了指纹技术部门。其中,中央层面1930年首都警察厅开办指纹室,设管理员1人,技士2人,办事员2人,捺印警26人;地方层面较为先进和完善的上海特别市公安局指纹室专门的编制和专职人员共2人,1929年扩编为指纹股后也仅设主任1人,科员1人,办事员1人,司捺员2人,书记1人。其他地区人员编制更为稀少,甚至大部分地区警察部门没有开展相关业务。其举办之初就未曾有实践考察与实证研究。足见其教育理想与就业现实的脱节及其发展的盲目性。

其次,应用研究缺乏实证。通过对民国时期文献和资料的梳理,我们能够掌握和了解昔时指纹编码技术的水平。但在当时案件侦查部门是如何应用指纹证据技术,以及在具体案例中应用到何种程度,笔者一直希冀在史料和文献中探寻答案。相比前者,关于指纹证据技术的实证研究和应用的资料和案卷非常稀少。胡存忠曾言"比年毕业而分发各省者已数百人……夏君课余之暇复能应用其学以鉴别罪犯之指纹而定法庭之疑谳者多至二三十案"。[1]如果从1920年创办指纹技术专科起至1926年《指纹实验录》出版止,多年间夏全印运用指纹证据技术破获案件"多至二三十案",可见实际应用该技术破获的案件非常少。问题是,《指纹实验录》可能是当时唯一一本记录指纹证据技术应用的专业文献,其中记载的21个经典案例,技术应用过程多表述为"幸有指纹以为根据自可确认,而案遂破获矣。""由该宅玻璃窗上发现指纹五处,乃将李宅仆役之指纹依次捺印逐一核对。适与车夫顾阿四之指纹相

① 夏全印:《指纹实验录》,中国印书局1926年版,胡存忠序。

符。”“相持之下未能确定,余即将窃贼指纹捺下,与指纹储藏柜内之指纹核对,忽与惯犯名李阿金之指纹相同”。至于如何比对成功等技术内容,只字未提。该书虽名为实验录,除了提高、夸大指纹证据技术“案无不破”[①]功效外,毫无科学研究价值,更似侦探小说,对技术的实效与比对标准丝毫无怀疑和研究之心。直至1947年俞叔平所著《指纹学》收录了少量指纹鉴定比对案例,但也只是提供了特征比对图。而在相对丰富的指纹编码技术的研究中,或争日德,或争英美,也无中国人本土客观情况等实证之研究。反而令笔者更为诧异的是,在翻阅资料时却发现了日本人关于苗族的指纹调查——《苗族调查报告》。[②] 再看日制汉堡式之所以为日制,是因为日本人根据对本民族指纹之研究,更改了几处德制汉堡式乙种蹄状纹纹线数量代码。足见日本在引入和发展中已然重视对西方研究理论和研究方法的运用,而非“西用”“照搬”。这种研究理论和研究方法的运用即文化学习与融合的过程。“近代日本的成功,说到底乃是文化的成功,进而言之,是文化融合的成功。”[③]奈何当时的中国学者和专家未进行任何相似研究?两国学西方之差异可见端倪。

(三)争议流于人事

“中国人讲学问,详于人事而忽于物理。”[④]民国指纹证据技术“世界性”发展的结果必然是探讨统一问题。关于统一标准的争议始于1931年,至1937年因日本侵华战争告一段落。但是在这

① 夏全印:《指纹实验录》,中国印书局1926年版,自序。

② 参见[日]鸟居龙藏:《苗族调查报告》,国立编译馆译,商务印书馆1936年版,第68-70页。

③ 梁治平:《寻求自然秩序中的和谐》,商务印书馆2013年版,第231页。

④ 梁漱溟:《中国文化要义》,上海人民出版社2011年版,第255页。

近 6 年的时间里，问题的争议和发展的走向，最终却走向人事之争。争议各方的焦点话题往往集中在何种指纹证据技术应用简单，何种技术在英美等国得到广泛应用，何种技术在当时实践部门和指纹技术人员中使用最多等问题。唯一探讨本土化研究的中华式指纹分析法，如前所述，徒有本土化之名却无中国人种指纹客观特征等本土研究之实。而且，就 1937 年版的《中华指纹学》漏误上看，推崇中华式指纹分析法的专家对发展中华指纹学会的重视，超过了技术研究本身。而之所以发展中华指纹学会，尤其是从 1929 年 200 余人，至 1930 年猛增至 800 余人，可见"人事"发展之重。因为在当时，有多少人在使用某种技术，甚至成为选择技术标准的一个重要考量因素，如前述夏全印上书力争亨利制之报告。唯一可以看到希望的指纹调查委员会的实证调查，虽然调查样本存在客观性和代表性的问题，但毕竟是"物理"之研究，然而却无疾而终，即使是在战后也未能受到重视。当然，笔者并不是说当时指纹学会的发展和中华式指纹分析方法的推广就是借"中华式"本土化之名抢占资源。刘紫菀、夏全印等先哲在中国指纹证据技术的发展历史上作出了杰出的贡献，不仅推动了指纹证据技术的推广应用和本土化研究，而且推动了中国近代侦查的现代化演进历程。笔者本部分所要探讨的是从文化根源上分析这一历史进程中的共性障碍等不利的一面。至少从关于争议的史实中，我们能看到人事之争的因素。中国人的人事之争，往往发展为派系之争，派系之争的结果，往往是私欲的彰显，这最终成为各个派系通过技术标准、法律改革之争逞其私欲的又一个例证。

文化的影响或为以上问题的根本原因，同时也带来了盲目发展、推广迅速、重复建设、各自为战、争论不休的表象。这些文化认知上的问题影响了指纹证据技术的发展，也影响着民国时期的其他法律改革。日本与中国文化相似,却在同为学西方上发展出不同样态。或许日本的成功与其长期以来善于学习中国文化的历史相关。在学习的路上中国恐怕还有很长的路要走,民国政府或败在管理上的不务实,不物理,重人事,成果"照搬"之上。

三、指纹证据技术发展的其他因素

文化对人行为的影响是广泛的,但在政治、教育、职业发展等具象中又分别呈现出不同的样态。对指纹证据技术而言,政治需求、学科教育、职业团体以及个人都在不同方面或推动、或带来阻力,成为影响其发展的重要因素。

(一)政治需求

世界全球化的发展增强了科技进步的普遍性,为指纹证据技术在中国发展的必然原因。但民国初期政府迅速而主动引入指纹证据技术,最为直接的动因当为满足"博采西学"下维护新秩序稳定的政治需求。"在中国这样一个崇尚稳定的社会环境下,没有一个有力的触动,政府是很难也不愿做出大的变动的……中国近代警察的出现就是各种社会力量失衡的产物。"①指纹证据技术得到政府的重视和推广,则是司法力量失衡的产物。"在一贯以行政权力作为主导的中国,仅以立法或行政命令废除刑讯其实不难,但接下来面临的巨大难题,却是要从根本上建立起一套全新的司法审判体制和确立新的证据规则。"②而这种司法审判体制和确立新的证据规则的实现首先在于侦查阶段侦查技术的保障。中国古代的

---

① 丁芮:《北洋政府时期京师警察厅研究》,中国社会科学院 2011 年博士学位论文,第 350 - 351 页。

② 孙家红:《帝制中国晚期的废除刑讯运动(1870—1905)——以〈申报〉为起点》,载《甘肃政法学院学报》2015 年第 3 期。

侦查与审判并未分离,主审官同时具有侦查权与审判权,其审查物证和判定案件事实的主要方式为审讯。因而围绕审讯,中国古代有一整套较为科学的制度和方法,并对刑讯作出严格的要求。但随着专制政权的高度集中和帝制走向腐败,刑讯几乎占据了整个审讯的过程。刑讯的废除,代表着传统侦查与审判经验的瓦解。在严禁刑讯的法令不断发出后,各地官员甚至出现无法断案的情况。我们从清末民初学习催眠术的过程中,可见统治阶层尤其是司法官员对西方现代侦查技术的渴望是巨大的。我们也应当很清醒地看到,这种渴望只是建立一整套新政治体制的沧海一粟但或可以一叶知秋。

在清末民初一旦一项技术的引入和发展成为政治的一部分,它的发展速度可想而知,而它的弊端也自成为满足政治需求的工具之日起不可避免。首先,在民初司法体制探索时期,强大的需求下指纹证据技术的客观价值被高估了。如前所述,这种高估并不是说它并不具备在商业、社会等领域的应用价值,而是相对时人对该技术的客观认识而言的。甚至可以说它被不容置疑地“神化”了。其次,当时中央政府力量薄弱藩镇割据的政治局势,造就了不同指纹证据技术在中国发展的“世界性”局面。同时各地乃至全国的动乱不安,“内忧外患的纷乘,朝野上下穷于应付,故时人对于警务少有注意”。[①] 对警察的需求也逐渐走向以维护稳定,甚至是以进行军事补充为目的。指纹在民国尤其在抗日战争前后中央警官学校课程设置中重要性已大不如警官高等学校时期,围绕军事需求的情报特科等发展壮大。最后,司法部门与内政部门指纹证

① 王家俭:《清末民初我国警察制度现代化历程(1901—1928)》,台北,台湾商务印书馆1984年版,第146页。

据技术标准的分歧,以及 1947 年内政部仅用半天的会议强令全国统一使用亨利制,这两个标志性的历史事件使得我们很难从指纹证据技术自身的发展中寻得答案,是其背后的政治力量角逐和权力关系的变化决定了指纹证据技术的发展走向。

(二)学科教育

民国时期虽内忧外患,政局不稳,政府对军事建设、实业发展等有较多政治需求,但指纹证据技术不仅能够在全国主要城市迅速发展,深入司法、商业等多个领域,而且在技术水平上几乎与世界前沿同步。这也是中国指纹证据技术发展历史上的奇特现象。何以在乱世中如此兴盛?观其发展过程,学科建设发展与教育的力量使其源远根深。

学科的建立是科学技术形成一门相对独立的知识体系的标志,也可以说是科学技术走向专业化发展和成熟的标志。因而通常而言,一门学科的建立往往需要经历一个长期的经验探索、认识升华、知识验证并逐渐形成体系的过程。但指纹证据技术作为西学舶来品,指纹学的建立与技术的引入发展几乎同步,与民国初期近代学校的建设几乎同步。而且,指纹学学科的设立与发展成为指纹证据技术传播和研究的核心载体。

从传播知识和教学的角度看,自 1914 年司法部司法讲习所、1915 年内政部地方警察传习所设立指纹学课程起,民国几乎所有司法官员培训和警察培训都将其设为必修科目。教育部不仅通令全国各国立大学、私立大学、省教育厅酌设指纹学科,而且将指纹学知识作为高考题目。大学是知识传播和人才培养的核心阵地。指纹学被纳入学制教育体系之后,便随着近代教育的不断发展而在全国主要城市发展普及。这或许是其能够得以迅速发展的重要原因。

从创造知识和科学研究的角度来看，指纹证据技术自首次引入司法部之日起，便以研究会的形式研究传播，并走入高等教育学府。1913年"荆华等当奉令前往，嗣又奉令偕同监狱司及北京监狱，各员组织指纹研究会……"①后来的警官高等学校（中央警官学校）、朝阳大学、北京大学②等民国时期培养警察、司法人才的最高学府纷纷设立指纹学课程或专业。为了达成课程建设和专业培养之目标，涌现出一批指纹学教材。这些教材不仅介绍了西方指纹证据技术，而且夹杂着作者对技术应用的理解和探索，推进了指纹证据技术知识的本土化创造和研究。中央警官学校还在教务处下设指纹室（1946年并入刑事实验室）开展指纹学学科研究与实验工作，而且在1947年设计了现场指纹箱，器材药物均实现国产。③

（三）职业团体

指纹学学科教育发展的支撑和结果是指纹证据技术职业团体的出现。该职业团体以传播与研究指纹证据技术为立身之本。他们的形成汇集了个人的力量，推动了指纹证据技术的职业分工和专门化发展，同时成为指纹证据技术争议与分歧的资本。如1922年夏全印成立全国首个指纹学会（北平），以警官高等学校指纹技术专科为依托培养了大批掌握和应用亨利制指纹分类系统的人才，并分配至全国多个省市警察机关。而且根据史料记载，1929年该学会依然存在且其多项整顿全国指纹计划

① 《司法部监狱司司长田荆华等呈司法部造具指纹研究会报告书请鉴核文》，载《政府公报》1913年第423期。

② 参见《本校布告一：出版部告白：夏勤先生学术淹博尤精法理近以经验与研究之所得著有指纹法一书准于暑假前出版》，载《北京大学日刊》1918年5月15日，第1版。

③ 参见林永鸿：《指纹——在培育中已渐成长！》，载《警察画报》1948年第9期。

为内政部采纳。[①] 与此同时,1929 年刘紫菀在南京成立“中华民国指纹学术研究会”,并在江苏、广东等地成立分会。刘紫菀亲自指导了广东分会的成立和发展,使广东成为中华式指纹分析方法的主要实践地区。如前所述,这些团体既成为应用推广指纹证据技术的中坚力量,同时也是争夺技术标准话语权的团队资源。

(四)个人作用

夏勤归国后,编纂的我国第一部指纹学专著《指纹法》及其在朝阳大学、北京大学和司法系统内推广指纹证据技术的贡献;夏全印的专著《指纹学术》及其在警官高等学校指纹技术专科建设、内政部指纹证据技术的推广和全国指纹证据技术的统一事项所作出的贡献;刘紫菀对指纹证据技术本土化探索和推广所作出的贡献;伍冰壶、张元枚、王曰叟、酆裕坤、俞叔平、徐圣熙、冯文尧等个人对指纹证据技术引入和发展的推动作用前文第三章、第四章已有较多阐述。历史是由数个人物历史的片段组成的。无论是文化,还是政治需求、学科教育或是职业团体,终是对个人行为选择产生影响。也正因如此,历史总是在发展中充满了偶然性。这种偶然性恰恰是个人因素在历史发展过程中的作用与贡献。这种个人因素既包括了个体的选择也包含了人与人之间的微妙关系,始终左右着历史的蜿蜒方向,值得我们尊重个体的灵魂价值,反思人性的长短,探究历史的真实片段。学术科学研究是一个漫长的历史过程,任何一小步都有可能是人类学术科学研究的一大步。忽视统治者之外的一般个人因素在社会进步中的影响或许是中国古代指纹未

---

① 参见杨兆泰:《部令:批:内政部批:原具呈人指纹学会会长夏全印:呈一件为呈请整顿全国指纹事宜胪陈计划伏祈采纳由》,载《内政公报》1929 年第 10 期。

能最终发展成为一门科学的众多原因之一。受主题和篇幅所限,本书在探讨个人因素时仍有诸多未尽事宜如教育部的通令即由刘紫莼倡议而成,[①]值得在后续的研究中继续挖掘。

四、民国指纹证据技术发展的启示

时至今日,指纹证据技术已在我国走过了百余年的历史进程。清末民国时期指纹技术标准的发展与争议有诸多未竟之路给我们当下带来些许启示。

(一)指纹鉴定标准应当依国人特点制定统一

民国时期指纹技术标准不一给实践工作中带来的困难,促使不同部门早在20世纪30年代就已达成统一共识。1936年内政部、司法行政部决定设立指纹调查委员会正式开展全国指纹技术标准统一工作,并认为确定统一的指纹技术标准必须"依据中国人民之指纹出现状况"。经过近八个月的准备和调查,指纹调查委员会共调查全国十八省六万三千人,发现中国人指纹出现状况与他国人种具有较大差异。[②] 可惜的是,该工作因战争和人事关系搁置。1947年内政部警察总署仓促决定"十指指纹采用亨利埃德华式,单指指纹采用白脱里式"。[③] 但其决定饱受质疑,且未与司法部门达成统一。

建立指纹鉴定的统一标准不仅事关指纹证据价值的实现,而且事关鉴定的科学性和司法的公正。当下国内学者关于指纹鉴定

---

① 参见蒋梦麟:《教育部训令第一二五五号(中华民国十八年九月二十六日):令国立暨南大学》,载《暨南校刊》1929年第9期。

② 参见《内政司法行政部指纹调查委员会工作报告(八月份第一期总报告)》,载《现代司法》1936年第2卷第1期。

③ 《公牍:准内政部电为确立全国指纹制度案仰遵照一律采用由》,载《山东省政府公报》1947年复刊第73－76期合册,第9页。

统一标准的探讨和研究已有数十年,对国内外鉴定理论和实践中形成的“最低数量标准”“质量——数量标准”“面积——数量标准”“面积——质量化标准”“拓扑学方法和标准”“形态学方法和标准”等均有研究,且分析了其局限性。[①] 不少研究引入了西方学者的实证研究方法和结果。但同时应当注意的是,民国指纹调查委员会的调查结果表明中国人群指纹生理特征与他国人可能存在差异。这种差异是否存在?相比之下,我们今天有更为庞大、便捷的数据库资源,应当分析不同民族、不同地区指纹类型和每类指纹细节特征点的出现率。以该类特征点出现率为基础探讨统一标准之制定。

(二)指纹鉴定标准的确立应当由专家委员会商定

民国时期指纹证据技术标准统一的阻力在今天已基本消除,尤其是中国特色社会主义法治体系的不断完善,为当前指纹鉴定标准的统一创造了前所未有的有利条件。然而,我们仍然不能忽视业务部门、师承关系、学源背景、地区差异等因素对指纹鉴定标准统一工作的影响。民国时期指纹证据技术的最大分歧在于内政部与司法行政部两大部门即警察与检察官和鉴定人员应用标准不一。内政部以亨利制为主,司法行政部则由武塞蒂赫制转为汉堡式。当下我国侦查部门与鉴定机构在指纹鉴定实践中依然存在较大差异,仅根据三四个特征点得出结论的案例也存在。[②] 借鉴历史经验,笔者建议由司法部、公安部、最高人民检察院和最高人民法院共同组织专家委员会开展指纹鉴定标准统一之工作,建立指纹鉴定统一标准和指纹质量评估和分析体系,提升指纹鉴定意见

① 参见胡卫平:《指纹鉴定标准及鉴定结论概率化研究》,载《证据科学》2012 年第4期。

② 参见彭霄:《指纹鉴定标准研究》,载《中国司法鉴定》2014 年第3期。

准确性,防范指纹鉴定风险。

(三)指纹编码技术应用价值的再思考

指纹证据技术随着人们认知的提升而不断发展。民国时期的指纹编码技术已是人类对指纹科学认知初期的产物。当前我们已经开始用形态分析、拓扑学、概率统计学等多种方法制定指纹特征识别的计算模型,指纹鉴定工作不断走向专业化。然而这同时增加了指纹鉴定的难度和对数据库技术的依赖性。在人口管理尤其是外国人出入境管控领域,我们依然可以尝试利用指纹编码技术给每个人进行身份编码。这不仅有利于相关部门快速地根据指纹类型和纹线特征鉴定身份,而且可以一定程度上避免护照身份证等证件伪造、指纹电子数据库漏洞等带来的人口管理以及鉴定风险。

第二节　证据技术的传承与培育方式

法令必行与侦查现实之间的差距自古以来往往使侦查方式成为历代政府严格控制的非公开秘密,为其穿上了神秘性的外衣。民国时期证据科学的传承与培育同样具有一定垄断性。如前所述,官方出于对民间掌握部分证据科学的担忧,禁止催眠术的学习和私立警察学校的存在。那么证据科学应当如何传承和发展?从民国指纹证据技术的传承与培育方式上看至少有两个问题值得深思。

一、学术研究规范对技术传承的影响

随着人们对研究成果科学性、独创性的尊重和保护,学术研究

规范越来越受到重视,并日益专业化。通过梳理民国时期指纹证据技术发展脉络来看,学术不规范尤其是对学术史研究的不重视,极有可能给技术研究的传承带来阻碍。

学术史研究包含很多内容,这里试以最为基础的名称为例。名称,包括学术代表性人物的姓名、研究术语等。名称的不规范、不统一,给学术科学研究的传承和发展带来较大阻力。如前文提到的指纹证据技术应用第一人奥裔阿根廷人胡安·武塞蒂赫(Juan Vucetich,原名 Ivan Vučetić)。民国时期的指纹学著作或政府报告多称其为"奥人佛斯谛克",今有学者引文称其为奥地利人佛兰蒂克;[①]对首创现代指纹分类系统的"杨·埃万格利斯塔·普尔基涅"(Jan Evangelista Purkyně),今有学者称其为"约翰尼·伊文·利斯特·伯金杰"(Johnnes·Eveng·list·Purk·inje),[②]民国时期指纹学著作如《指纹学术》《中华指纹学》等多将其称为"布尔景译氏"(Purkenje)。是不是同一人?答案是肯定的,但给学术研究带来一定障碍。

姓名有误或碍于外国语言障碍,在有限的研究条件下难以获得人物原名,有的学者直接拿英文著作的音译或形译翻译,如英国人把"Ivan Vučetić"译作"Juan Vucetich",导致名字变为英文发音,许多学者称其为"胡安·武塞蒂赫"。而多数民国学者称其为"佛斯谛克"或因德语或其他语言发音。如果研究均注意规范,引注来源标明外文原文,问题或许也不大,但显然过往的研究没有注意这

---

① 甚至称其为奥地利人,武塞蒂赫实际上是出生在奥匈帝国时期的克罗地亚人,后移民阿根廷。

② 参见沈国文、徐同祥编著:《中国指纹史》,中国人民公安大学出版社 2015 年版,第 264 页;赵向欣主编:《中国刑事科学技术大全·指纹技术》,中国人民公安大学出版社 2004 年版,第 35 页。

一点。而且不仅名字不一,甚至国别有误,这就直接导致在研究过程中一人视为两人,人为地割断了一些历史关联,给研究带来较大阻碍,甚至影响学术研究的传承性。这一点虽小,但是影响很大。后面这一例的影响就更为明显了。

在本书的第二章介绍了中国古人对指纹的研究。得出中华文明是世界上最早使用指纹印痕的文明地区之一的论断,其主要依据在于汉时下手书,唐代画指券等对手印包括掌纹、指纹等研究。但为何古人对指纹的科学发现未能传承并有所发展,成为笔者甚为惋惜却百思未得其解的问题。直至发现清代人称“手印……画指券,岂今细民弃妻子手摹者乎?盖宋时弃妻子手摹,即元人所谓离书,手印细,民不知书,惟印手文于券,以取信。今人画十字是其遗意”。[①]“画十字”,是指不识字的人在契约或文书上画个“十”字代替签字的一种做法。对指纹的科学认识不仅未能传承发展,甚至出现退步。那为何不同时代的人对同一客观认识要用不同的研究术语呢?例如,“手书”“指券”“画十字”等。研究术语的不同,致使学者们对同一事物或问题往往开展不必要的重复性研究,很有可能研究出了成果后,发现前人已有相似研究,只是称谓不同而已;甚至并未对前人的研究有所发展或进步,就自以为“画十字”是其遗意。

学术科学研究是一个漫长的历史过程。脚踏实地,站在前人的肩膀上研究,任何一小步都是学术科学研究的一大步。

二、技术培育方式的问题

随着近代高等教育的发展,指纹证据技术同时借助学历教育

① (清)陈鳣:《简庄疏记》,民国四年张氏刻适园丛书本,卷六,第106页。

与职业培训发展起来。因此,在相当长的一段时期内(甚至包括当今),对证据科学的教育存在高等学历教育与职业培训并存的局面。

这种并存却截然不同的教育机构和教育方式有其存在的合理性。以警察教育培训为例。一方面,学历教育与职业培训渊源相同,办学目的相似,都为了满足现实所需,培养警政人才。我们在第一章讨论过,警察学校渊源于 1901 清政府创办的北京警务学堂,该学堂"拣选旗营子弟五百人练习警察新法,已于七月初一日开学,以三个月为毕业之期"。[①] 从其培养时间和规模上看,说其是警察传习所也并无不妥。其成立之初"虽略尽警务大要,然究属应一时之急需,学期既促,造诣亦浅,未免涉于粗略"。另一方面,二者功能上互为补充。警察学校虽然初期也是短粗快,但是为了"自急至缓,秩然有序",从而"及警务人员充实之后,再设高等学科,展长期限,于警察官吏中择取品学兼优者,授以深奥学业,俾得培养贯通原理、深明警务之警察官吏,以备大清政府推广警察之用"。[②] 因此,警察学校以长期学历教育为基础,而警察传习所以短期在职教育为根基;前者皆为官办,后者初为乡绅自捐经费开办,后官民合办,以官办为主;前者为培养一批高学历、分层次(分普通和高等)的警官人才,重在教授系统性的理论学识,后者自成立之初即为"竭力筹办以补官立学堂之不足",[③]重在解决地方警务实务性操作性问题。就证据科学培育而言,前者重在进行基础学术教育,相关知识教育较为全面,涉及多学科、多领域;后者重在

① 《警务学堂近闻》,载《新闻报》1901 年 10 月 8 日,第 2 版。

② 参见《警务学堂章程》,中国第一历史档案馆馆藏档案。转引自韩延龙、苏亦工等:《中国近代警察史》,社会科学文献出版社 2000 年版,第 235 页。

③ 《禀设警察传习所》,载《山东官报》1906 年第 66 期。

应用技术传播，相关培训以单科或单个问题为主，如某类现场指纹痕迹的提取等。因此，在建警之初，无论在办学目的上，还是在教育功能上，二者的建立和共同发展迅速迎合了警政人才缺乏和现有警察队伍改造的现实需要，较为合理地发挥了人才培养和技术传播的重要功能。

然而，问题是二者的共同存在是技术教育与传播的必然，还是发展初期的一时之需？二者在警察教育中的关系和地位究竟如何？

一般而言，或者说从西方高等教育的历史和我们的理解而言，学历制高等教育在培养现代人才中的作用和地位是十分关键而核心的。警察学校应当在警务人才队伍的培养中具有核心地位。但同时限于警察学校学历制、系统性的理论教育，其内容包含教案的准备、教纲的设计、教材的编写、课程的审核等，往往难以在短时间内顺应社会实践和社会问题的变化而及时作出调整或改变；其授课教师因长期从事理论研究而缺乏实践经验；其授课对象也以未就业的学生为主，对实务环境的了解和对应用技能的渴望相对较低。警察传习所以其短而快的自身优势，可以承担一定的及时性、专题性、短期性的技术培训任务。如果这样的分析是合理的话，那么警察学校在警察教育包括证据科学教育中处于核心地位，警察传习所则处于辅助地位。同时，警察职阶的高低、教育技术的水平高低，也应当与警察学校教育层次的高低直接相关。也正因如此，警察学校教育区分普通和高等。

然而，事实如何呢？不但警察学校的核心地位并没有在功能上展示出来，甚至被认为并无警察传习所重要，而且在警察学校内部，普通和高等层次划分并不明显，在学制、教学内容上存在日益模糊的趋势，如在京师高等巡警学堂成立之初，就发现“大部分偏重学理之研究,与警察事务脱节。故毕业学生一旦担任实际工作,即感捉襟见肘,不敷应用”。

尤其是近年来,警察学校的声誉与排名的重要性往往超越教育内容本身,本科、硕士甚至博士阶段教育的区分度并不明显,教材内容上通用或机械删减增加的现象非常普遍。反而在职教育越来越受到重视,本科教育无用论的声音也不绝于耳。对实践部门而言,在职教育的重要性越来越突出,学历教育的重要性越来越受到质疑。二者的实际地位悄然在发生变化。我们不禁要问,造成这种现象的原因又是什么呢?

科学技术是人类认识随着历史发展而发展的产物,因而具有时效性,所以有先进与落后之分。而先进知识和技术传入高等学校,如当时指纹证据技术,当然需要一定的时间加以知识化、系统化、课件化才能成为学校教育的一部分内容。从这个角度来看,高等学校的知识与技术教育存在一定的滞后性。这种滞后性既有学制教育模式的客观原因(如学校重在基础性知识、系统性知识以及学习方法、思维模式的全面培养),也有授课教师的主观因素(如教师是否脱离实践一线,是否第一时间将先进的知识和技术融入课堂中等)。这种矛盾成为高等教育必须解决的命题。而这一命题在强调实践应用的警察教育中,特别是在侦查技术的应用中尤为明显。而这一命题的存在,也成为学历教育与在职教育同时存在的重要原因。

然而这不足以解释实践部门对在职教育的重视程度日渐超越学历教育的现象。造成这一现象最直接的原因在于评价标准,以及由此带来的价值导向。学历教育与在职教育的本质区别在于功能定位不同,二者在功能上具有一定的互补性。从具体某一技术的应用教育而言,后者自然比前者更优;而从技术的研发和创新而言,前者的重要性是不言而喻的。如果以功利性的评价标准来衡量教育的优势与不足,在职教育的优越性突出,而学历教育自然稍显不足。但功利性的评价标准会导致技术应用、知识点传授的重要性远远大于学生基础知识、科学学术史和思维方式的培养。这种评价标准的核心在于短而快的结果,而对科学学术研究的过程关注相对较低。我们不能否认某些科技创新的偶然性,但整体上人类科技和文明的进步是沿着历史发展的脚步不断向前循序推进的。任何科技的进步都是建立在前人研究成果的基础之上,任何在前人研究基础上迈出的一小步都有可能成为科学前进的一大步。截取和分享最新研究成果固然能够迅速地将其应用转化,享受其带来的巨大跳跃式成就,但同时会关上科学自主研究的大门,甚至失去科学学术研究的动力。如果不明晰甚至融入其研究的历史过程,那么就难以产生自主研究成果,反而集中在应用领域的研究。因此,功利性的评价标准及其所带来的价值导向对科学学术研究而言是十分不利的。科学学术研究不能靠拿来主义投机取巧,科学学术史和科学的基础研究十分重要。那对科学学术研究或教育为什么会产生功利性的评价标准呢?思考这个问题或许也能为我们当前大量证据科学基础设备依赖进口寻找些许原因。

三、反思

历史总是惊人的相似,但不是简单的重复。是否应当在法律教育中普及证据科学,以及如何看待和解决司法与警察部门在教育和实践中证据标准不一的问题,在我们今天的法学教育与司法改革中依然存在。

(一)证据科学在法学教育中的地位

证据科学是现代法律生命的支撑,证据科学水平代表着法律文明的水平。法律的生命在于实施。法律事实的关键环节在于依托于证据的事实证明。“不能证明的事实就等于是不存在的。”[①]那如何证明事实的存在呢?伴随着科学的发展,人类经历了神示证据、法定证据到自由心证的证据发展历程。其间,仅仅依靠法学理论和法律制度的发展是远远不足以支撑法律的实施。例如,在清末随着法律文明的进步,开启了废除拷讯的运动。然而,拷讯的废除历程是十分艰难的。即使是在皇权至上的权力体系里,一纸禁令并不能禁止。御史刘彭年甚至奏请恢复拷讯,“我国未有包探之法……问官何以定案乎?”[②]于是,便有了“刑部自奉旨停止刑讯取供甚为棘手,拟派司员赴日本详细考查催眠术之理,以备将来审判之用”[③]“大理院堂宪日前会议……拟调查日本之催眠术以资效法而便取供”[④]等中央到地方创设催眠学堂,学习催眠术审案的历史闹剧。至民国初期,也有了检察官因对正义的坚持,科学知识匮乏而为“冤案”申诉四年的荒谬之举。[⑤]

法是源于事物本性的必然关系。[⑥] 没有证据科学支撑的法律是没有生命力的,现代法律文明之实现离不开科学技术。甚至可以说,证据科学发展水平在一定程度上代表了法律文明的水

---

① 陈瑞华:《看得见的正义》,北京大学出版社 2013 年版,第 167 页。

② 《纪事:内国之部:请复刑讯》,载《大陆(上海 1902)》1905 年第 6 期。

③ 《各省新闻:考查催眠术以补助刑章》,载《山东官报》1906 年第 43 期。

④ 《新闻:大理院拟用催眠术》,载《并州官报》1908 年第 34 期。

⑤ 参见汤尔和:《学法政的人可以不懂些医学么?警察也要懂些医学才好:民国八年十二月七日在国立北京法政专门学校演说》,载《新教育》1919 年第 3 期。

⑥ 参见[法]孟德斯鸠:《论法的精神》,许明龙译,商务印书馆 2016 年版,第 9 页。

平。或许有人会认为，术业有专攻，把证据科学问题留给鉴定专家或专家辅助人不就可以了吗？答案是否定的。这不仅会给庭审实质化和司法裁判权带来不利影响，而且证据科学就一定可信吗？

“冤案经常伴随着鉴定问题。”[①]当前，司法实践中指纹鉴定错误的情况也同样存在。[②] 司法公平正义的价值是虚幻而美好的，然而，司法公正的实现却是具体而现实的。科学的发展充满了争议与不确定性，而这恰恰是科学发展的不竭动力。但于司法而言，法官不能拒绝裁判，也不能将裁判权让渡给科学鉴定，而必须直面这些不确定性问题。

如此看来，在法学教育中普及必要的证据科学知识是十分有必要的。

（二）证据科学标准不一对法律普遍性的侵蚀

侦查、起诉、审判与执行是刑事诉讼程序中不可分割的组成元素。诉讼程序均围绕证据展开。不同阶段证据标准不同，必然使诉讼机制不畅，最终影响法律的统一性和普遍性。近代虽然十分重视证据科学在法律教育中的地位，但是却同时出现了不同系统不同教育标准的隔阂，直接影响司法实践的统一。这种分歧，随着教育的发展愈演愈烈，以至于由内政部会同司法行政部商定，发展到由内政部警察总署单方面决定统一技术标准的局面。部门之间的分歧，司法与行政权的隔阂，脱离了科学本

---

① ［日］浜田寿美男：《自白的心理学》，片成男译，中国轻工业出版社 2006 年版，第 159 页。

② 参见岳挺、郭二伟、郭锐：《1 起指纹鉴定错误的启示》，载《刑事技术》2013 年第 3 期；刘世权等：《指纹鉴定能力测试的鉴定结果准确性问题研究》，载《中国人民公安大学学报（自然科学版）》2015 年第 1 期。

身。演变成了谁的声音大,谁来决定;谁的地位高,谁来决定;谁的权力大,谁来决定,最终成为政治力量的角逐,对法治、对科学而言都是贻害无穷的。

随着学科建设与专业划分,当今的警察教育与政法院校的管理体制、教学标准和教学方法,同样有“分道扬镳”之势。如前所述,司法是具体而现实的。法律教育的核心并不是法律文本、法律政策的宣讲,而重在司法理念之培养。如此看来,职业教育固然重要,但应当与学历教育相分离,至少不能“闭关自守”。

此外,类似于近代的指纹技术标准的划一问题,当下也并非烟消云散。例如最高人民法院2020年发布的《关于人民法院民事诉讼中委托鉴定审查工作若干问题的规定》对民事领域鉴定意见提出了证据审查标准。其中第11条指出,同一认定意见使用不确定性表述的等三种情形,视为未完成委托鉴定事项。事实确立了同一认定中不确定性表述鉴定意见的排除规则。那么何为不确定性表述?根据全国人民代表大会常务委员会《关于司法鉴定管理问题的决定》的规定,司法鉴定的规范化、法制化由司法行政部门管理。在司法部制定的技术规范中,一则无“不确定性表述”的称谓,而是“非确定性表述”;二则涉及证据科学的审查标准问题,最高人民法院不需要与司法部商定吗?再翻阅最高人民检察院、公安部等涉及跨部门的司法解释、政策文件,单部门决定的,并不在少数。这势必会带来法律普遍性的问题。这一问题的解决或可通过构建证据审查规范统一机制予以解决。而根源性的问题,或许来源于法律教育的不一。

(三)学科发展的人身依附性弊端

在考查指纹证据技术教育普及的历史中,不难发现,个人对学科发展、专业建设和教育进步的贡献,但同时也能看到,个人对科学适用、学科发展的阻碍。典型的如夏勤与夏全印。法政院校、司法部门采用汉堡式指纹法，多半有夏勤个人的影响。而相比之下，夏全印的主张则凭借警官高等学校指纹专科的毕业生占据警察部门。在要求采用亨利制统一指纹学术的提案中，联名出现的11名各地司法机关人员中，经过笔者查证，多位是指纹专科的毕业生，也即夏全印学生。“结果因人事关系，迄未达成任务”是否源于此分歧？我们不得而知。但细查不同指纹标准之差异，不难发现，其争议本身并不是问题，争议背后的人事之争、权力角逐超越了技术本身，[①]以至于数年悬而未决。而当前法学教育中，类似学科发展的人身依附性问题也不少见。法律改革方向中的个人因素影响，高校学科之间“挖墙脚”引发的学科发展或崩塌问题同样值得关注。

第三节　指纹证据技术分歧下的检警侦查权力关系

“自古以来的经验表明，所有拥有权力的人，都倾向于滥用权力，而且不用到极致绝不罢休。”[②]“权力服从法律的支配，乃是政治管理上最重要的事情。”[③]近代法律文明的核心价值在于，法律成为权力运行的依据。清末民初的法律大变革奠定了中国近代法律发展的基调和形式。警察、检察官开始登上法律舞台并被赋予

① 参见胡裕岭：《民国时期指纹技术标准之争及启示》，载《中国司法鉴定》2020年第4期。

② 参见[法]孟德斯鸠：《论法的精神》，许明龙译，商务印书馆2016年版，第185页。

③ 《阿奎那政治著作选》，马清槐译，商务印书馆1982年版，第123页。

权力,自然科学在法律上得到认可和应用。然而,事实上权力能否依据法律运行,我们在民国指纹证据技术发展和分歧过程的视角下,或能窥探一二。

警察是否拥有侦查权以及警察是司法官员还是行政官员？检警关系及各自职责究竟应当如何定位？自设立起,甚至至今检警权力属性及其关系一直是司法改革探讨的重要内容。在分析民国指纹证据技术发展和应用的历史进程中,我们看到了司法行政部[①]与内政部[②]两条几近并行的发展路线。从两条路线的时近时疏,可以透视检警权力关系变化。探讨检警权力关系变化,也可以为我们更好地厘清指纹证据技术的发展脉络及其变化动因提供思路。

一、检警指纹证据技术的并行发展

民国时期指纹证据技术主要在监狱、检察、警察部门推广和应用建设。其中监狱系统主要是对在押监犯开展指纹登记、统计等工作事项,指纹证据功能主要是在检察和警察部门得到发挥,二者分属司法行政部和内政部。然而,同一国度、同一政府和同一时间下,这两个部门对指纹证据技术的引入和推广可谓“各占一片天”,几乎并行发展,成为一个独特的历史现象。其中的关系和变化引发笔者些许好奇与思考。而且如前所述,现有关于民国指纹的研究以警察的应用为主,往往忽视另一条路线。可见,其中仍有

① 1906 年,清政府将刑部改为法部为司法行政最高机关;1912 年,民国政府改司法部为司法部;1928 年,国民政府改司法部为司法行政部,隶属于司法院,1944 年后改隶属行政院。

② 1905 年,清政府设立巡警部,1906 年,改巡警部为民政部;1912 年,民国政府设内务部取代民政部;1927 年,南京国民政府将内务部改为民政部;1928 年,国民政府改民政部为内政部。

较多研究空间。

根据本书收集的史料,首先从时间上看,民初司法部最早引入和研究指纹证据技术,内务部起步较晚。民初十年(1913—1922年)司法部与内务部的指纹证据技术引入发展脉络如表6.1所示。从表中不难看出,司法部不仅起步早,而且成为内务部学习的蓝本。前文第三章从技术应用价值的视角分析了司法部较早实践指纹证据技术的原因。但为何内务部警察部门会晚于司法部且要向司法部学习呢？此外,是否存在权力关系上的原因呢？答案似乎是肯定的,而且与警察和检察官的权力关系相关。

表6.1　民初十年(1913—1922年)司法部与内务部办理指纹概况

年份	司法部	内务部
1913	组织学习武塞蒂赫制指纹分析法; 令饬北京监狱试办	—
1914	司法讲习所设置指纹课程	—
1915	《着手实行指纹法令》令司法一部先行试办	—
1916	发布《试办指纹法令》要求各省高等检察厅检察长转令所属新监狱按照《办理指纹须知》试办指纹法	内务部致司法部请派娴习指纹法人员赴警察传习所讲授
1918	浙江等省高等检察厅已得应用且初见成效,山西、广西、云南等省高等检察厅推广指纹技术稍欠明了,山东省高等检察厅办理情形已令整改后基本符合要求; 夏勤在朝阳大学、北京大学讲授指纹法	京师警察厅派遣夏全印、惠洪至上海公共租界学习指纹法
1919	—	江苏警察传习所请江苏吴县监狱代印《办理指纹须知》颁发学生,以资研究

续表

年份	司法部	内务部
1920	—	警官高等学校设立指纹技术专科
1922	—	夏全印成立全国首个指纹学会(北平)

首先,警察和检察官拥有的权力属性不同。警察和检察官都是西学舶来品。如第一章所述,官方创办和建设警察的时间要早于检察官的设置时间。警察的设置源于1901年庚子之乱,“曰日本所经营之警察办法甚善,足以保地方之安”①,目的在于维护社会治安,为行政权。检察官的设置与权责源于“以行政官而兼有司法权,则必有徇平时之爱憎,变更一定之法律,以意为出入……司法之权则专属之法部,以大理院任审判,而法部监督之,均与行政官相对峙,而不为所节制”。② 其目的在于维护法律秩序,为司法权。侦查权被视为司法权而作为检察权的一部分赋予检察官。1906年检察官的设立标志着近代侦查权的独立发展。从权力的属性上讲,二者是并行的。但在侦查业务范围内,《司法警察职务章程》《检察厅调度司法警察章程》《刑事诉讼法》等法律确立了警察主动侦查移交检察官审查和检察官直接指挥司法警察侦查的两种侦查模式,即明确司法警察为检察官之协助。因此,从证据调查和审查的权力关系上看,警察在从事刑事案件的侦查业务时须听从检察官指挥,具有辅助性、依附性。如此说来,从最初设计的案

① 《中国警察与日本之关系(译每日新闻)》,载《时报》1906年5月10日,第2版。

② 故宫博物院明清档案部编:《清末筹备立宪档案史料(上册)》,中华书局1979年版,第463-464页。

件侦查权力关系上理解，内务部警察部门向司法部学习指纹证据技术也就说得通了。

但是在1918年夏全印、惠洪等人赴上海公共租界巡捕房学习亨利制指纹分析方法之后，尤其是1920年警官高等学校设置指纹技术专科之后，内务部与司法部在指纹证据技术应用上则名为同道，实则殊途。前文我们已经阐释了二者所学所用技术方法的不同。如果继续从权力关系上解读，难道警察在从事案件侦查工作中不听检察官指挥了吗？

虽然司法行政部和各省政府持续颁布《检察官指挥司法警察证暂行细则》（1929年2月14日）等法律法规，但是"惜实际情形，司法警察官与检察官向系各自为谋，绝少共同动作，于侦查犯罪上殊多窒碍"。[①] 实际上，"检察权在清末的权力结构中仍然居于非常弱势的地位，检察'附属'于审判衙门，其调查证据的职权也仅仅是协助审判部门而进行的"。[②]"大理院及直辖各审判厅局关于证据事件需调查者，可随时径由本院（大理院）会商民政部所辖巡警厅，使巡警单独或协同本院以下直辖检察官调查一切案件。平时亦可由本院会同该厅委派警察官为司法警察以备侦探之用"。[③] 虽然后来的法律法规陆续明确司法警察为检察官之协助，但在实践中警察部门的司法警察不为检察官调度的情况多有发生，如在《致内务总长请令各省巡警长官转饬巡警厅区遇关于司法警察事务须照调度》中即记载了安徽司法司报告"皖省警察厅不遵检察

---

① 《最高法院东北分院检察署呈东北政务委员会请饬东北各省区严禁刑讯注重侦探学术以利刑案而符法制并附陈检察与司法警察应制定合作办法》，载《司法杂志》1930年第33期。

② 刘宗珍：《理解检察权：语境与意义》，载《政法论坛》2015年第5期。

③ 《大清法规大全》，考正出版社1972年版，第1851页。

厅调度司法警察章程,检察失效"[①]的情况。警察与检察官工作在侦查权限上产生诸多质疑。[②] 无奈之下,司法行政部于1934年函请内政部等部门商定检察官指挥司法警察办法,其中缘由也写到"各省司法警察官暨司法警察,具法律常识者,固不乏人,而不谙刑诉法者,亦居多数,往往于检察官侦查犯罪时,不听其指挥,检察官亦无法处置"。[③] 可见随着各地对警察的重视,警察队伍的不断壮大,检察官的侦查指挥权难以有效实现,也造就了指纹证据技术沿着两条大致平行的路线发展的特殊局面。

事实上民国的司法官员并未停止,甚至不断努力维护和落实检察官侦查指挥权。例如前述会商结果:"由司法行政部根据刑事诉讼法司法警察关于侦查犯罪应听检察官指挥各规定,转咨各关系部,通令所属遵照。"并由司法行政部制定指挥证遵照执行。[④] 各地如黑龙江也探索检警合作办法。[⑤] 1945年,行政院颁布《检察官与司法警察机关执行职务联系办法》明确检察官与司法警察机关应每月至少一次相互列席研讨会议等。行政院也主持召开指纹专员会议,组织指纹调查委员会探讨两部的指纹统一工作。

---

① 《公函:至内务、陆军、海军、提署部订定检察厅指挥司法警察证暂行细则十条希转行所属遵照办理函》,载《司法公报》1913年第5期。

② 《解释:司法院训令:院字第三〇六号(十九年七月十二日):令署福建高等法院首席检察官张清泽:解释刑事诉讼法关于司法警察官侦查犯罪职权疑义训令》,载《司法公报》1930年第81期。

③ 《法界消息:检察官指挥司法警察办法》,载《法律评论(北京)》1934年第8期。

④ 参见《检察官指挥司法警察之新办法:司法行政部训令(训字第一九二号)》,载《法令周报(上海)》1935年第7期。

⑤ 参见《黑龙江高等法院检察处检察与警察合作办法》,载《法律评论(北京)》1930年第4期。

然而，这两条路线却并没有随之相近，反而警察随着权力的扩大而增势明显。随着国内外形势变化，民国政府将警察力量作为维护社会稳定和实现政治目的的军事后备和重要工具。国家司法权也渐渐由原初权力分立的设想事实上部分变为维护专制统治的手段。也因此，相比之下，警察部门指纹证据技术的应用和发展随之更受到重视和推广。抗日战争后，警察力量更是几乎达到发展高潮。不仅无视战前内政部与司法行政部指纹调查委员会的工作，而且于 1947 年仅在内政部警察总署统一亨利制指纹分析法后，几乎视为全国的统一。

其次，从技术选择上看，检警所选择的指纹证据技术来源不同。为何司法部会选择武塞蒂赫制指纹分析法后改为日制汉堡式？而警察部门多选择亨利制？历史的发展总伴随着个人影响的偶然性和时间发展的必然性。从个人的作用来说，武塞蒂赫访华和夏勤留日时参观巢鸭监狱两个人物生命进程中的偶然片段成为司法部先后选择两种指纹证据技术的重要原因。夏勤也是博采西学中的一员。在清末民初废除科举通过学习日本以学西方的大环境下，大批留学生赴日学习，归国后他们多数如夏勤、居正一样在司法系统任职。因此可以发现，民初司法系统官员留日背景者居多。而培养民国司法官员的朝阳大学等，更是由日籍教师或夏勤等有留日背景教师讲授指纹学，这似乎又成为司法部后又选择日制汉堡式的原因。

那同样学习日式警察制度的警察部门为何没有在起初选择日本的指纹证据技术呢？笔者推测原因有三：

其一，时间可能性和政治上的主权考量。如前所述，警察建设之初即学习日本，始于 1901 年的警务学堂，由川岛浪速主办，并派遣学生和警员赴日学习。但这种形式仅存在了 5 年。而日本直至

1908 年方应用指纹证据技术。因此,从时间上看,最初警察学日本之时无学习指纹证据技术之可能。后来,清政府因班吉本提议,徐世昌力主“惟警察教育之权,操诸外人之手,究属有损我国主权”。几经曲折交涉,收回自办权,取消日籍教官,“我国警察教育,从此脱离外人之操持,为警政开一新纪元”。相比聘请日籍教师培养检察官等的司法讲习所,从中可见当时政治上对警察权的重视,警察权被视为国家主权的重要部分。警察教育有意摆脱日本影响,开始强调自主办学。受此影响,警察学习日本指纹证据技术的可能性也较小。

民国政府警察部门实践指纹证据技术的时间始于 1924 年 3 月淞沪警察厅,但存在时间较短,后被推倒重来。实际上根据表 5. 3 所示,主要城市设立指纹部门的时间集中在 1930 年之后。结合表 4. 1 对比可发现,中央警察教育中公费派遣留学生目的国在 1930 年之后已不再是日本,而是短暂选择德国后,以美国为主。1930 年派遣的唯一一批留日学生之所学恐怕也难以受到重视。其中主要为中日战争以及中美合作的影响,同样为政治上的考量。也就是说 20 世纪 30 年代后,从政治主权上看警察部门也不可能学习日本指纹证据技术了。

其二,检警业务领域不同。那么在 1908 年至 1930 年,警察部门为何没有学习日本指纹证据技术呢?内务部包括地方警察部门起初向司法部学习武塞蒂赫制指纹分析法,但实践运用非常有限。因为司法部最初的实践领域集中在监狱系统。侦查业务中如何应用指纹证据技术,如何建立指纹证据技术部门显然无法向司法部取经。此时在中国有其他实践指纹证据技术的地方吗?答案非常容易寻得。上海创办的《字林西报》《大陆报》等报刊的报道,如警察利用指纹技术破获了一起入室盗窃案件,[①]为警察部门实践亨利制指纹证据技术提供了参考。

其三,从人物关系上看,检警职业团体形成、教育背景不同。检察官作为司法官,入职门槛和学识要求较高,采用考核制,从业人数较少。"近代以来的各政权对司法官都以'凡进必考'为原则。"[②]清末政府改革时即规定了司法官的应试资格、考试程序、考试科目等。民国政府虽几次放宽考试资格,但《司法官考试令》《司法官考试任用暂行条例》等对司法官的选任都有较为严格的要求,如均要求具有一定年限的法政学校或司法实践经历等。这就意味着早期从事检察官的人员或为前朝官吏或为留学或国内法政学校毕业生。如前所述,以日为师的法律改革背景下,这里的早期留学生以日本为主,法政学校如朝阳大学的课程多由日籍教师或夏勤等留日背景教师讲授。那么在留日学日背景居多的司法官员里,共同选择夏勤所著汉堡式指纹法符合这个职业团体的特征。

相比之下,警察的入职门槛则较低,警官以分配为主,而且以警校为中心形成数个关系紧密的职业团体。"清末京师警察多是由绿营兵和八旗转化而来,北洋政府时期,一般的警察都是来自民间社会,其招收没有规范的定例。多流品混杂,不知警察为何物。"[③]后期随着警官高等学校及中央警察大学的发展,要求有所提高(如中央警察大学成立初期要求高级中学毕业者经入学试验

---

① *Thief Trailed by a Finger Print*,载《大陆报》1911年10月21日,第10版。

② 参见吴冀原:《民国司法官职业化研究》,西南政法大学2015年博士学位论文,第60页。

③ 丁芮:《北洋政府时期京师警察厅研究》,中国社会科学院2011年博士学位论文,第53页。

及格者或警长继续服务两年以上、警士继续服务四年以上,具有中学程度由各地主管机关初试选送经复试及格者),但相对司法官而言依然要求较低,而且毕业直接授予官职,分配各地警务工作。入职门槛较低的同时意味着警察的薪资收入平均低于检察官,当然这只是对最初的权力设计和分配而言,实际上尤其是民国后期各地司法经费存在较多不足。如此对比,留日学生和法政学校的毕业生在从事警察和检察官中选择,首选自然是检察官了。这或许成为初时虽学日本警察制度,但警察人才相对稀缺且学艺不深,而司法系统却汇集了较多近代法学家的原因之一。然而,核心问题是警察在当时作为行政官员和维护治安的纪律部队,其教育培训通常时间较短,形式偏向于军事化管理,内容突出纪律性教育,强调上命下达,团队合作,警校培养的期数甚至代表着不同的资历与官职。这些都与检察官显著不同。因此,相比而言,警察部门通常会因警校形成数个关联紧密的拥有共同话语权职业团体。这也成为警察权力不断增长,检察权难以实现对其有效制约的重要原因。

总体而言,造成两条指纹证据技术发展路径的原因是多方面的,既有时间上的交错,历史发展的巧合,也有业务领域的差异。但这些原因不足以使其能够长期在一个政府内平行存在未能统一。仔细看来,检警权力的争议及权力此消彼长的关系发展才是造成这一历史局面的根源所在。

二、警察侦查权的扩张与异化

通过指纹证据技术发展的现象来看,清末民国时期检警权力关系在实践中未能如法律设计的初衷而发展,警察的权力不断增强。权力增强的结果是警察侦查权的扩张和异化。这种权力的扩张和异化既有权力设计之根源，也有现实客观之影响。

所谓异化是指对权力属性本质和价值的背离。在权力的原初设计中，侦查权作为一项司法权被赋予检察官。警察为行政人员，自然不为侦查权之主体。案件侦查由检察官进行，司法警察为检察官之辅助。即使在某些特定急迫场合司法警察有协助检察官侦查犯罪之职权，但也应当将侦查之结果移送该管检察官。如接收被拘提或逮捕之犯罪嫌疑人认为其有羁押之必要时，应于 24 小时内移送该管检察官。简言之，依据清末民国法律，检察官与司法警察在侦查权上，有上命下从的关系。检察官与司法警察应当通力合作才能有效地侦破案件。从法律上讲，案件最终能否被侦破，其责任应由检察官承担。从这个角度上讲，指纹证据技术也应当为检察官所熟悉掌握。

然而，这种权力设计本身存在难以解决的逻辑矛盾。检察官的设置，源于权力的分权与制约之说。检察官为维护法律之秩序的监督者，其作为司法官在侦查活动中监督制衡司法警察理所当然。但是，如果因此使检察官成为侦查权之主体，司法警察为之辅助，不仅逻辑上存在跳跃，而且集权力行使与监督于一身，权力本身存在矛盾。一个主导犯罪侦查的检察官可以同时肩负侦查监督和保障人权的责任吗？如果强调检察官的侦查职责，那么其侦查监督职能难以实现；如果只是强调其侦查指挥权而由司法警察实施具体侦查行为，那么于法律上，司法警察的侦查行为恐因无责而流于形式。这种侦查权的设计难以在逻辑上自洽。事实上，从民国政府的实践中可以看出，时人选择的多是后者，但在强调检察官侦查指挥权的同时，将侦查权力之实施、技术掌握和成败之责落在警察身上。警察成为侦查权的实际践行者，因而侦查权具有明显的行政色彩。行政权天然具有扩张性、主动性。对于一个法治尚未健全的专制政权而言,维护社会治安的政治需求远远超过了维护法律秩序之需要。警察不但成为侦查权的实际拥有者,而且检察官的侦查权受到挤压。

除了权力设计上难以自洽外,更为核心的问题在于该种设计与侦查实务有严重出入。在侦查实践中,“事实上言,侦查几全为司法警察之事情,而法律上规定使从属于检察官,此种制度,实觉其不适合实际情形也……检察官高踞法院,人数有限,其耳目不周活,情形之不熟,殆为当然之事,若必待检察官之命令而后从事,则犯人逃亡,证据湮灭”。[①] 警察事实上一直在案件侦查第一线,成为事实上的侦查主体,即出现了侦查权的扩张和异化以符实务之运行。

为何实务中检察官难以成为侦查主体?检察官为法律学习者,不仅人数较少,兼有公诉、执行监督等职责,在侦查上难以全力以赴,而且最为核心的是,检察官所学知识也以法律为主,指纹等专门技术“检察官习之者甚少”,而“将专门技术之业务委之于警察”。[②]相比警察,检察官之教育重法律,轻技能;检察官之于侦查,重法权,轻实务。其既不专业,难以制定侦查取证策略,也难以从技术支撑上对侦查措施有效监督。无论是人员、精力还是专业上都难以掌控案件侦查全部。于事实真相和法律公平而言,政府和民众往往会选择警察。因此,政府和民众都将案件能否侦破之责任寄于警察之上。检察官制度曾在南京国民政府成立之初和1935年的司法会议上面临废除与否的争议。实际上在笔者看来,

---

① 陆鼎新:《司法警察与检察制度(续完):第五章:我国现行制度述评》,载《警高月刊》1935年第6期。

② 参见周子益:《论著:在警察立场谈检察官》,载《中央警官学校校刊》1945年第1期。

该种检警权力设计问题并非不可解。

于法律而言,侦查权具有司法性;但于侦查实务而言,侦查权兼具行政色彩。现实中矛盾在于侦查权是否不可分割,以及司法性权力是否必须由司法官行使?首先,侦查权在权力构造上并非一体而不可分割。如同违法与犯罪本质上是依据人为法律对行为的价值分割。如果在权力构造上,将侦查权视为不可以分割的整体,那么必然会陷入侦查权被动、独立的司法性与主动、扩张的行政化现实难以相符的逻辑混乱。侦查并不仅仅是刑事诉讼法律程序中的一个环节,现实中侦查运行往往包括立案前的调查、立案、侦查措施(包括拘传、取保候审、监视居住、拘留、逮捕、讯问犯罪嫌疑人、询问证人、勘验检查、搜查、查封、扣押物证书证、通缉、鉴定和技术侦查等)的启动、侦查终结、侦查监督等多方面。其次,分权制衡不意味着权力主体的唯一性,否则涉司法性权力全部由司法官行使未尝不是一种分权下的集权。司法权的特点在于其裁判性、独立性,因而运行过程中具有一定的被动性。如前所述,如果将侦查权全部赋予司法官行使,不仅在身份逻辑上难以自洽,使侦查权不被监督,而且难以符合现实,不具有操作性。同样,如果将侦查权全部赋予行政官员,那么侦查权必然走向无限的扩张与异化,最终会使公共利益和公民权利受损。因此,于侦查的实际效果和专业分工而言,将轻微犯罪行为的侦查启动与实施权赋予警察及其他执法官员,将重罪行为的侦查指挥权和对公民基本权利之可能侵犯的侦查裁判权赋予司法官员,不仅可以缓解侦查压力,增强侦查效益,而且有利于公共利益和公民基本权利之保护。当然,这种设计的基础在于轻微犯罪与重罪的价值区分。

第四节 传统讯问技术转型的再思考

指纹证据技术传播的重要背景,在于拷讯的废除。拷讯一度被视为落后的、不科学的和侵犯人权的取证技术。但是,随着拷讯与刑讯逼供才正式退出历史,传统讯问技术也被视为拷讯的代名词,随之被抛弃。本书并不赞成这种观点。法治文明的发展并不是一蹴而就的,任何社会法治文明的进步都是循序渐进的,离不开本土文化的影响。文化来源于历史。我们应当在法治文明发展的进程中理性地看待历史,看清法治的变与不变,才能挖掘法治的本土资源。传统讯问技术的转型,变的应当是讯问的制度、工具与手段,讯问技术的功能、讯问技术的思维模式及其在侦查工作中的作用并不应当随着拷讯的废除而退出历史。

一、传统讯问深挖功能应当传承发展

讯问的目的在于查明案件事实、获取言词证据。"公安机关经过侦查,对有证据证明有犯罪事实的案件,应当进行预审,对收集、调取的证据材料予以核实。"这是现行《刑事诉讼法》对讯问的要求。从文义上看,讯问的主要功能在于通过获取言词证据对案件进行"核实"。明确指出这里的"案件"是"有证据证明有犯罪事实的案件"。那么,尚未有证据证明的案件能否成为讯问的对象呢?具言之,被讯问人是否存在其他尚未有证据证明的犯罪行为,或被讯问的案件有无其他同案犯,以及被讯问人是否掌握其他案外人相关犯罪行为,能否成为讯问的对象呢?

讯问应不应当"深挖"?这是现代讯问技术发展必须首先解

决的功能定位问题。中国传统讯问技术有几千年的历史。从历史上看，在传统讯问中，历代审讯者既要通过讯问获得案件的事实经过，也要通过讯问复察其事，尤其是重大案件，反复对质以“核实”，与今之讯问并无较大差异。但是，传统讯问的功能远不止于此。在传统社会，审案理狱的核心价值在于维护社会秩序，实现教化的社会效果。因而，翻查案卷，查询疑点，传讯案件当事人，查明案中案、案外案是古代能吏的重要使命。而且审讯者能否擅用“五听”“讯因察辞理”等讯问技巧，深挖案中案、案外案成为评判讯问技术高低的重要依据，其高深者往往为史书所记载以传承。例如《鹿洲公案》龙湫埔尸案中案记载，“披阅之下，觉多可疑……余堂事毕，呼煌立至内署，察其言貌，似朴拙为人所愚。问谁主使，不以实告。度乡民为名案入邑，必有约保左右其间，因留煌立他室，密遣人至寓处，出袖中飞签……余恐书役中有与同谋者，授楮笔使书之……即令郑阿二跽下对质……鞫讯情由……”[①]蓝鼎元在案件审讯过程中，经过察言观色、从容辨析，深挖案件疑点，一举破获案中案，将讼师、恶棍、差役等犯罪团伙绳之于法。又如，《折狱龟鉴》中张咏闻哭破两案载“（张咏）闻人哭，惧而不哀，亟使讯之。云夫暴卒。乃付吏穷治，吏往熟视，略不见其要害。而妻教吏搜顶发当有验。及往视之，果有大钉陷其脑中。吏喜，辄矜妻能悉以告咏。咏使呼出，厚加赏劳，问所知之由，令并鞫其事。盖尝害夫，亦用此谋。发棺视尸，其钉尚在，遂与哭妇，俱刑于市”。[②] 张咏通过一件案件的审讯，挖掘出案外人

① 辛子牛主编：《中国历代名案集成（下卷）》，复旦大学出版社 1997 年版，第 165－167 页。

② 辛子牛主编：《中国历代名案集成（下卷）》，复旦大学出版社 1997 年版，第 45－46 页。

的犯罪行为为史书称赞。由此可见,“核实”与“深挖”均是传统讯问技术的重要功能。

那么,当今讯问是否应当包含“深挖”的功能呢?《刑事诉讼法》是一部保障公民权利的限权法,对于公权力而言,法无授权即禁止。如果仅从《刑事诉讼法》第 115、116 条去理解,明显不包含。但是,从侦查行为的目的上看,“核实”与“深挖”是被动与主动两种不同模式。《宪法》第 28 条明确指出“国家维护社会秩序,镇压叛国和其他危害国家安全的犯罪活动,制裁危害社会治安、破坏社会主义经济和其他犯罪的活动,惩办和改造犯罪分子”。如何镇压、制裁和惩办?仅仅依靠有证据后进行核实吗?不能。讯问的功能如果仅仅为被动地“核实”已经掌握的证据,不从犯罪嫌疑人的身上发现案件线索,查明犯罪动机等信息,与宪法相悖,与《刑事诉讼法》总则第 2 条规定的刑事诉讼活动应当“准确、及时地查明犯罪事实……积极同犯罪行为作斗争”的原则相悖,与刑法犯罪构成要件主观方面要件的要求相悖。而且被动式的侦查模式,不仅不利于侦查工作的发展,不利于侦查人才的培养,而且不利于社会秩序的维护与社会公正的实现。与西方法律文化不同,我国讯问技术的功能在于查明案件事实,更在于“止诉”,要维护当事人权益,更要鼓励确有犯罪事实的犯罪嫌疑人认罪认罚。

此外,我国其他法律文件明确了“深挖”犯罪事实的要求,如全国正在开展的扫黑除恶专项斗争,《关于开展扫黑除恶专项斗争的通知》明确要求“深挖黑恶势力‘保护伞’”;《关于办理黑恶势力刑事案件中财产处置若干问题的意见》明确指出“要深挖细查并依法打击黑恶势力组织进行的洗钱以及掩饰、隐瞒犯罪所得、犯罪所得收益等转变涉案财产性质的关联犯罪”。如何实现“深挖”?

掌握了有证据证明的犯罪事实还需要深挖吗？当然不是。“犯罪的心理现场则是复合的，里面隐藏的往往是大量的案中案和案外案。”[①]“黄金大案的成功侦破证明了在传统的行为侦查之外，还存在一条与之相辅相成的、行之有效的审讯侦查路线。”[②]这种“深挖”和行之有效的侦查路线，就是通过讯问技术实现“由人到案”。“深挖应该成为中国审讯侦查的发展方向。”[③]从这个意义上说，变的是拷讯的废除、现代人权法治的进步，不变的是讯问的对象、主动讯问的功能，现代讯问技术应当传承传统讯问“核实”“深挖”之功能。

二、深挖不意味着依供定案

然而，另外一个问题是在“深挖”过程中如何看待言词证据的地位？会不会引发刑讯逼供？有不少研究分析指出，重口供或者说口供中心主义，是导致刑讯逼供以及犯罪嫌疑人作出虚假供述的主要原因。

传统讯问的目的在于获得案件相关人员的“口供”，同时存在“招供”“首实”等近似称谓。但口供的范围非常大。“明代以后，‘招’‘供’二字，逐渐演变成不同意义，‘供’泛指原告、被告、证人之陈述，‘招’则专指被告承认自己有罪之陈述，‘招’实为‘供’之一种，‘供’之范围大，‘招’之范围小。”[④]口供在古代证据体系中具

---

① 季宗棠：《审讯侦查理论与实践》，中国人民公安大学出版社 2001 年版，第 17 页。

② 季宗棠：《世纪特大黄金走私案侦审始末》，中国人民公安大学出版社 2002 年版，第 220 页。

③ 季宗棠：《审讯侦查理论与实践》，中国人民公安大学出版社 2001 年版，第 6 页。

④ 那思陆：《清代州县衙门审判制度》，中国政法大学出版社 2006 年版，第 59 页。

有极其重要的地位和作用,尽管也有物证和众证定罪的案件,但在明清时代,“口供的地位得到了进一步提升,几乎到了无供不定案的程度”。[①]《清会典·刑部三·尚书侍郎职掌三》规定“凡听断,依状以鞫情,如法以决罚,据供以定案”。《大清律例》“吏典代写招草”条规定“凡诸衙门鞫问刑名等项,必据犯者招草以定其罪”。这里的招草是指犯罪嫌疑人或被告人作出的承认犯罪事实未经修改的陈述。可见,至少在清代,获得犯罪嫌疑人或被告人的口供是绝大多数案件断案或结案的必要条件。随着传统讯问技术的消解,拷讯的废除,口供定案的制度也被废除。我国《刑事诉讼法》第55条明确了不轻信口供的证据原则。

那么,依口供判定案件事实是否科学?这是个非常复杂的问题。现如今,相信大部分人对这个问题的第一反应是,当然不科学。因为人会说谎,而且容易致使审讯人在利益的驱动下刑讯逼供。因此,即使是在前述零口供规则受到学界强烈质疑后,“零口供”定案仍为部分地区所提倡。所谓的“零口供”,其核心内容是将犯罪嫌疑人的有罪供述作假定排除,以直接、间接证据形成的证据锁链作为定案的唯一标准和依据。[②] 笔者不否认零口供可以破获部分案件,正如刑讯逼供亦可以破获部分案件一样。零口供得以实现的条件是,实物证据不会说谎,科学鉴定值得信任。但是,首先仅凭实物证据,不可能毫无遗漏地描绘出犯罪行为的全部内容。在无法穿越回到过去的条件下,除了亲历者自述还有其他更接近案件全貌的办法吗?即使是现在借助监控视频能够记录过去的行为,我们往往也难以确认案件事实的全部或行为人的主观动

---

① 杨晓秋:《明清刑事证据制度研究》,中国政法大学出版社2017年版,第46页。

② 参见杜文俊:《关于确立沉默权制度的理性思考——由“零口供规则”引发的思考》,载《犯罪研究》2001年第3期。

机。因此,口供在相当长的一段历史时期内甚至在今天,也是非常科学的。它能够借以破解案件,实现相对公平。其次,口供定案之所以不科学,是因为人会说谎,但是科学鉴定就值得完全信任吗?恐怕事实并不如此。“冤案经常伴随着鉴定问题。”①甚至被称为现代物证之王的指纹证据与 DNA 证据也会出错,如 DNA 证据也会因为人为因素或匹配概率的问题出错②甚至完整的 DNA 谱图也可能与犯罪人以外的人匹配。③ 从这个意义上说,“零口供”也如刑讯逼供一样有可能制造冤假错案。最后,“零口供”不仅直接排除了犯罪嫌疑人、被告人供述和辩解在刑事诉讼中的证据地位,于法相悖;而且在物证技术条件并不具备的境况下,人为地增加了侦查成本,并不应当提倡,有矫枉过正之嫌。所谓科学也是随着人类认知水平的提高在不断进步,相较于神示证据,口供定案在一定的历史时期也是科学。因此,我们应当科学理性地看待口供的地位,不轻信口供,也不能一味地排除口供。法律正义的价值是虚幻美好的,法律正义的实现却是具体现实的。我们应当看到在传统讯问中,刑讯逼供盛行、法制混乱的境况,也应当不迷信物证的作用,发挥讯问应有之功能。变的是从依供定案到依证定案的证据制度,不变的是口供对认定案件事实,发现案件疑点的价值。

---

① [日]浜田寿美男:《自白的心理学》,片成男译,中国轻工业出版社 2006 年版,第 159 页。

② See Kloosterman A, Sjerps M & Quak A, *Error rates in forensic DNA analysis: definition, numbers, impact and communication*, Forensic Sci Int Genet, 2014 Sep;12:77 - 85.

③ See Naomi Elster, *How Forensic DNA Evidence Can Lead to Wrongful Convictions*, JSTOR(2017 - 12 - 6), https://daily. jstor. org/forensic-dna-evidence-can-lead-wrongful-convictions.

三、深挖讯问技术的传承与规制

那么,如何传承“深挖”讯问技术,防止在“深挖”过程中制造冤假错案?

虽然古代拷讯的现象十分严重,但“五听”依然为断案之首要。《周礼·秋官·司寇》有载,五听即“五声听狱讼,求民情:一曰辞听(观其出言,不直则烦),二曰色听(观其颜色,不直则赧然),三曰气听(观其气息,不直则喘),四曰耳听(观其听聆,不直则惑),五曰目听(观其眸子,不直则然)”。《唐律疏议》“讯因察辞理”之规定中,明确了五听的首要地位。“诸应讯问者,必先以情,审察辞理,反复参验。”只有“犹未能决,事须讯问者,立案同判,然后拷讯”。五听在清代虽未如唐朝在律法中明确,但在相关文献中可见其首要地位,如《牧令须知》所载“刑逼枉断,夫物不平,则鸣人不平,则诉讼者不平,听讼者若亦不平,所断安得而平耶”。因此告示官员“听讼讯供”,应当“总使其理穷词服”,审查辞理,“倘理穷而词不服,然后加刑未晚”。[①] 具体而言,古代官员在断案过程中,运用“察色判断、闻声判断、言词判断、情理判断、事理判断”[②]等讯问经验。这些经验表现在通过观察被审讯人的表情神色、运用推理来判断被审讯人的口供的真实性,作为一种经过长期历史实践对言词证据的审查方式,具有一定的心理学、讯问学的科学性。而且通过史料记载的清代案例,我们可以推断,五听在司法实践中被广泛使用,并在断案中拓展出隔离讯问等实践方法,如“次看邻证供,有当时见证者,有当场劝证者,有先不知而后查知者,有

---

① (清)刚毅:《牧令须知·卷一·听讼》,光绪己丑孟冬刊,第33页。

② 奚玮、吴小军:《中国古代“五听”制度述评》,载《中国刑事法杂志》2005年第2期。

本非当场儿证而起衅，另有别情为该证所素知者，均须隔别讯明，再与犯人质对，明确方免偏证，及串捏诬证之弊，其供应分析叙明”。[①] 但同时也应当看到，五听审查，包括隔离审讯等经验虽然有一定的科学意义，也在司法实践中得到有效应用，然而作为一种经验判断，对审讯者的素质提出了很高的要求。那么如何实现技术的传承与发展呢？

首先，既然作为一种科学，它必然有一定的规律可以探寻。综合古代名案的分析，其精神和经验，至少有“执法无私、取证检验、察访调查、智审巧断、细察深析、审案思治”六个方面，至今仍有借鉴价值和启迪作用。[②] 笔者观之，其讯问技术，可总结为察疑、捉疑、攻心、查证四个方面，觉察审讯的场域，[③]挖掘心理现场，捕捉心理现场中心理信息的神经表达和知觉表达，结合关联物证，主动获取被讯问人的供述。但具体的技巧恐因人（不同的性格生理特征、社会关系特征）、因案、因时而异。值得我们进一步在传统讯问中挖掘本土资源。其次，既然因人因案因时而异，如何实现技术的传承发展呢？查阅文献中关于讯问策略的书籍，并未有一以贯之的方法总结或策略，而是以案例教学的方式予以记载和传授。讯问技术因人因案因时而异，所有的讯问技术唯有放到具体的案例和情境中方能体会，否则离开了案例与情境留下的只有空洞的语言。最后，讯问技术的发展依赖经验的积累、知识的增加和技术的发展。既然讯问技术需要通过案例与情境学习，经验的积累便尤

---

① （清）徐栋：《牧令书辑要 · 卷一》，清同治七年江苏书局刻本，第 349 页。

② 参见辛子牛主编：《中国历代名案集成（下卷）》，复旦大学出版社 1997 年版，第 45 –46 页。

③ 参见周朝英、薛宏伟：《临床心理学视野下的审讯策略》，中国法制出版社 2018 年版，第 181 –185 页。

为重要。这种经验既包括学习的经验也包括实践的经验,经验积累丰富,方能融会贯通。而仅仅依靠经验也是远远不够的,就个案而言,对被讯问对象、案件相关信息以及有效证据的掌握也是讯问技术能否得到有效应用的关键。此外,随着现代科学的发展进步,运用和发展多道测谎技术开展讯问工作,也是发展讯问技术的重要路径。

依照我国现行法律,"深挖"应当是在严禁刑讯逼供下的讯问行为。但未刑讯逼供,被讯问人就不会说谎吗?"实际上,人即使没有拷问等直接暴力,也依审讯的状况非常容易做出自白。在笔者介入的案件里,大部分当事人都不是因为拷问而是因为屈于心理压力才供认了自己子虚乌有的罪行。"①"深挖"不应当是毫无根据的,否则容易酿成未刑讯逼供下的虚假供述。从根本上防范冤假错案,规制"深挖"的讯问技术,还需要贯彻不轻信口供的原则,从口供与物证多维的视角去查证案件事实。

总之,如何提升讯问人谈话的准确性,发展审讯方法,让罪犯而不是无辜者招供已成为值得研究的问题。② 传统讯问技术史不应当被视为落后残忍的"拷讯"史,更不应当为当今讯问技术发展所抛弃,反而应当成为当今构建中国法治话语体系龟鉴挖掘的本土资源。我们应当理性地看待口供侦查活动的地位和作用,既不能依供定案,也不应提倡零口供定案,探索传统讯问技术的现代转型之路。

---

① [日]浜田寿美男:《自白的心理学》,片成男译,中国轻工业出版社2006年版,序。

② See Saul M. Kassin, *False Confessions*, Current Directions in Psychological Science, Vol 17, Issue 4, p. 249 – 253.

第五节　科学与司法关系反思

本书关注的一个更值得探讨的问题是，如果司法官不懂侦查取证技术，如何期待其对侦查之指挥与监督呢？换言之，司法官为法律学习者，是否应当学习证据科学技术呢？问题的核心是科学与司法的关系，更为准确地说是科学证据与司法的关系。

一、科学证据于司法的价值

首先，科学证据是现代法律生命的支撑。法律的生命在于实施，即能够有效地适用于司法活动，而司法活动中最为核心的是以证据证明法律事实的存在，如罗马格言所言，“不能证明的事实就等于是不存在的”。①没有事实就没有裁判。那如何证明事实的存在呢？在生产力不发达的人类早期社会，人们通过占卜、对神宣誓、水审、铁审、火审等方式，借助神灵的力量来证明，并写入《汉谟拉比法典》《苏美尔法典》等，建立神示证据制度；唐代统治者根据人对皮肉痛苦的忍受度，较为科学地设计了一整套获取口供的拷讯制度，建立主观证据制度的法律，成为唐律中的重要内容并为周边国家和后世传承。清末的统治者废除拷讯后竟不知如何审案，何谈新法的实施。民国统治者自引入指纹等证据技术后，便立即将其作为现代法律的重要支撑，并要求各法政大学予以学习。如果说清末法律变革奠定了清末民国法律设计的基调，那么指纹证据技术的引入、发展和分歧则映衬着民国法律的运行和权力争议。

---

① 陈瑞华：《看得见的正义》，北京大学出版社2013年版，第167页。

没有证据科学支撑的法律是没有生命力的,现代法律文明之实现离不开科学技术。

其次,科学证据水平代表现代法律文明的水平。法是源于事物本性的必然关系。① 法律跟各类政体、风俗、气候、宗教、商业等之间存在必然的联系。我们或可称法律与文化相关。文化具有差异性。因而,现代司法文明的理论渊源不尽相同,司法证明的标准存在差异。然而司法证明方式的依据为科学证据。科学证据与科学技术相关,随着科学技术的发展而发展。科学技术具有普遍性。因而,科学证据的发展具有一定的规律,并随着全球化的发展而走向趋同。科学证据的水平在一定程度上能够反映出一个社会法律的水平。我们大胆地假设,如果唐代统治者已然在唐律中明确使用指纹等证据技术,那么在发现犯罪嫌疑人指纹的案件中还需要依靠拷讯技术来审讯吗?司法的不适用,必然促使法律随之发生变革以符合实践之运行。从这个意义上讲,科学证据的进步推动了法律文明的进步。

科学证据是现代法律生命的支撑,其发展水平在一定程度上代表了现代法律的水平,那么是否意味着只要引入、相信科学证据就能够证明法律事实,进而实现司法公正?所谓的公正实质上是一种信赖。对科学证据的信赖是对以之为依据证明的法律事实贴合客观事实的信赖,那么科学证据可信吗?

二、科学证据于司法的局限性

以本书讨论的指纹证据技术为例,指纹证据技术引入和发展

---

① 参见[法]孟德斯鸠:《论法的精神》,许明龙译,商务印书馆 2012 年版,第 9 页。

的背景是以拷讯技术为标志的主观证据制度的废除，近代自然科学开始与司法相结合。“人心之变诈百出，诪张为幻。”[①]人们认识到，重口供或者说口供中心主义，是导致刑讯逼供以及犯罪嫌疑人作出虚假供述，歪曲事实的主要原因。因而三令五申废除拷讯、刑讯逼供，以物证为中心的客观证据制度逐渐建立起来。指纹证据受到高度重视，曾有“证据之王”的美誉。甚至为了防范刑讯逼供和冤假错案，有的地方提出了“零口供”的办案口号甚至规则，如辽宁省抚顺市顺城区人民检察院2000年《主诉检察官办案零口供规则》。那么“零口供”就能杜绝刑讯逼供和冤假错案了吗？如上一节所讨论的，当然不可以。

甚至可以说，科学证据与口供一样可以制造冤假错案，不足以还原案件全部事实。比如可能是有史以来被曝光得最广为人知的指纹证据鉴定错误的案件——2004年西班牙马德里火车爆炸案。[②] 案件现场装有雷管等爆炸物的包裹上发现了犯罪嫌疑人的指纹。由于未能识别指纹的来源，西班牙国家警察将其发送至其他国家警察机构寻求帮助。美国联邦调查局高级指纹检验员泰瑞·格林(Terry Green)通过鉴定认为该枚指纹与一名皈依穆斯林的律师布兰倾·梅菲尔德(Brandon Mayfield)匹配。同时，指纹监督专家迈克尔·维纳斯(Michael Wieners)、有30多年的指纹鉴定经验的潜在指纹股股长约翰·梅西(John T. Massey)和指纹鉴定领域领军人物肯尼斯·摩西(Kenneth Moses)分别进行复查，确认该指纹为梅菲尔德的左食指。梅菲尔德因此被警方监禁数个星期。但事实上，梅菲尔德并没有护照也没有去过西班牙。直到西

---

① 夏全印：《指纹学术》，光华美术印刷公司1922年版，刘邦骥序。

② See Cole. S. A. , *More Than Zero*: *Accounting for Error in Latent Fingerprint Identification*, J. Crim. l. & Criminology, 2004, 95: 985.

班牙警方查到了另外一名指纹匹配的犯罪嫌疑人,其是居住在西班牙的阿尔及利亚人乌赫纳内·达乌德(Ouhnane Daoud),联邦调查局不得不收回指纹鉴定报告,并向梅菲尔德道歉。实际上这很大可能是类似案件的冰山一角。我国司法实践中指纹鉴定错误的情况也同样存在,①而且不仅是指纹证据技术,被“神化”的DNA证据也会出错。从这个意义上说,科学证据也有可能如刑讯逼供一样制造冤假错案。

三、科学证据的特殊属性

科学证据作为诉讼活动中法定证据种类之一,其除了具备相关性、可采性、证明力和可信性等基本证据属性之外,还有科学性、经验性、差异性和实效性的特殊属性。缺乏对科学证据特殊属性的理性认知,容易对其科学外衣产生错误的理解。

1. 科学性

科学证据的首要属性在其科学性,也因此在英美法上常被称为“科学证据”。“科学证据”的称谓指示了其科学性的基本内涵,它是“运用具体有可检验特征的普遍定理、规律和原理解释案件事实构成的变化发展及其内在联系的专家意见”。② 科学的任务是解释世界,解释是对事实的一种解释。当科学走进法律,提升了我们对事实的解释能力和认知水平。但是科学的解释是确定的吗?

传统科学观认为,宇宙和自然现象能够为科学研究所发现,各个科学命题能够获得真正的确定性,每个被发现的真理都是不可

---

① 参见岳挺、郭二伟、郭锐:《1起指纹鉴定错误的启示》,载《刑事技术》2013年第3期;刘世权等:《指纹鉴定能力测试的鉴定结果准确性问题研究》,载《中国人民公安大学学报(自然科学版)》2015年第1期。

② 参见张斌:《论科学证据的概念》,载《中国刑事法杂志》2006年第6期。

改变的。事实不仅是可以被认知的,而且可以被确知。这种简单的科学观十分流行,且易被非科学人士包括法官接受。但它已经被科学界拒绝。现代科学家们开始认识到这样的现实:宇宙至少在一定程度上是混沌的、不确定的。[①] 科学认知具有局限性,"真理"是可变的。科学的进步往往建立在推翻旧理论、开创新技术新方法的渐进历程之中。科学于事实难以做出明确的、绝对的确定宣告。科学的确定性往往基于不完美、不完全事实前提的假设,这种假设是有条件的、有实效的。对这种假设的证伪对科学而言,更为重要。"可以说,科学中并不存在确定性。"[②]

这意味着,同样在科学语境下"尊重科学,遵守技术操作规范"的科学证据,在很多情形下无法作出确定性的表述,否则,将陷入不科学、违背事实或普遍定律的风险中。这意味着,科学证据并不能证明待证事实的确定性,同其他证据一样,只能证明待证事实的相关性,这与传统的科学观有很大的差异。也因此,每当法官处理一个科学鉴定问题时,就会容易出现错误理解的风险。

2. 经验性

科学证据的其他特殊属性,都是由科学性展开的。另一个容易产生错误理解的观念是,科学都是可以定量和定性研究的。也因此,有许多研究指出,应当用似然比(Likelihood Ratio,LR)来表述鉴定意见。[③] 将数理逻辑应用于科学证据表述中,具有一定的积极意义。但是,它的科学前提是获取必要的概率数据和确切的

---

① 参见[美]爱德华·J. 伊姆温克尔里德:《科学证据的秘密与审查》,王进喜等译,中国人民大学出版社 2020 年版,第 72－74 页。

② Daubert v. Merrell Dow Pharms. ,Inc. ,509 U. S. 579,590(1993).

③ 参见董锋等:《基于似然比方法的法庭证据评估》,载《数据统计与管理》2021 年第 1 期;郭华:《司法鉴定结果的表述体系与建构——基于贝叶斯定理在鉴定中的展开》,载《中国司法鉴定》2020 年第 3 期。

事实结果。“20世纪中叶,科学的中间学科——数学,特别是概率论,被视为或许可以化解许多困扰充分理解司法证明的难题。但结果说明,这一转折是个错误转折。”①不可否认,当前部分法医类、电子数据类鉴定意见可以实现确定性、似然比的表述。但事实上相当多的鉴定科学领域,科学证据无法量化,是建立在科学分析和归纳基础上的经验性推断,如按照《笔迹鉴定技术规范》,鉴定人需考察书写人的特殊生理、心理状态,书写习惯,笔迹特征价值等因素,“应根据检材签名与样本签名书写模式的可比性及样本签名笔迹特征的变化规律,对检材签名与样本签名符合或相似笔迹特征、差异或变化笔迹特征的反映情况进行综合分析,并对两者笔迹特征符合点和差异点的性质作出综合评断”。这种判断存在科学规律,依赖鉴定人的专门知识和经验,但难以量化表达或获得概率性的结论,也是不科学的。否则,在不知道书写事实结果的前提下,何以准确判断出笔迹同一认定的确切似然比呢?

3. 差异性

如前所述,部分科学证据能够实现确定性表述,而部分却难以确定性表达,这是因为科学并不是一概而论的,甚至不是一个整体。建立一套能够适用于所有鉴定项目的、具体的科学证据采信规则,来评价真科学、伪科学和强科学、弱科学,是法官们所迫切需要的,但却是不现实的,鉴定科学存在差异性。

法医、物证、声像等不同学科所应用的技术标准和方法不同,科学语境不同,致使科学证据的表述存在差异。这种差异性、不统一性是客观存在而且长期存在的,也因此,统一科学证据采纳标准

① [美]罗纳德·J.艾伦:《历史、科学、法律与真实:史学、科学和法学领域事实认定的反思》,满运龙译,载《证据科学》2021年第3期。

并不能对其采信标准也“一刀切”。但这并不意味着科学证据的采信标准不可以规范化。那样就容易在司法实践中出现鉴定人的科学解释说了算，不同鉴定人的权威性说了算，令法官无法适从，甚至不敢委托重新鉴定，这势必会带来司法的不统一，为鉴定和司法的徇私枉法带来方便，最终也会影响鉴定的权威性、科学性。规范科学证据的采信标准是科学能够应用于司法的必然，也是大势所趋。当然，针对不同鉴定项目和鉴定类别分别制定证据采信标准是十分艰难的，第一步需要在达成证据法理论的基础上，建构一个统一的证据评价体系。

4. 时效性

于科学而言，人们还会产生的一个错误观念是，科学即事实真相。迟到的正义非正义。不仅法律具有时效性，科学亦是如此。科学证据的时效性体现在两个方面：

首先，科学证据所依据的科学技术具有时效性。没有科学证据支撑的法律制度难以实现其司法价值。但是科学作为人的认知的一部分，具有时间上的局限性。认知都是由我们当前所拥有的知识量决定的。当前的认知看过去的科学，可能是落后的、不正确的；未来的认知看当前的科学，同样可能是落后的、不正确的，如清末民初拷讯被认为不科学后，利用催眠术来获取言词证据。“大理院堂宪日前会议近因停止刑讯审判诸多棘手，拟调查日本之催眠术以资效法而便取供。”[①]以现在的科学认知来看，其是落后的、不正确的。同样的，以最新的科学认知来看，指纹、DNA 技术也并非物证之王，也可能酿成冤假错案。

其次，鉴定对象具有时效性。鉴定对象并不是一成不变的，或

① 《新闻：大理院拟用催眠术》，载《并州官报》1908 年第 34 期。

因环境因素发生变化,或因自身的机理发展改变,如《视觉功能障碍法医学鉴定规范》对“鉴定时机”有明确要求,“原则上应在损伤或因损伤引起的并发症、后遗症医疗终结后方可进行。医疗终结系指经临床医学一般原则所承认的医疗措施实施后达到临床效果稳定,即眼部损伤症状消失或稳定,眼部体征及视觉功能情况趋于相对固定”。

四、司法对科学证据的采信

科学证据于司法中的价值与局限性,实质上是科学证据在司法中的话语权问题。

那么我们应该如何看待科学证据在司法中的地位呢?如前所述,如果没有科学证据的支撑,主观判断事实的不确定性会使法律不易适用,现代司法的价值难以实现;如果一味地听信科学证据,势必会出现冤假错案,有违司法公正。问题在于何种情况下科学证据应当为司法所采信,应当由谁来决定采信。

科学证据鉴定的错误率问题近些年来在美国司法实践中得到较多的讨论,并较早提出主审法官行使其“把关”责任以确保“所承认的任何科学证词或证据不仅相关而且可靠,应考虑已知或潜在的错误率”。[①] 当前我国司法实践中,检察官和法官往往视鉴定意见为鉴定结论,特别是在刑事案件中,轻易采信鉴定意见,依鉴定意见批捕、裁决的现象较为普遍,很少对鉴定意见中的鉴定方法、鉴定标准等实质内容开展审查和质疑。造成这种现象的原因是多方面的,有法律责任的回避问题(实际上即使是由鉴定意见错误引发的裁判错误,最终结果都由司法官负案件的整体“把关”责

① Daubert v. Merrell Dow Pharmaceutical, 509 U. S. 579,593,594 (1993).

任)、司法程序问题、司法成本问题等。其中最基础的原因还是司法官往往不了解,也不被要求了解科学证据知识,无从对其作出判断。而随着掌握科学证据知识的专业型辩护律师的增多,庭审中对鉴定意见质疑的声音也逐渐增多。面对专业性质疑,不懂得些许科学证据知识的司法官往往在办案终身负责制的背景下面临证据可否采信的两难选择。

司法公正的价值是虚幻美好的,司法公正的实现却是具体现实的。科学证据只是一定社会历史条件下的人类认知。相较于神示证据,口供定案在一定的历史时期也是科学;相较于口供定案,指纹证据技术目前是一种科学。随着时间的发展,我们开始认识到指纹证据技术、DNA 技术也存在错误率的局限性,不应当被一味相信。但是无论何种时代,作为案件的最终"把关"者,司法官都应当懂得科学证据的基本知识,审慎地看待科学证据所能证明的法律事实。如果说如何降低错误率是科学证据技术研究的重要科学课题,那么如何直面科学证据存在的问题,建立科学证据采信规则和科学证据司法鉴定质量监控与评价机制则是司法官和法学研究者的重大而现实的紧迫使命了。

而且中国应当确立何种科学证据采信规则?是否应当引入和采用其他国家和地区的指纹鉴定标准?这又回到了我们第一章和本章所探讨的问题,既是一个科学问题,也是一个法律问题,同时还是一个文化问题。如果看到了这个问题的三个层面,那么这个问题的解决就更不能等待或简单地交给鉴定科学人员去解决了,必然需要司法官的参与。具体的对策本章第一节已有阐述,不再赘述。

五、科学证据采信规则的规范建议

本书的研究并非要说不确定性鉴定意见是不可以被苛责的。相反,本书认为,科学证据,尤其是鉴定意见应当规范统一,既包括司法鉴定活动的统一,也包括对鉴定意见审查评价的统一。毕竟,在消除不确定性的目标上,科学与法律是有一致性的。

(一)科学是法律进步的首要动力,应当尊重科学

科学与法律关系的冲突与协调,以及如何理性认识科学于司法的作用,并不是近几年来发生的新问题。相反,一个时代的法律不可避免地要运用到这个时代的科学来还原事实。即使是在神示证据制度时代,虽然存在大量的非理性证据因素,但是"一些设考验的神意裁判应用了某种经验的物理或化学方法,或者说神明时代的'科技证据'"。[①] 在具体的一个个案件的司法决定中,事实往往是最重要的。事实认定是法律适用的前提。"争议性的审判之所以常常产生争议,是因为在证据上存在特别的疑问。"[②]当科学认知超越了神灵对世界的解释权威,裁判者渐渐不再求助于神灵,法律随之更改。当笔迹检验、指纹、DNA 证据可以辨别真伪、识别个体的时候,何必要拷讯呢?反之,当这些科学技术未能应用于司法之中时,我们如何期待裁判者准确认定事实呢?可以说,一个时代科学的水平决定了这个时代司法活动中事实认定的水平。"司法的悲剧并不都是官吏的司法道德问题,在一个科学技术不发达

---

① 参见施鹏鹏:《证据法》,中国政法大学出版社 2020 年版,第 37 页。

② [英]威廉·特文宁:《反思证据:开拓性论著》,吴洪淇等译,中国人民大学出版社 2015 年版,第 455 页。

的时代和社会中,这几乎是不可避免的。”[①]近代科学应用于司法,为事实认定提供了有力工具,推动了司法文明的理性改革。如果法律建立在准确认定事实基础上,那么从这个意义上说,科学是推动法律进步的首要动力并无不妥。

但是,科学能够有效地应用于法律的前提是,尊重科学,尊重它的不确定性。科学的不确定性是一直存在的。它是局限的、相对的。科学永远是一把双刃剑。法律应当在建立对科学认知的理性认识上应用科学,否则,同样会酿造司法悲剧,如前述清末拷讯废除之时,裁判者不知如何审案,竟在事实认定中使用催眠术。

(二)科学不应当成为法律的依赖,应当坚守法治

“冤案经常伴随着鉴定问题。”[②]尊重科学,并不能遵从科学。我们总希望有一种科学可以百分之百准确地认定事实,而不用花费太多成本和代价。这种观点美好而荒谬,却始终有信者,如将催眠术应用于司法时,认为它“滴水之拷讯法。用物盛水滴其人头上,无论如何顽强之人终必因此认罪”。[③] 以现在的眼光观之,愚昧至极。科学具有时效性。现在又何尝不是如此?我们先后把指纹、DNA奉为物证之王,甚至有地方推崇零口供办案。当科学成为法律的依赖,冤案随之而来。比如2004年发生在西班牙马德里的火车爆炸案。[④] 此外,不仅指纹证据技术,甚至现代被“神化”的DNA证据也会出错,如DNA证据会因为人为因素或匹配概率的

---

① 苏力:《窦娥的悲剧——传统司法中的证据问题》,载《中国社会科学》2005年第2期。

② [日]浜田寿美男:《自白的心理学》,片成男译,中国轻工业出版社2006年版,第159页。

③ 《丛录:滴水之拷讯法》,载《通问报:耶稣教家庭新闻》1908年第292期。

④ See Cole, S. A., *More Than Zero: Accounting for Error in Latent Fingerprint Identification*, J. Crim. l. & Criminology, 2004, 95: 985.

问题出错,[①]甚至完整的DNA谱图也可能与犯罪人以外的人匹配。[②] 零口供实质上是对科学证据的迷信。它不仅直接排除了犯罪嫌疑人、被告人供述和辩解在刑事诉讼中的证据地位,于法相悖;而且在物证技术条件并不具备的境况下,人为地增加了侦查成本,并不应当提倡,有矫枉过正之嫌。从这个意义上说,依赖科学很有可能制造冤假错案。

对诉讼中遇到的科学难题,法庭在尊重科学的基础上,应当运用法治的思维和方式来解决问题,应当充分发挥人的主观能动性。当然,这并不意味着法庭需要直面科学的不确定性争议。法庭不解决科学争议,但应当依据限定性的科学证据,对权利价值进行判断和取舍。证据规则本质上是对事实认定成本与风险的承担。学习并查证科学证据事实是法庭的责任,而不应当依赖科学,或遵从鉴定意见。事实认定的决策者,不应当成为事实认定的懒惰者。审判法官不应当只关注专家提出的具体主张,法官还应当区别纯粹的描述性主张与推论性主张。[③] 法庭应当关注鉴定意见所运用的科学方法和鉴定过程能否解决,多大程度上解决诉讼中的专门问题,即围绕科学证据的相关性对其进行审查。

(三)司法鉴定活动不应当逐利化,当坚持公益性

科学证据主要产生于司法鉴定活动中。2020年7月31日,最高人民法院发布的《关于人民法院民事诉讼中委托鉴定审查工作

---

① See Kloosterman A. ,Sjerps M. & Quak A. ,*Error Rates in Forensic DNA Analysis: Definition, Numbers, Impact and Communication*, Forensic Sci Int Genet, 2014, 12:77 – 85.

② See Naomi Elster, *How Forensic DNA Evidence Can Lead to Wrongful Convictions*, JSTOR (2017 – 12 – 6), https://daily. jstor. org/forensic-dna-evidence-can-lead-wrongful-convictions.

③ 参见[美]爱德华·J.伊姆温克尔里德:《科学证据的秘密与审查》,王进喜等译,中国人民大学出版社2020年版,第137页。

若干问题的规定》在民事诉讼领域对鉴定意见的审查提出了原则性的规范。其目的之一在于“解决案件审理实践中,存在的部分鉴定机构、鉴定人在执业活动中以利益为导向,违法违规鉴定,严重影响司法公正的问题”。① 依照全国人民代表大会常务委员会《关于司法鉴定管理问题的决定》,司法鉴定活动可以收取服务费用。参照《上海市司法鉴定收费管理办法》,司法鉴定收费按不同鉴定项目分别实行政府指导价和市场调节价管理。目前,我国绝大多数司法鉴定机构自负盈亏,鉴定人的收入与鉴定收费直接相关,实际上与企业运营无异。尽管绝大多数鉴定人,能够遵守法律、法规,遵守职业道德和职业纪律,尊重科学,但是这种运营模式本质上依然带有逐利性的色彩,也就成为部分鉴定机构、鉴定人在执业活动中以利益为导向违法违规鉴定的直接诱因,难以一时根除。

尤其是在专家辅助人制度引入和发展之后,各地鉴定咨询机构应运而生,聘请制的专家辅助人能否不盲从雇主意愿和经济利益而坚守科学、中立的底线？答案是显而易见的。花钱买意见的行为已然出现,助长了鉴定活动盈利化的趋向。从这个意义上讲,法官也必须担任起守门员的责任,对鉴定意见内容开展实质性审查,而不应回避科学问题。

聘请式、对抗式的鉴定活动有利于庭审实质化的实现,应当鼓励、支持对抗性鉴定意见的存在和发展。但与英美法庭不同的是,中国特色社会主义法治体系下的司法鉴定活动应当坚持以人民为中心,切实维护人民群众合法权益。我们应当审慎地看待聘请式、

---

① 于子平:《进一步规范人民法院委托鉴定工作——最高人民法院司法行政装备管理局相关负责人就〈关于人民法院民事诉讼中委托鉴定审查工作若干问题的规定〉答记者问》,载中国法院网,https://www.chinacourt.org/article/detail/2020/08/id/5403964.shtml,最后访问日期:2021 年 7 月 17 日。

对抗式鉴定活动的成本和代价。因此,为了满足司法公正和人民群众的鉴定需求,司法鉴定应当坚持公益性。坚持公益性是规范司法鉴定活动,实现司法鉴定科学性和中立性的重要基石。

(四)证据法典化是推动科学与法律融合的核心路径

科学并没有增加事实认定的不确定性。"事实认定必然是在不确定状态下进行的。为了获得合法性,它必须符合恰当的正当化标准。"①这种正当化标准,即证据法则。尤其是对科学证据的审查而言,尽管我们提倡法官要对鉴定意见的内容开展实质性审查与评价,但是法官从技术上发现事实的能力较为有限,于是就会运用法律的各类规则"减少判决对事实的需求",也就是"减少判决的信息费用,减少为发现、搜集事实而必须耗费的有限资源"。②"总体而言,量化的标准有利于证据采信的统一规范,也便于司法实践中操作",③能够使科学快速、高效地应用于司法实践。然而,通过制定具体科学证据问题的审查规则,并不能解决实践中遇到的复杂问题。"直到最近,大多数法学家才接受了这样的观点,即证据评价难以由规则来控制。"④而且,我国目前大量分散、重复甚至冲突的证据规则已然给司法实践带来适用难题,也为自由裁量权的滥用带来可乘之机。

从根本上寻求科学有效应用于法律的方法还在于对科学证据

---

① [美]亚力克斯·斯坦:《证据法的根基》,樊传明、郑飞等译,中国人民大学出版社2018年版,第46页。

② 苏力:《窦娥的悲剧——传统司法中的证据问题》,载《中国社会科学》2005年第2期。

③ 何家弘:《对法定证据制度的再认识与证据采信标准的规范化》,载《中国法学》2005年第3期。

④ [美]特伦斯·安德森、[美]戴维·舒姆、[英]威廉·特文宁:《证据分析》,张保生等译,中国人民大学出版社2012年版,第301页。

评价体系的探索和构建。证据评价并不是程序法与实体法的简单叠加。许多“事实问题”都有规范因素，同时涉及评价性要素和经验性要素。[①] 对证据实质内容的审查，终归要发挥法官的主观能动性。为了提高证据审查和事实认定的准确性，必然需要证据法理论的指导，而不是具体的相关证据规则。因此，以统一三大诉讼法的证据规定为基础，通过证据法典化，明确证据评价原则，统一证据采纳标准，构建证据法律体系，应是当下之策和未来之需。

民国指纹证据技术的引入、发展与分歧有其特殊的历史环境，指纹技术标准不统一的问题给司法实践带来一系列的混乱与争议，也使得该项科学证据在实践中盛名难副。至今，指纹证据技术在中国已走过了百余年，关于该项科学证据的可采性尚未见到较多的讨论，甚至依然未能制定出统一的鉴定标准。事实上指纹鉴定等司法鉴定错误的现实案例一直存在，但依然未能进入法学研究的视野，未能引起足够重视。因此，不论从科学证据对当今法律的价值，还是从科学证据的可采性上说，学法政的人可以不懂科学证据吗？

---

① 参见［英］威廉·特文宁：《反思证据：开拓性论著》，吴洪淇等译，中国人民大学出版社 2015 年版，第 279 页。

参考文献

一、著作及译著类

1. 夏勤:《指纹法》,北京东四牌楼汪家胡同1918年版。

2. 伍冰壶:《指纹法》,伍广益金山庄1919年版。

3. (清)李鸿章:《李文忠公奏稿》,上海商务印书馆1921年影印金陵原刊本。

4. 夏全印:《指纹学术》,光华美术印刷公司1922年版。

5. 夏全印:《指纹实验录》,中国印书局1926年版。

6. 王曰叟:《指纹学研究》,世界书局1930年版。

7. [日]南波奎三郎:《犯罪搜查法》,徐苏中译,上海法学编译社1932年版。

8. 刘紫菀:《中华指纹学》,上海法学编译社1937年版。

9. 南京警察厅:《南京警察概况》,1939年。

10. 俞叔平:《指纹学》,远东图书股份有限公司 1947 年版。

11. 余秀豪:《现代犯罪侦查》,商务印书馆 1947 年版。

12. 徐圣熙:《指纹学》,大光印书馆 1955 年版。

13. (清)礼制部:《大清法规大全》,考正出版社 1972 年版。

14. 王家俭:《清末民初我国警察制度现代化历程(1901 - 1928)》,台北,台湾商务印书馆 1984 年版。

15. 费成康:《中国租界史》,上海社会科学院出版社 1991 年版。

16. (清)章梫纂:《康熙政要 · 卷十八 · 论历算法第三十一》,褚家伟、郑天一、刘明华校注,中共中央党校出版社 1994 年版。

17. 韩延龙、苏亦工:《中国近代警察史》,社会科学文献出版社 2000 年版。

18. 梁治平:《寻求自然秩序中的和谐》,商务印书馆 2013 年版。

19. 沈国文、徐同祥编著:《中国指纹史》,中国人民公安大学出版社 2015 年版。

20. 李秀清:《中法西绎:〈中国丛报〉与十九世纪西方人的中国法律观》,上海三联书店 2015 年版。

21. [俄]郭泰纳夫:《上海会审公堂与工部局》,朱华译,上海书店出版社 2016 年版。

22. 倪铁:《中国侦查史论纲》,法律出版社 2016 年版。

二、编著类

1. 故宫博物院明清档案部编:《清末筹备立宪档案史料(上册)》,中华书局 1979 年版。

2. 故宫博物院明清档案部编:《清末筹备立宪档案史料(下

册)》,中华书局 1979 年版。

3. [美]费正清、刘广京编:《剑桥中国晚清史 · 1800—1911 年》(下卷),中国社会科学出版社 1985 年版。

4. 赵向欣主编:《中国刑事科学技术大全 · 指纹技术》,中国人民公安大学出版社 2004 年版。

5. 怀效锋主编:《清末法制变革史料》(上卷),中国政法大学出版社 2010 年版。

三、杂志类

1.《各省新闻:纪山西警务学堂》,载《北洋官报》1903 年第 190 期。

2.《皖抚诚奏添设警务学堂并酌加训兵折》,载《秦中官报》1904 年第 37 期。

3.《纪事:内国之部:请复刑讯》,载《大陆(上海 1902)》1905 年第 3 卷第 6 期。

4.《畿辅近事:居留日本警察学生计数》,载《北洋官报》1905 年第 639 期。

5.《巡警部奏请饬各省照办巡警片》,载《南洋官报》1906 年第 41 期。

6.《又奏挑选学生赴日本学习警察片》,载《北洋官报》1906 年第 973 期。

7.《各省新闻:考查催眠术以补助刑章》,载《山东官报》1906 年第 43 期。

8.《禀设警察传习所》,载《山东官报》1906 年第 66 期。

9.《内城特设巡警研究所》,载《山东官报》1906 年第 134 期。

10.《黑龙江将军程奏江省遵行新法拟请添设侦探学习馆

折》,载《南洋官报》1906 年第 41 期。

11.《警察传习所开办》,载《北洋官报》1906 年第 1136 期。

12.《通饬仿办警察传习所》,载《北洋官报》1906 年第 1265 期。

13.《创设警察传习所》,载《北洋官报》1906 年第 1905 期。

14.《京师外城总厅司法警察讲习所简章》,载《政治官报》1907 年第 75 期。

15.《新闻:大理院拟用催眠术》,载《并州官报》1908 年第 34 期。

16.《民政部奏拟各省巡警学堂章程折》,载《南洋官报》1908 年第 131 期。

17.《丛录:滴水之拷讯法》,载《通问报:耶稣教家庭新闻》1908 年第 292 期。

18.《粤警道因停止催眠术讲习所咨覆藩司文》,载《江南警务杂志》1910 年第 6 期。

19. 龙文:《停止刑讯之救济法》,载《共和言论报》1912 年第 1 期。

20.《公函:至内务、陆军、海军、提署部订定检察厅指挥司法警察证暂行细则十条希转行所属遵照办理函》,载《司法公报》1913 年第 5 期。

21.《司法部指纹讲习会摄影》,载《司法公报》1913 年第 8 期。

22.《司法部监狱司司长田荆华等呈司法部造具指纹研究会报告书请鉴核文》,载《政府公报》1913 年第 423 期。

23.《中央消息:北京催眠术讲习所成立》,载《教育周报(杭州)》1913 年第 3 期。

24.《中央文牍:内务部咨各省都督民政长请将私立警察学校

改为法政专门学校并查照定章办理文》,载《浙江公报》1913 年第 365 期。

25.《银行以指模代签字》,载《进步》1913 年第 4 卷第 5 期。

26.《法令:司法讲习所规程》,载《司法公报》1914 年第 1 期。

27.《批督察长钱锡霖详陈罪犯印取指纹各节应研究最新法术徐图施行文》,载《内务公报》1914 年第 14 期。

28.《记事:本国之部:章总长对于规复刑讯之意见》,载《法政杂志(上海)》1914 年第 11 期。

29.《内务部呈准地方警察传习所章程》,载《浙江警察杂志》1915 年第 18 期。

30.《司法部训令北京监狱实行研究指纹学以促进刑事审判改良文》,载《政府公报分类汇编》1915 年第 20 期。

31.《公函:内务部致司法部请派娴习指纹法人员赴警察传习所讲授函》,载《政府公报》1916 年第 254 期。

32.《司法部五年度办事情形报告(下册)》,载《司法公报》1917 年第 82 期。

33.《指纹与警察犬之利用(译日本警察新闻)》,载《湖南警察杂志》1917 年第 4 期。

34.《精神学术:证催眠术为吾国上古已有之科学》,载《精神月刊》1918 年第 1 期。

35. 汤尔和:《学法政的人可以不懂些医学么?警察也要懂些医学才好:民国八年十二月七日在国立北京法政专门学校演说》,载《新教育》1919 年第 2 卷第 3 期。

36.《咨:内务部呈大总统为警官高等学校指纹警犬两科毕业学员李庆鑫等援案请分发各省区实习缮单呈鉴文》,载《政府公报》1922 年第 2368 期。

37.《咨:内务部呈大总统为警官高等学校指纹专科第二班毕业学员赵光宇等援案请分发各省区实习缮单呈鉴文》,载《政府公报》1924 年第 3035 期。

38.《河南第一监狱附设指纹传习所》,载《法律评论(北京)》1925 年第 102 期。

39.《指纹竟破获悬案》,载《安徽警务杂志》1926 年第 1 期。

40.《咨:内务部呈大总统为警官高等学校指纹专科第三班毕业学员武维洲等援案请分发各省区实习缮单呈鉴文》,载《政府公报》1926 年第 3827 期。

41.《呈一件呈报核对指纹发生李长发再犯送院加等情形由》,载《浙江省政府公报》1927 年第 93 期。

42.《呈请添设指纹股》,载《新汉口:汉口市市政公报》1929 年第 1 卷第 1 期。

43.《指纹学术研究会成立》,载《法界》1929 年第 2 期。

44.《上海特别市公安局业务报告:关于刑事案犯之解送及印记指纹摄影事项》,载《市政公报副刊各局业务汇报》1929 年第 5 期。

45.《令:训令:第一二五五号(一八,九,二六):令国立大学,私立大学,省教育厅:为通令各大学酌设指纹学科由》,载《教育部公报》1929 年第 1 卷第 10 期。

46. 杨兆泰:《部令:批:内政部批:原具呈人指纹学会会长夏全印:呈一件为呈请整顿全国指纹事宜胪陈计划伏祈采纳由》,载《内政公报》1929 年第 10 期。

47. 蒋梦麟:《教育部训令第一二五五号(中华民国十八年九月二十六日):令国立暨南大学》,载《暨南校刊》1929 年第 9 期。

48. 易元兆:《中华式指纹学确立的理由》,载《指纹杂刊》1930

年第 2 期。

49. 毛起鹏:《指纹学之基本概念》,载《社会科学杂志(上海)》1930 年第 2 卷第 4 期。

50.《黑龙江高等法院检察处检察与警察合作办法》,载《法律评论(北京)》1930 年第 4 期。

51. 郑国屏:《广东指纹学会筹备成立的经过与历次实习的成绩及今后的希望》,载《指纹杂刊》1930 年第 2 期。

52.《解释:司法院训令:院字第三〇六号(十九年七月十二日):令署福建高等法院首席检察官张清泽:解释刑事诉讼法关于司法警察官侦查犯罪职权疑义训令》,载《司法公报》1930 年第 81 期。

53.《公安:填报指纹调查表案》,载《市政公报》1930 年第 357 期。

54.《最高法院东北分院检察署呈东北政务委员会请饬东北各省区严禁刑讯注重侦探学术以利刑案而符法制并附陈检察与司法警察应制定合作办法》,载《司法杂志》1930 年第 33 期。

55.《训令:令区所队为饬知认真办理指纹由》,载《公安旬刊》1931 年第 3 卷第 11 期。

56.《咨内政部为准咨送内政会议决议指纹统一办法案关于审定委员会之组织应请主持进行由》,载《司法公报》1931 年第 113 期。

57.《令各省高等法院院长、江苏高等法院第二分院院长:为准内政部咨送办理指纹调查表由(附表)》,载《司法公报》1931 年第 118 期。

58.《呈民政厅报告指纹股组办经过情形由》,载《警察汇刊》1933 年第 1 期。

59. 净禅:《首都警察厅办理指纹之过去现在与将来》,载《现代警察》1933 年第 1 卷第 2 期。

60. 净禅:《书评:评刘紫菀著中华指纹学》,载《现代警察》1934 年第 1 卷第 4 期。

61.《警政:互换犯人指纹》,载《内政消息》1934 年第 2 期。

62.《河北省会公安局特务总队指纹室成立缘起与经过》,载《河北月刊》1934 年第 2 卷第 7 期。

63.《法界消息:检察官指挥司法警察办法》,载《法律评论(北京)》1934 年第 8 期。

64. 汉承按:《指纹制度之严重问题》,启枢译,载《宪兵杂志》1934 年第 9 期。

65.《令龙口公安局长侯鸿山:呈一件呈报办理指纹报告表由》,载《山东民政公报》1934 年第 178 期。

66. 陆鼎新:《司法警察与检察制度(续完):第五章:我国现行制度述评》,载《警高月刊》1935 年第 6 期。

67.《检察官指挥司法警察之新办法:司法行政部训令(训字第一九二号)》,载《法令周报(上海)》1935 年第 7 期。

68.《令各省高等法院院长、江苏高等法院第二、三分院院长:转饬所属新监押捺在监人犯指纹呈部令》,载《法令周刊》1935 年第 258 期。

69.《司法行政部研究统一全国指纹制,将研究万人指纹特制本国制》,载《警高月刊》1935 年第 3 卷第 5 期。

70.《据警官高等学校呈为前指纹专科主任教授夏全印等请求统一指纹学术咨请提交全国司法会议》,载《内政公报》1935 年第 8 卷第 19 期。

71.《利用指纹破获窃案》,载《警察月刊》1935 年第 12 期。

72.《令市立、私立各中小学校:为奉令转准中央研究院派员调查手纹及指纹型令仰知照并予以搜集便利由》,载《上海市教育局周报》1935 年第 296 期。

73. 谢灏龄:《全国指纹情况调查》,载《警光季刊》1936 年第 1 卷第 4 期。

74.《内政司法行政部指纹调查委员会工作报告(八月份第一期总报告)》,载《现代司法》1936 年第 2 卷第 1 期。

75.《公函:内政部、司法行政部聘书:零零一三八零号、公字第二四四号(二十五年三月二十八日):函聘夏勤等为指纹调查委员会专门委员由》,载《司法公报》1936 年第 107 期。

76.《内政部、司法行政部指纹调查委员会组织规程》,载《广州市政府市政公报》1936 年第 533 期。

77.《为令调各省新监候捕看守长到部练习指纹由》,载《司法公报》1936 年第 138 期。

78. 鄂立斌:《天津市警察局办理指纹概况》,载《警务月刊(天津)》1937 年第 4 期。

79. 邵希康:《日本指纹分类规程(一九三二年八月十七日日本司法省训令第二号)》,载《现代司法》1937 年第 2 卷第 9 期。

80.《法讯:法部委派指纹人员》,载《法令周刊》1937 年第 353 期。

81.《公牍:警政部训令:保训会字第一号(中华民国二十九年八月十三日):令江苏省警务处、浙江省警务处、安徽省警务处等:令仰在分发该地办理指纹人员中遴选谙练指纹学术者兼充警士教练所指纹学术概要教官由》,载《警政公报》1940 年第 11 期。

82.《法令(甲)法规:各机关办理指纹暂行规则》,载《中华法令旬刊》1940 年第 1 卷第 17 期。

83.《命令:训令:通案:秘一字第二九九二号(三三,三,七):通令:准内政、司法行政部函为奉令将司法行政、内政部指纹调查委员会组织规程会同公告废止一案令仰知照由》,载《四川省政府公报》1944年第233期。

84.周子益:《在警察立场谈检察官》,载《中央警官学校校刊》1945年第1期。

85.《首都地方法院检察处、警察厅会订刑事案件各项笔录捺印指纹办法》,载《国民政府公报(南京1927)》1946年第2695期。

86.王耀武:《公牍:准内政部电为确立全国指纹制度案仰遵照一律采用由》,载《山东省政府公报》1947年复刊第73—76期合册。

87.冯文尧:《指纹学之历史考证》,载《上海警察》1948年第3卷第1期。

88.赵向欣:《浅谈指纹的应用历史》,载《刑事技术》1980年第3期。

89.张秉伦、赵向欣:《中国古代对手纹的认识和应用》,载《自然科学史研究》1983年第4期。

90.毕良珍:《"临界诱供"的法律思考——刑事讯问谋略运用合法性探析》,载《中国人民公安大学学报(社会科学版)》2006年第6期。

91.郑牧民、易海辉:《论中国古代证据制度的基本特点》,载《湖南科技大学学报(社会科学版)》2007年第2期。

92.蔡永明:《论清末的刑讯制度改革——以1905-1911年〈申报〉、〈大公报〉为中心的考察》,载《河南师范大学学报(哲学社会科学版)》2007年第2期。

93.李启成:《司法讲习所考论——中国近代司法官培训制度

的产生》,载《比较法研究》2007 年第 2 期。

94. 托马斯·魏根特、樊文:《刑事讯问程序中被嫌疑人自主权的保护》,载《刑事法评论》2008 年第 1 期。

95. 程波:《"法学津梁"——法学家夏勤与朝阳大学》,载《朝阳法律评论》2009 年第 2 期。

96. 徐道彬:《戴震学术地位的确立与"西学中源"论》,载《清史研究》2010 年第 3 期。

97. 曾代伟:《民国时期刑事审判中的自由心证——基于司法档案的考察》,载《法治研究》2010 年第 9 期。

98. 李彧:《刑事讯问的十个误区及其应对》,载《江西警察学院学报》2012 年第 3 期。

99. 胡卫平:《指纹鉴定标准及鉴定结论概率化研究》,载《证据科学》2012 年第 4 期。

100. 岳挺、郭二伟、郭锐:《1 起指纹鉴定错误的启示》,载《刑事技术》2013 年第 3 期。

101. 徐同祥、陈丽:《民国指纹显现与提取技术之演进考略》,载《档案与建设》2013 年第 12 期。

102. 姜小川:《百年来我国刑讯废而不止的源头审视——以清末废除刑讯为视角》,载《法学杂志》2014 年第 1 期。

103. 彭霄:《指纹鉴定标准研究》,载《中国司法鉴定》2014 年第 3 期。

104. 徐同详、张瑞:《民国指纹分类演变考》,载《江苏警官学院学报》2014 年第 3 期。

105. 刘世权等:《指纹鉴定能力测试的鉴定结果准确性问题研究》,载《中国人民公安大学学报(自然科学版)》2015 年第 1 期。

四、学位论文类

1. 于晓青:《清代刑讯制度考辨》,华东政法大学2008年博士学位论文。

2. 丁芮:《北洋政府时期京师警察厅研究》,中国社会科学院2011年博士学位论文。

3. 黄志信:《掌纹诊病之理论研究》,山东中医药大学2013年博士学位论文。

4. 吴冀原:《民国司法官职业化研究》,西南政法大学2015年博士学位论文。

五、报纸类

1.《日本拟禁刑讯》,载《申报》1875年9月14日,第3版。

2.《京外近事:湖南创设保卫局拟参用西国巡捕法章程》,载《知新报》1898年6月21日,第6-9页。

3.《包打听会办》,载《游戏报》1899年7月30日,第2版。

4. *The "Hongkong Daily Press" Quotes the Following Instance of Identification by Thumb Mark*,载《字林西报》1901年5月11日,第3版。

5.《警务学堂近闻》,载《新闻报》1901年10月8日,第2版。

6. *Criminals and Finger Mark Identification*,载《字林西报》1901年12月17日,第4版。

7.《内政纪事:直督袁奏仿西法创设保定警务局并添设警务学堂章程折》,载《选报》1902年9月2日,第7-13页。

8.《建立警察传习所》,载《时报》1905年10月21日,第6版。

9. *Fingerprint Evidence*,载《字林西报》1905年11月8日,第6版。

10.《上海会审公堂已免跪讯》,载《中华报》1906 年 2 月 17 日,第 6 页。

11.《中国警察与日本之关系(译每日新闻)》,载《时报》1906 年 5 月 10 日,第 2 版。

12.《中国警察与日本之关系(续)》,载《时报》1906 年 5 月 18 日,第 2 版。

13. *The Finger-print System*,载《字林西报》1908 年 1 月 18 日,第 7 版。

14.《警察局设传习所》,载《新闻报》1909 年 3 月 5 日,第 10 版。

15.《直督试验催眠术(附图)》,载《图画日报》1909 年 10 月 23 日,第 11 页。

16.《学界新闻:禀办催眠学堂》,载《大同报(上海)》1910 年 1 月 15 日,第 32 页。

17. *Head of Shanghai Detective Bureau* 18 *Years in Service Here*, *Tells Secrets of Success as Sleuth*,载《大陆报》1911 年 9 月 22 日,第 3 版。

18. *Thief Trailed by a Finger Print*,载《大陆报》1911 年 10 月 21 日,第 10 版。

19.《新指纹法》,载《时报》1914 年 3 月 9 日,第 16 版。

20.《本校布告一:出版部告白:夏勤先生学术淹博尤精法理近以经验与研究之所得著有指纹法一书准于暑假前出版》,载《北京大学日刊》1918 年 5 月 15 日,第 1 版。

21.《警员学习指模印之近闻》,载《新闻报》1919 年 3 月 31 日,第 9 版。

22.《指纹学开始研究》,载《时报》1921 年 2 月 11 日,第 13 版。

23.《警厅办指纹事》,载《时报》1924 年 3 月 2 日,第 10 版。

24.《警厅委任指纹专员》,载《时报》1924 年 3 月 9 日,第 10 版。

25.《警厅开始创办指模科》,载《民国日报》1924 年 4 月 5 日,第 11 版。

26.《闸北司法科添设指纹员》,载《民国日报》1924 年 4 月 20 日,第 11 版。

27.《指纹专家由美返国》,载《民国日报》1926 年 9 月 24 日,第 6 版。

28.《指纹识别法之研究》,载《新闻报》1928 年 3 月 8 日,第 19 版。

29.《公安局新添指模部》,载《时报》1929 年 4 月 23 日,第 5 版。

30.《公安局添设指纹股》,载《申报》1929 年 6 月 15 日,第 20 版。

31.《指纹上查处旧案件》,载《时报》1929 年 9 月 14 日,第 5 版。

32.《公安司催送捺印人犯指纹》,载《民国日报》1929 年 10 月 3 日,第 11 版。

33. 持平:《指纹学在法律上之重要》,载《福尔摩斯》1929 年 11 月 8 日,第 2 版。

34.《市公安局慎重人权捺印指纹》,载《时报》1931 年 2 月 6 日,第 7 版。

35.《天津巨窃案》,载《时报》1935 年 2 月 25 日,第 6 版。

36.《血迹指纹杀死刘梦莹》,载《时报》1932 年 5 月 11 日,第 5 版。

37.《内地采用指纹学之第一人》,载《东方日报》1939 年 5 月 5 日,第 1 版。

38.《警员利用职权抽出扒手指纹》,载《和平日报》1946 年 8 月 22 日,第 4 版。

39.《盗窃指纹单》,载《新闻报》1946 年 11 月 16 日,第 4 版。

六、中文网站类

1. 青岛市史志办公室编:《青岛市志 · 公安司法志 · 第一篇公安 · 第三章 打击刑事犯罪 · 第一节侦察破案》,载 http://qdsq.qingdao.gov.cn/n15752132/n20546827/n26225262/n26237615/n26238153/151215002828500500.html,最后访问日期:2019 年 9 月 21 日。

2. 香港特别行政区政府新闻公报,载 https://www.info.gov.hk/gia/general/199906/19/0619065.htm。

七、中文档案类

1.《上海公共租界工部局总办处关于国民党汉口市第三特别行政区公署拟派李怡通来工部局捕房学习指印检验事》,上海档案馆,档案编号:U1 - 3 - 3419。

2.《事由:为呈报新泾分局不遵规定将刑犯按捺指纹由》,上海档案馆,档案编号:Q131 - 5 - 8972。

3.《上海市警察局函询美国华盛顿警察局有关指纹及罪犯鉴定用具》,上海档案馆,档案编号:Q131 - 5 - 9075。

八、外文案例类

1. Emperor v. Sahdeo,3 Nagpur Law Reports 1 (India,1904), quotations 1,p. 8 – 11.

2. Daubert v. Merrell Dow Pharmaceutical, 509 U. S. 579, 593,594 (1993).

九、外文论著类

1. Reinaud & Joseph Toussaint, *Relation des voyages faits par les Arabes et les Persans dans l'Inde et a la Chine dans le IX Siecle*, Imprimerie royale,1845.

2. Juan Vucetich, *Dactiloscopia comparada El nuevo sistema argentine*, Establecimiento Jacobo Peuser, 1904.

3. Howard B. Adelman, *Marcello Malpighi and the Evolution of Embryology*, Cornell University Press,1966.

4. Kline & M. Mathematics, *The Loss of Certainty*, Oxford University Press,1980.

5. Lambourne G., *The Fingerprint Story*, Harrap,1984.

6. E. R. Henry, *Classification and Uses of Finger Prints*, George Rutledge & Sons,Ltd.,1990.

7. Ashbaugh D. R., *Quantitative-Qualitative Friction Ridge Analysis: An Introduction to Basic and Advanced Ridgeology*, CRC Press,1999.

8. Henry C. Lee & R. E. Gaensslen, *Advances in Fingerprint Technology*, CRC press,2001.

9. Simon A. Cole, *Suspect Identities—A History of Fingerprinting*

and Criminal Identification, Havard University Press,2001.

10. R. E. Gaensslen, Howard A. Harris & Henry C. Lee, *Introduction to Forensics and Criminalistics*,McGraw-Hill,2008.

11. Kalpana Kannabiran & Ranbir Singh,*Challenging the Rules (s) of Law: Colonialism,Criminology and Human Rights in India*, SAGE Publications India,2008.

12. Sheilah E. Hamilton,*Watching over Hong Kong: Private Policing* 1841 – 1941,Hong Kong University Press,2008.

13. Mark Hawthorne, *Fingerprints: Analysis and Understanding*, CRC Press,2009.

14. Wilbur R. Miller, *The Social History of Crime and Punishment in America: An Encyclopedia*,SAGE Publications,2012.

十、外文论文类

1. Tewari. RK, Ravikumar. KV, *History and Development of Forensic Science in India*,J. Postgrad Med,2000(46).

2. Sodhi G. S. & Kaur J. , *Indian Civilization and the Science of Fingerprinting*, Indian J. of Traditional Knowledge, 2003 (2).

3. Cole,S. A. ,*More Than Zero: Accounting for Error in Latent Fingerprint Identification*,J. Crim. 1. & Criminology,2004(95).

4. Kloosterman A. , Sjerps M. & Quak A. , *Error Rates in Forensic DNA Analysis: Definition, Numbers, Impact and Communication*,Forensic Sci Int Genet,2014(12).

十一、外文网站类

1. Gavan Tredoux,*Henry Faulds: the Invention of a Fingerprinter*,

Galton(2003 - 12), http://galton.org/fingerprints/faulds.htm.

2. Naomi Elster, *How Forensic DNA Evidence Can Lead to Wrongful Convictions*, JSTOR (2017 - 12 - 6), https://daily.jstor.org/forensic-dna-evidence-can-lead-wrongful-convictions.

译名索引